江苏人民教育家培养工程丛书（第三辑）

U0899998

多元化物理教学资源
整合与应用

DUO YUAN HUA WULI JIAOXUE ZIYUAN
ZHENGHE YU YINGYONG

张　飞　著

江苏凤凰教育出版社
Phoenix Education Publishing, Ltd

图书在版编目(CIP)数据

多元化物理教学资源整合与应用 / 张飞著. --南京：
江苏凤凰教育出版社，2020.11
(江苏人民教育家培养工程丛书. 第三辑)
ISBN 978-7-5499-9070-2

Ⅰ. ①多… Ⅱ. ①张… Ⅲ. ①中学物理课—教学研究
Ⅳ. ①G633.72

中国版本图书馆 CIP 数据核字(2020)第 241329 号

江苏人民教育家培养工程丛书(第三辑)

书　　名　**多元化物理教学资源整合与应用**
作　　者　张　飞
责任编辑　居伟民
出版发行　江苏凤凰教育出版社(南京市湖南路 1 号 A 楼　邮编 210009)
苏教网址　http://www.1088.com.cn
照　　排　江苏凤凰制版有限公司
印　　刷　南京顺和印刷有限责任公司
厂　　址　南京市江宁区麒麟街道天和路 78 号
开　　本　787 mm×1092 mm　1/16
印　　张　14
插　　页　2
版　　次　2021 年 1 月第 1 版
印　　次　2021 年 1 月第 1 次印刷
书　　号　ISBN 978-7-5499-9070-2
定　　价　37.00 元
网店地址　http://jsfhjycbs.tmall.com
公 众 号　苏教服务(微信号:jsfhjyfw)
邮购电话　025-85406265,025-85400774,短信 02585420909
盗版举报　025-83658579

总序 FOREWORD

为江苏未来教育家成长奠基

纵观世界教育史，每一次深刻的教育变革都离不开教育家的参与和推动。邓小平同志在1986年就提出“希望中国出现一大批三四十岁的优秀的科学家、教育家、文学家和其他各种专家”。2007年《国家教育事业发展“十一五”规划纲要》明确提出了“倡导教育家办学”的方针。《国家中长期教育改革和发展规划纲要(2010—2020年)》也明确提出，要创造有利条件，鼓励教师和校长在实践中大胆探索，创新教育思想、教育模式和教育方法，形成教学特色和办学风格，造就一批教育家，倡导教育家办学。

倡导教育家办学，要在扎根于民族文化土壤的同时，吸纳一切人类文明成果，形成具有本土特色和全球视野的教育实践和教育智慧。在我国源远流长的几千年文明发展进程中，不仅积淀了丰富的教育话语体系，而且涌现出一批又一批的优秀教育家。如，有被推崇为“大成至圣先师”“万世师表”的孔子，有“匹夫而为百世师，一言而为天下法”的韩愈，有“捧着一颗心来，不带半根草去”的人民教育家陶行知，等等。

江苏素有重教兴学的优良传统。明清两代全国202名状元中，有66人出自江苏，约占总数的三分之一。新中国成立以来，两院院士三分之一以上是江苏籍。“十一五”规划以来，江苏认真贯彻国家、省教育规划纲要，坚持把优先发展教育作为强省之基，把科教与人才强省作为经济社会发展的基础战略，扎实做好教育改革发展各项工作。为顺应发展要求，江苏在2009年启动实施“江苏人民教育家培养工程”，旨在通过培养一批具有教育家潜质的校长、教师，带动全省师资队伍建设，提高全省教育质量。工程启动和实施以来，得到了省内外同行的高度关注，《中国教育报》《人民教育》等权威教育媒体纷纷予以报道，给予了很多的支持和鼓励。在工程的带动下，全省基础教育人才队伍建设工作蓬勃开展，人才梯队不断优化，人才培养形成常态化。无锡的教育名家培养工程、常州和镇江的名师工作室、苏州的姑苏人才计划、南通和淮安的名师名校长培养工程、连云港的中小学高层次人才“333”工程、泰州的中小学卓越教师培养计划、扬州的领雁工程等都取得了良好成效，为江苏基础教育事业的明天提供了人才支撑。

一、设计思路

古今中外的教育家，虽然成长路径各不相同，但他们身上都有一个共同特点，那就是都有强烈的发展愿景，都是积极主动、持之以恒地追求自我发展。而有计划的培养可以促其自觉、促其坚定、催其奋进、助其提高。实践证明，通过有效地整合社会资源，建立系统而完整的培养制度，对培养对象进行引领、促进、支持，给予他们相对良好的成长空间和必要的规制，有助于他们更快更好地成长。我们认为，确立“人民教育家是可以培养的”观念，是科学的人才观、发展观在师资队伍建设中的体现。

确立目标宗旨。为一批立志终身从教、教育理念新、科研能力强、专长突出、风格鲜明、发展潜力大的中小学教师和校长创造条件，提供平台，给予重点培养，帮助他们在教育理论素养和创新实践能力等方面得到全面提升，使其个人专长更加凸显，特色风格更加鲜明，为他们成长为社会公认的人民教育家奠定基础，并以此带动和促进全省中小学师资队伍水平的整体提升，为江苏建设教育强省、率先实现教育现代化、办人民满意的教育做出更大的贡献。

制订培养计划。工程实施的目标是培养基础教育高端人才。从 2009 年起，计划在全省范围内分四批选拔 200 名特级教师进行重点培养。200 个培养名额，低于特级教师总数的 20%，不到中小学专任教师总数的万分之三。分四批培养，每批 50 人，确保每一名培养对象都能享有足够好、足够多的专家资源、活动资源、财力资源和实践平台，保证培养过程更加具有科学性、针对性和有效性。

明晰选拔标准。分析近代以来我国教育家表现出来的特质，我们发现他们具有三个方面的共同特质：一是志存高远，具有远大的教育理想，“敢探未发明的新理”，善于发现和潜心研究教育问题，形成自己独到的教育思想；二是学高为师，具有丰富的学识和科学的经验，勇于探索，在办学理念和思路、学校建设与管理、教育教学方式等方面形成鲜明的特色和风格；三是身正为范，具有高尚的人格魅力，热爱学生，尊重学生，对学生有大爱之心，并有较大的社会影响。为此，在培养对象的选拔上，我们确定了“坚持一个基本条件、着重考察三个方面”的遴选原则。基本条件必须是特级教师，是“师德的表率、育人的模范、教学的专家”。在此基础上，着重考察培养对象是否有正确的、强烈的成长动机，有为人民教育事业奋斗终身的坚定理想和不懈追求;是否具有深厚的教育理论素养、文化素养和专业素养,有成为人民教育家的基础条件和发展潜力;是否具有高尚的人格魅力,在区域和学科专业领域内声望高、影响大、示范性强,受到同行、学生、家长和社会的广泛敬重和好评。

二、制度建构

"江苏人民教育家培养工程"是一项系统性工程,旨在探索高端教育人才培养的政策、制度和实践模式,以培养对象的教育思想、办学行为和先进事迹激发全省所有校长、教师的教育热情和奉献精神。经过五年的实践探索,逐步形成了一套比较完整的培养体系,制定了《江苏人民教育家培养工程实施指南》,形成了管理、培养、考核"三位一体"的培养工作机制。

建立了管理机构。在管理上,教育厅成立了"江苏省人民教育家培养工程领导小组",负责培养工作的整体把握和指导,指定江苏省教育科学研究院负责工程的具体实施工作。根据培养对象的特点和研究方向,成立了分学段或分学科领域和学校管理等不同培养方向的五个研修组。与培养对象相对应,组建了五个专家指导小组,通过个别指导和集体指导相结合的模式,就培养对象的发展规划、研究方向、课题研究进行指导。

搭建了培养平台。在培养上,以"政府创设平台、专家引领指导、个人主动发展、团队共同提高"为培养机制,以帮助培养对象"提高师德修养、拓展教育视野、创新教学理念、提高教育教学能力水平"为核心培养内容,规划实施了九大系列培养计划:催生教育主张——培养对象理论素养提升计划;聆听高端讲座——培养对象知识结构更新计划;牵手农村教育——培养对象责任修炼计划;推动教育创新——培养对象实践模式构建计划;走近教育家——培养对象分类阅读计划;聚焦实践问题——培养对象小组合作研究计划;带动共同发展——培养对象团队建设计划;教育家办学——影响力论坛计划;行者无疆——教育考察计划。围绕计划,在2014年至2019年第三期培养对象培养期内,共开展省级集中活动20余次、小组活动近100次。

制定了考核制度。在考核上,省教育厅委托省教育科学研究院与培养对象签订"目标责任书",依据目标责任书开展年度考核、中期考核和终期考核工作。其中,年度考核实行报告评价式考核,研修小组和培养对象每年要做一次工作总结,报告一次研修心得;中期考核在培养期的第三年举行,实行发展性评估考核;终期考核按目标责任书实行目标考核。培养周期完成,在个人考核的基础上,成立"培养工作评估项目组",对项目实施情况进行整体评估。

提供了条件保障。主要从专家、平台、经费等方面为工程实施及培养对象提供专业支持、环境支持和政策支持。一是组建了专家指导团队,聘请了国内一流专家。目前共聘请专家119人次,其中为第三期培养对象聘请的专家有35人。二是设立省教育科学规划“十三五”人民教育家培养对象专项课题，鼓励培养对象申报教育科研课题研究项目，通过课题研究推动培养对象成长。三是为每位培养对象至少安排一次出国研修的机会、召开一次教育思想研讨会、资助出版一部专著，为他们形成教育教学思想创造条件。

三、实践成效

工程实施以来，每一位培养对象都以教育家的素养标准要求自己，经过五年努力，提升了综合素养，取得了很多教育教学成果，带动了区域内多元团队的共同发展，还通过跨区域的合作在更大范围发挥了重要作用。

素质显著提高。五年的研修对每一个培养对象来说都是一个迅速进步的过程，他们的专业素养与教育能力不断提升，教育思想已现雏形。其一，潜心读书，提升了专业素养。有的培养对象五年阅读了100多部专著，撰写了40多万字的读书笔记。其二，实践探索，提高了教育能力。通过构建自己的课堂教学模式提高课堂教学质量，通过成立名师工作室和建设学科基地发挥辐射作用，通过管理模式的变革寻求学校的优质发展，已成为培养对象的行为自觉。其三，活动研修，拓宽了教育视野，丰富了发展内涵，增强了服务江苏教育发展的责任感与使命感。其四，自省反思，凝练了教育思想。通过回顾和反思、梳理和归纳，做到更深刻地认识、更清晰地表达自己的教育理念，初步形成了自己的教育思想。

研究成果丰硕。五年来，各位培养对象在实践研究方面积极进取，取得了丰硕成果。据不完全统计，第三期培养对象公开发表论文880篇，其中在核心期刊发表191篇；编著图书79本，出版专著35本；主持市级以上课题(项目)研究166项，开设县级以上公开课、讲座1821节(次)；被媒体报道210次。教学办学上，他们不仅善于把自己的教育理念运用到实践中去，而且非常注重特色成果的形成，成为江苏基础教育改革大背景下一例例鲜活的典型。他们的教育教学实践获得了广泛认可，产生了深远的影响，累计获得各级各类荣誉表彰300余项。这些成果来之不易，体现了各培养对象不断超越、勤于探索的精神。

带动效应显著。培养对象皆有自己领衔的发展团队，不仅有学校管理团队、教师集体和学科教师团队，而且有市(区、县)的名师团队、骨干教师团队，为带动当地教师发展做出了很大贡献。在团队发展过程中逐渐形成了由“被动发展”走向“主动发展”、由“短期性发展”走向“持续式发展”的良好格局，表现出相当高的发展水平与强大的辐射力。另外，第三期培养对象共开展“牵手农村教育”活动近30次，覆盖近30个县、市(区)50多所农村学校，发挥了培养对象的专业服务作用，带动了农村地区教师专业发展。难能可贵的是，他们在成为“培养对象”后，依然有着清醒的自我认识。他们常常淡看自己的努力和成就，却对“机遇”怀有感恩之心。正如一位培养对象所说：“孔子的彼岸是闻达于诸侯，我在想我们的彼岸是什么？也许我一辈子也成不了教育家，但我可以拥有教育家的志向、教育家的情怀、教育家的理想。在培养工程一千多个日日夜夜里，我如农夫般日日耕耘，如哲人般时时自省。从此岸到彼岸，是岁月的距离，更是成长的步履。让我们揣着梦想、带着感恩、携着激情，执着行走在成为教育家的路上，不为彼岸只为海！”

当前，江苏教育系统正在全面学习贯彻落实党的“十九大”精神，全力推进教育现代化建设，坚持以立德树人为根本，以发展素质教育为主题，以提高教育质量为核心，以促进教育公平为重点，以服务经济社会发展为重任，以深化教育教学改革为动力，以扩大教育对外开放、提升教育国际合作交流水平为重要路径，以教育信息化为着力点，以争取加大教育投入、建设高素质专业化教师队伍为关键，探索建立中国特色现代学校制度，努力营造健康向上的校园文化和有利于教育改革发展的社会氛围，努力办好人民满意的教育。衷心地希望“江苏人民教育家培养工程”的实践探索能给我国推进教育发展和办学专业化、促进高端教育人才成长提供借鉴。

编委会

2020 年 11 月

序言 FOREWORD

习近平总书记2018年5月2日在北京大学师生座谈会上讲话指出："今天，党和国家事业发展对高等教育的需要，对科学知识和优秀人才的需要，比以往任何时候都更为迫切。"

物理是自然科学和工程技术的基础。作为物理教师，就应该教好物理、让学生学好物理，为我国的科学研究和科技事业打好基础、培养好人才。这是党和国家对我们的信任、给我们的重任，也是我们必需肩负的历史使命！

我们知道，任何教育改革，最终都要落实在课程上、落实在教学上、落实在课堂上。物理教学改革最基本的出发点就是促进学生的物理学习。

物理学习的过程，就是学生在物理情境（或真实的、或模拟的、或理想化的）之中，不断地发现问题、提出问题、分析问题、解决问题的过程。学生在这个过程中，达到不断地习得物理知识，训练物理技能，领悟物理思想方法，培养物理思维，提升物理学习和物理研究能力，养成科学态度、价值观念和行为习惯……也就是提高物理素质，促进物理学科素养的提升。由此可见，物理（教学）情境是物理教与学的基础；而物理情境的呈现，又离不开物理教学资源的整合利用。张飞老师《多元化物理教学资源整合与应用》一书，正是在这样实际教学需求的背景下，将他近30年对"物理教学资源整合与应用"理论研究和实践探索的成果总结凝练而成的。

三十年的教学实践，对于一个认认真真教书、扎扎实实做科研的老师来说，有很多很多的经验和教训、感受和感悟。将这些进行总结、凝练、提高、升华，张飞老师形成了自己对物理教育的教育主张、教育观念、教育思想和教育理想。《多元化物理教学资源整合与应用》一书集中反映了张飞老师对物理情境教学和问题教学研究中有关"资源整合与应用"的研究成果。

在本书中，张飞老师对"物理教学资源整合与应用"理论与实践的相关问题，确定了在"物理教学资源整合与应用"中优化情境的整合目标，提出了真实适切、亲历过程、系统融合等整合原则，凝炼了开发、替代、改进、嫁接、串接、并行等整合策略，构建了“确定目标、收集资源、特质分析、优化融合”的整合模式，总结了“情境激趣、问题生成、实验探究、迁移应用”的教学范式，优化了物理教学资源整合标准与规范。十几年的教学实践证明，这些经验和理念是适合我国国情的、是先进的、是可行的，实践效果是可信的、有效的。其相关成果获得了江苏省人民政府颁发的“2017 年度江苏省基础教育教学成果奖”特等奖，获得了教育部颁发的“2018 年基础教育国家级教学成果奖”二等奖。

张飞老师 2000 年从徐州调动到苏州，我和他相识于 2003 年在福州召开的“中国教育学会物理教学专业委员会”年会上。2009 年他参与了我主编的两套中等职业教育课程改革国家规划新教材《物理》的编写工作；2010 年他开始主持苏州市物理名师共同体的工作，我作为共同体成员的导师，每年都会参加他组织的名师共同体活动；2014 年他入选第三期“江苏人民教育家培养工程”培养对象，我是他的导师；之后，他参与了我主编的江苏科学技术出版社出版的《中学理科实验教学指导—高中物理分册》和教育科学出版社普通高中教科书(2020 年课标修订版)《物理》必修第一册教材等书的编写工作。近二十年来，我和他保持着良好的师生关系和朋友关系，我目睹了他和他的团队进行中学物理教学的理论研究、实践探索以及成果凝练的过程，也看到了他从一名普通中学教师成长为江苏省特级教师、教授级高级教师、江苏省有突出贡献的中青年专家、苏州教育名家和“江苏人民教育家培养工程”培养对象的历程。我对张飞的印象是：为人人品好、处事能力强；做事认真负责、踏实肯干；专业基础好、教研水平高，钻研劲头足、动手能力强。

张飞老师和他的团队利用整合的教学资源创设物理学习情境，让学生在“真实情境”中自主成长，有效地推动了学生学习方式的转变，促进了学生的物理学习。他们的研究很接“地气”，他们利用物理课程资源设计的物理课堂很有“物理味”，很受学生欢迎。在当下物理教学、教研的情境中，《多元化物理教学资源整合与应用》一书的出版，不仅能从学理的角度帮助中学物理教师和教研工作者理性地认识物理教学资源整合与应用的相关问题，而且，书中大量的实际教学案例也非常值得一线物理教师借鉴和参考。

陶　洪

2020 年 7 月于苏州大学

(作者：中国教育学会物理教学专业委员会副理事长，江苏省教育学会物理教学专业委员会理事长，苏州大学物理科学与技术学院教授，江苏省教育厅“江苏人民教育家培养工程”指导专家)

目录 CONTENTS

前　言

凡是儿童能够自己去理解和感受的一切，都应当让他自己去理解和感受。

——赞可夫

2014年，教育部发布《关于全面深化课程改革落实立德树人的根本任务意见》，意见中首次提出核心素养的概念，各学科专家开始凝练学科核心素养，物理学科从学科本质凝练出了物理学科核心素养“物理观念、科学思维、科学探究、科学态度与责任”，明确了学生学习物理学科课程后应达成的正确价值观、必备品格和关键能力。就其具体的实际表现而言，物理核心素养指的是个体（学生）在面对复杂、不确定情境时，能综合运用物理学习所孕育出来的物理学科观念、思维模式和探究技能，结构化的物理学科知识和技能，以及世界观、人生观和价值观在内的动力系统，进行分析情境、提出问题、解决问题、交流结果的综合性品质。如物理实验探究能力，就是个人在各种情境下持之以恒的观察现象，研究问题，形成猜想、假设或解释，通过一系列方法获得数据，对猜想或假设进行反复论证的过程所表现的一种品质（智慧和道德的互动和融合）。

“教学情境化展开，知识条件化建构，能力结构化形成”是核心素养理念下的教学新期待，为了尽快适应新理念，解决中学生怎样学物理？（在物理情境之中、在物理问题解决的过程中学物理。）怎样让中学生学物理？（这决定于教师的教学设计）等问题。我开始对物理教学资源整合与应用近30年的教学实践进行总结，并凝练出《多元化物理实验教学资源的整合与应用》教学成果，该成果获基础教学成果奖江苏省特等奖、国家二等奖。为了构建物理教学资源对物理课程的支撑，引领物理教学情境化展开，促进物理核心素养在教学中落地，萌生将成果撰写成书的想法，开始梳理认知科学理论、学习进阶理论、物理思维论、物理实验论、方法论、多元智能理论、物理课程论及教育学、心理学等文献资料，探索物理教学资源整合与应用的理论依据。

2020年初，当我完成《多元化物理教学资源的整合与应用》初稿时，恰逢普通高中《物理课程标准（2017年版2020年修订）》（以下简称2020年修订课程标准）颁布，我认真研究2020年修订课程标准，发现课标具体明确了物理核心素养四个维度的二级指标，物理观念包括物质观念、运动与相互作用观念、能量观念；科学思维包括模型建构、科学推理、科学论证、质疑创新；科学探究包括问题、证据、解释、交流；科学态度与责任包括科学本质、科学态度、社会责任。课标强调物理实验是物理教学中的重要内容，通过课程资源的开发、整合与利用，积极探索信息技术与物理教学的深度融合，凸显实验培养学生发现和提出问题能力的功能，通过实验提高学生制定探究计划的能力，学会从原理、器材、信息收集技术、信息处理方法等各方面来构思探究计划，学会通过查询相关资料来完善探究计划，通过实验让学生体会科学研究中相互合作的必要性；课标强调创设情境开展教学使课堂更有"物理味"，在概念教学时，使学生基于物理情境，重新加工观察现象，在情境中概括事物的共同属性，抽象事物本质特征，完成对前概念的矫正，建立科学概念；在规律教学时，让学生从情境中发现和提炼问题，对问题的可能答案作出假设，并根据问题情境运用已有知识制订探究计划，选择符合情境要求的实验装置进行实验，获取客观、真实的数据，通过对数据的分析形成关于物理规律的结论，使学生真正进入物理世界体验探究过程和方法，实现科学思维进阶，形成物理观念，培养科学态度与责任，完成对物理核心素养的落实。与此同时，我还关注了中国教育学会物理教学专业委员会提供的《普通高中物理新课程新教材实施过程中相关问题调研报告》(本次共有 4 084 名一线教师、71 名教研员参与问卷调查，样本共计 4 155 名，详细信息如图 1 所示。其中，约 74%教师具有 10 年以上教龄，约 35%教师具有中学高级(含)以上教师职称。调查对象来自山东、辽宁、北京、天津、海南等 2019 年率先实施新课程新教材的高考综合改革试点省份)，其中教师对于课堂教学中面临的困难反馈，有 55%的教师认为主要是学生实验难以开展，50%的教师认为新课程理念不好把握，43%的教师认为课程资源比较匮乏，43%的教师认为课时不足，30%的教师认为学校对教师的评价导向偏差增加了新课程教学的困难，另有 17%的教师反映对新增的内容不太熟悉，从而造成了教学困难(图 2，数据保留两位有效数字)。就实验教学中面临的困难而言，51%的教师认为实验器材质量不稳定、调试和排除故障耽误时间较多，45%的教师认为缺少国家标配实验器材，44%认为学生实验探究技能差异大，42%认为实验器材不配套、不能及时补充必要耗材，33%认为实验花费时间太长、完不成教学任务，26%认为不能有效引导学生将操作与思维结合起来，以及 24%认为准备实验器材工作量太大。

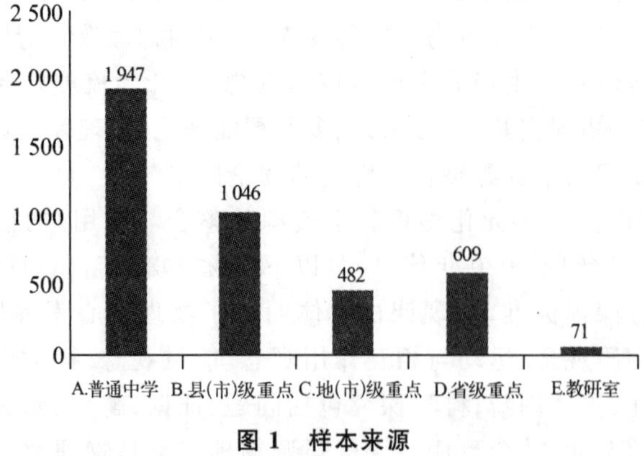

图 1　样本来源

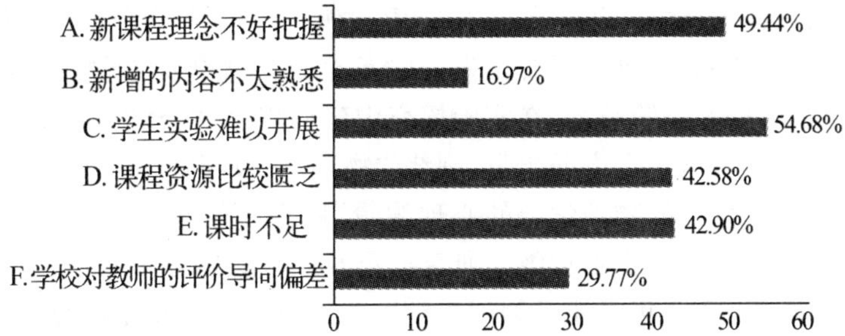

图 2　教学困难来源

综前所述，针对上述问题，本书试图从理论与实践相结合的角度作出系统回答，推动物理核心素养落地实施，实现物理教学育人方式和学生学习方式的转变。

本书共有五章内容，第一章多元化物理教学资源整合与应用研究的背景与历程。试图通过整合与应用研究的背景与历程介绍，引导一线物理教师领悟校本教研如何聚集研究问题、如何开展“行动学习”式的自我研修，让一线教师认识到行动学习是一个从自己行动中学习的过程，每一个人都有潜能，在真正“做”的过程中，这个潜能会在行动中最大限度地发挥出来。通过“物理学习根在观察和实验”的分析，围绕“物理观念”“科学思维”“科学探究（基于观察和实验提出物理问题、形成猜想和假设、设计实验与制订方案、获取和处理信息、基于证据得出结论并作出解释，以及对科学探究过程和结果进行交流、评估、反思的能力）”“科学态度与责任（在认识科学本质，理解科学・技术・社会・环境关系的基础上，逐渐形成的对科学和技术应有的正确态度和责任感）”等学科素养中的关键问题，解决如何理解物理学科核心素养、如何内化学生的物理学科素养及教师认为新课程理念不好把握等问题。

第二章多元化物理教学资源特质与整合的内涵。主要阐述随着现代信息技术的发展，进入互联网＋时代，课堂教学信息传播方式和教学资源呈现手段、方式日趋多样，以实验为基础的物理教学资源也日趋多元化，将深度影响着物理课堂，推动物理教学方式及学习方式的改变，对多元化物理教学资源特质分析和整合的内涵界定，是整合和有效地利用资源创设教学情境的前提。

第三章多元化物理教学资源的开发。阐述物理教学资源的开发原则、途径，并列举了大量开发典例，为解决认为课程资源比较匮乏，弥补国家标配实验器材不足等问题，试图为一线教师加强课程资源的开发，提供优质教育资源，为落实核心素养铺设可行路径。

第四章多元化物理教学资源的整合策略及范式。主要从学生学习物理视角阐明物理学习的认知过程，在分析认知过程及 2020 年修订课程标准核心素养目标水平，探索多元化物理教学资源整合策略，并构建多元化物理教学资源整合范式，为物理学习的认知过程提供有效的学习路径。

第五章多元化物理教学资源的整合与应用案例。本章基于落实物理核心素养，发展学科关键能力、必备品格、价值观念出发，从“整合资源优化问题情境，在情境体验中形成概念；整合资源构筑进阶路径，在实验探究中建构规律；整合资源创设原始情境，在真实应用中发展素养。”这三个方面出发，围绕“物理学科的科学逻辑、物理学科的教学逻辑、学生的物理理解逻辑、物理学习的心理逻辑”四个逻辑顺序实施物理课堂教学设计，提供完整的教学案例，以供物理教学研究人员及一线教师参考和借鉴。

本书汇聚了本人 30 余年专注于物理教学资源进行的深入理论研究和实践探索，比较完整地介绍了多元化物理教学资源整合与应用的内涵、开发、策略、范式和大量典型案例，具有原创性。部分少量案例，为了说明问题，经原创人员同意，借鉴使用，在此深表感谢！

由于本人水平有限，书中难免存在不妥之处，恳请读者批评指正。

张　飞

2020 年于江苏省木渎高级中学

第一章 多元化物理教学资源整合与应用研究的背景与历程

物理定律不能单靠“思维”来获得，还应致力于观察和实验。

——普朗克

物理学始于观察和实验，物理模型的建立、物理概念的形成、物理规律的提出，以及物理学中许多重大的发现都是在观察、实验的基础上进行思维的结果。物理课堂教学的观察和实验的载体是基于物理教学资源而建构的物理情境(或环境)。随着现代信息技术和大数据的飞速发展，物理教学资源呈现日趋多元化的特征。如何围绕教学目标有效地组织物理教学资源，成为物理教学首先和重点要解决的问题。

第一节 整合与应用研究的缘起

一、一堂公开教学引发的争鸣

2009 年 1 月，苏州市物理名师共同体活动中，某特级教师开设公开研讨课《探究感应电流的产生条件》。课前教师精心准备了大量相关实验器材，课堂教学过程如下。

【教学实录】

探究感应电流的产生条件(教学片段)

1. 魔术表演，引入新课

(1)“发电门”的结构简介：绕了几百匝细铜丝的门框，铜丝两端分别连在灵敏电流表的两个接线柱上。

(2) 演示：老师非常随意地从门框中穿过(不让学生发现带有磁铁)，电流表指针有偏转。

(3) 请一名学生也从门框中穿过，电流表指针没有偏转。

提问 老师和同学同样都通过“发电门”，为什么会出现不同的结果？猜一猜老师穿过

“发电门”时有电流的原理是什么？（听取学生的回答并点拨提示——利用磁可以生电。）

追问 有磁就有电吗？磁场在什么条件下才能产生电呢？（通过“发电门”的魔术表演导入新课，创设情境，激发兴趣，发现问题。）

2. 温故知新，激发探究

（1）回顾初中的电磁感应实验

装置 线圈（通过导线与电流表连成了一个闭合回路），蹄形磁铁。

问题 能不能利用这个磁铁使回路中产生电流呢？（请一名学生上台演示图1-1-1部分导体切割磁感线现象。）

学生回忆 磁生电的现象叫作电磁感应现象，磁生电是有条件的，让闭合回路中的一部分导体在磁场中做切割磁感线运动可以产生感应电流。（老师适时引导）

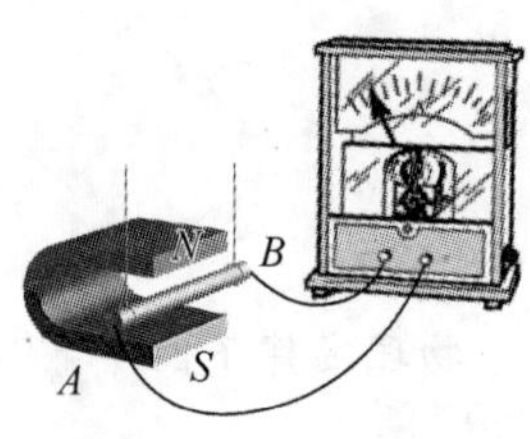

图1-1-1 部分导体切割实验

提问1 磁生电是不是只有这一种方法？还有没有别的办法呢？（学生通过回顾已有的知识，在老师的引导下又自然地产生了新的疑问，激起探究的欲望。）

（2）实验设计

提问2 哪些器材可以用来提供磁场？

学生 磁铁、通电线圈、通电导体。

提问3 哪些器材可以构成回路？

学生 导线、电流表、电源……

提问4 电流表有何作用？

学生 判断电路中是否有电流、电流大小、电流方向。

（要用实验的方法探究磁生电现象，首先要有磁场。教师用屏幕展示探究磁生电现象的实验所需的器材）

学生观察并提问 怎样选用这些器材实现磁生电？

学生思考后讨论 各小组的学生代表谈谈自己的设计思路（选用的器材，设计的方案），教师进行适当的引导和补充。（通过实验设计和教师引导，学生知道了实验方法，为接下来的实验作好了铺垫。）

3. 分组实验，自主探究

学生根据设计进行自主探究，认真观察实验现象并做记录；教师观察学生实验，并适时地对学生的探究进行点拨和指导。让学生实施图1-1-2磁铁插拔实验、图1-1-3模拟法拉第实验、图1-1-4用自制教具探究线圈在匀强磁场中各种运动产生电流现象（让线圈平动进出磁场、在磁场内做各个方向的平动，在磁场内的转动）。

说明：课堂上，教师为各组提供了上述实验器材，并没有明确实验目的与方法，也没有交代实验步骤和实验要记录的现象，学生开始很茫然，不知所措，有的学生通过阅读教材参考实施图1-1-2和图1-1-3实验，有的在讨论或教师引导下尝试做图1-1-4实验，但学生并不清楚各实验间的逻辑关系和如何建立磁通量概念及感应电流产生的本质条件。

4. 交流实验现象，分析归纳结论

(1) 学生交流

分别请几个小组的学生代表交流实验中观察到的现象和结论，请其他小组同学补充。(学生只能简单地描述观察到的现象，无法提炼出本质结论。)

现象 1 图 1-1-2 磁铁插拔实验中，当条形磁铁在线圈中插入、拔出时，有感应电流；让条形磁铁在大螺线管线圈中转动，无插入、拔出运动，没有感应电流产生。

图 1-1-2 磁铁插拔实验

现象 2 图 1-1-3 模拟法拉第实验中，A 线圈的闭合回路，当开关通、断、滑动变阻器改变电阻→电流变化→电流的磁场变化→磁场强弱变化，B 线圈回路产生感应电流。

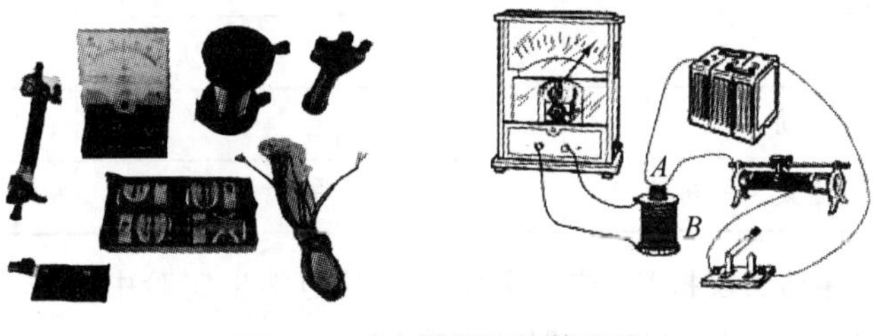

图 1-1-3 模拟法拉第实验

现象 3 图 1-1-4 让线圈在匀强磁场中做各种运动产生感应电流(如表 1-1-1)。

图 1-1-4 用自制教具探究线圈在匀强磁场中各种运动产生感应电流的现象

表 1-1-1 线圈在匀强磁场中不同位置的运动

线圈变化情况	有无感应电流
由磁场外平动进入磁场	有
线圈在磁场内部上下、左右、前后平动	无
由磁场内平动出磁场	有
线圈在磁场内部倾斜平动	无
线圈在磁场内部绕线圈某一轴转动	有

(2) 教师引领归纳

教师利用课件展示分组实验(如图 1-1-2、1-1-3、1-1-4 所示)三个“磁生电”的装置。

提问 5 用不同的方法都可以使闭合电路里产生感应电流,它们有什么本质上的共同点?(引导学生思维发展,通过学生分析、综合、抽象、概括、归纳得出结论)

尝试分析图 1-1-2 磁铁插拔实验中现象:闭合电路包围面积 S——不变,磁场强弱 B——变化,产生感应电流;

尝试分析图 1-1-3 模拟法拉第实验中现象:闭合电路包围面积 S——不变,磁场强弱 B——变化,产生感应电流;

尝试分析图 1-1-4 用自制教具探究线圈在匀强磁场中各种运动产生电流现象(让线圈平动进出磁场、在磁场内做各个方向的平动、在磁场内转动),列表分析线圈在磁场中面积变化情况(如表 1-1-2),进一步来佐证前面的分析结论。

表 1-1-2 线圈在匀强磁场中不同位置的运动

线圈变化情况	线圈在磁场中面积变化情况	有无感应电流
由磁场外平动进入磁场	有	有
线圈在磁场内部上下、左右、前后平动	无	无
由磁场内平动出磁场	有	有
线圈在磁场内部倾斜平动	无	无
线圈在磁场内部绕线圈某一轴转动	有	有

引导分析(课件动画模拟) 这三个实验和其他学生实验中的“动”和“变”分别导致什么发生变化(两个因素:面积 S 和磁场强弱 B)。

提问 6 如何简洁地阐述产生感应电流的条件呢?既跟磁场强弱有关,又跟面积有关的是哪个物理量?(课件展示描述磁通量的几张图片,如图 1-1-5 所示,引导学生回忆并巩固知识。)

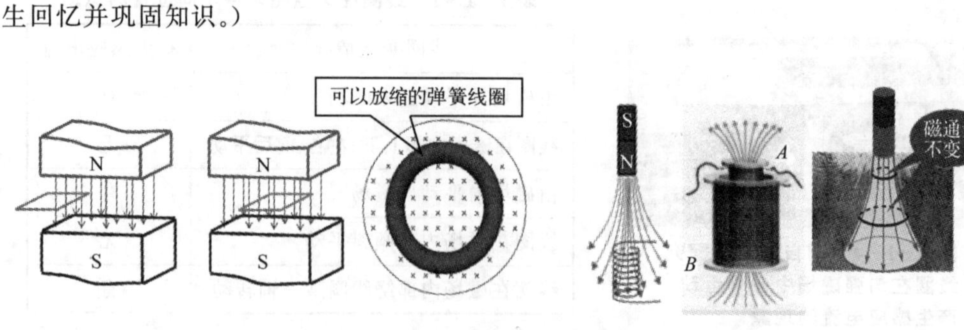

图 1-1-5 各种描述磁场中磁通量变与不变的课件

提问 7　产生感应电流的条件是什么？

课件展示　感应电流的产生条件：当穿过闭合导体的磁通量发生变化时，闭合导体回路中就产生感应电流。由学生体验并建构磁通量概念，进一步得出结论：只要穿过闭合电路的磁通量发生变化，闭合电路就有感应电流。

教师演示　教师用图 1－1－6 自制教具演示线圈沿磁感曲面移动，来改变线圈面积和磁场线圈所处位置处磁场强弱变化，而使线圈中磁通量不变的实验，学生观察与线圈构成闭合回路连接的灵敏电流计中并无感应电流产生（验证前面结论）。

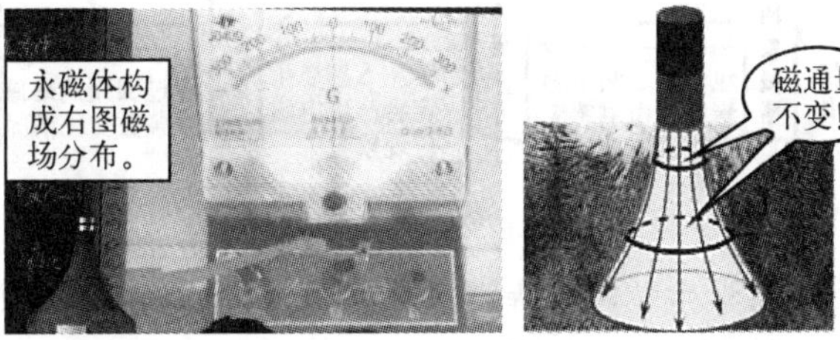

图 1－1－6　自制教具演示磁场和线圈面积变化

二、现场争鸣

针对本节课教学，参加活动的专家、教师进行热烈的思维碰撞，产生聚变效果和裂变思维，概括如下。

观点一：教师精心地设计大量演示实验、分组实验、自制教具和模拟课件等教学资源，为创设情境学习提供保障，课上表现出情境创设，对学生学习兴趣的激发、问题的产生、学生实验起到积极的调动作用。

观点二：教师虽然精心地设计大量实验，为本节教学提供丰富的实验资源，但课堂实验并没有有效地发挥作用，表现在分组实验开始，实验目的不清，学生要观察记录的现象也不明确，实验不能持续产生对前认知的冲突，从而引发深度思维，不能促进学生想办法利用所提供的实验资源去帮助构建新概念（磁通量），进而得到本质条件。体现在教师过高地估计学生对实验资源的理解运用能力，说明资源运用还需进一步在预设上下功夫。

观点三：依据学习进阶理论，探究感应电流的产生条件，要打破学生初中已有的对部分导体切割磁感线产生感应电流的前认知，促进学生猜想并利用实验探究，最终建立概念、形成观念、得出结论。因此，教师如何运用课前精心准备的大量实验资源，就显得尤其重要。不少专家、教师认为本节课实验资源可改为递进式进阶实验演示（也可以是学生演示），用“实验整合进阶”引发学生“问题进阶”达成学生“思维进阶”（教学进阶流程如图 1－1－7 所示），最终实现学习进阶。

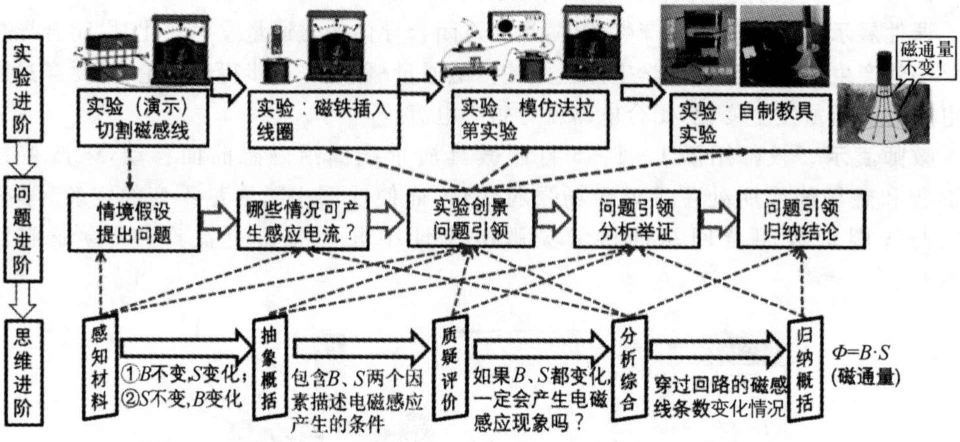

1－1－7　教学进阶流程

观点四：上面的改进对学生学习进程有清晰的逻辑，但对实验资源的串联组合应用（类似演绎推理），会显得教师主导性过强，学生主体性偏弱，课堂就显出程序性操作过强，是否符合学生认知的发展进程有待考证。本节课的设计也可以认为是实验资源并联组合的应用，只是在引领学生进行实验设计时要更加明确探究问题、证据（记录现象是什么?）、解释（现象本质是什么?）、交流（提供比较、抽象、分析、综合的信息）等四个探究要素。在归纳分析（类似综合分析）时，充分归纳各种现象的共同本质。

观点五：教师最后引领归纳时，充分利用模拟课件来提供抽象思维的具象资源，为学生想象、建构磁通量概念，概括总结出“感应电流的产生条件：当穿过闭合导体的磁通量发生变化时，闭合导体回路中就产生感应电流。”降低了思维台阶，但是模拟课件不能替代实验（它也不是真实实验），应用模拟课件时，应建立起实验与模拟课件间的联系，这才有助于更好更优化地利用资源，来发挥不同资源在教学中的有效应用，为学习创设合理情境，真正发展学生的能力及物理素养。

三、争鸣启示

我们的教学常常需要关注和解决的几个问题：

（1）课堂教学应该试图达到什么样的教学目标？

（2）提供什么教学资源（经验）最有可能达到这些目标？

（3）怎样有效地组织所提供的教学资源（经验），即如何进行教学设计？

（4）我们如何确定这些目标正在得以实现？

从本课现场争鸣得到启示：物理学是基于观察与实验的一门自然学科，物理教学资源的提供和有效组织对创设物理教学情境，让学习进入真实实践，培养学生学科核心素养，发展学科关键能力、必备品格、价值观念具有关键作用。如物理概念的建立需要创设情境。学生在学习物理概念之前，基于生活经验形成了大量的经验性常识，要在此基础上建构物理概念，必须对所观察的现象重新加工，在诸多客观情境中概括事物的共同属性，抽象事物的本质特征，完成从经验性常识向物理概念的转变。例如，在自由落体运动的教学中，学生通常认为重物比轻物下落快。针对学生的这种认识，教师可利用纸片和纸团等随手可得的生活用品创设各种物体下落的具体情境，分析得出空气阻力对物体下落快慢有影响；通过羽毛和金属片在无空气阻力的真空玻璃管中下落的实验，抽象出物体在真空条件下，下落快慢的共同特征，形成自由落体运动的抽象概念。在物理规律的探究教学中，基于实验资源创设情境，让学生在情境中发现和提炼问题，对问题的可能答案作出假设（预测），并根据问题情境运用已有知识制订探究计划，选择符合情境要求的实验资源进行实验，获取客观、真实的数据，通过对数据的分析形成关于物理规律的结论。这与杜威《探究认识论》的内核所提倡的探究相吻合，让学生经历杜威所述的探究的几个维度，即“由问题情境引发的‘解题’需要（探究的动因）；实验性的‘亲历’（并不意味着事必躬亲，应包含直接和间接‘经验’）者认识论（探究的实质）；‘理智’（逻辑的、反思的、理智的等本就是探究的必然内涵）在场（探究的保障）；‘思维五阶段法’（探究的模式）（如图 1-1-8 所示）；有根据的断言（探究的结果）。”只有这样的“做中学”，才能表现出具备“科学思维、科学探究”的“关键能力”，“有效思维的态度、融身实践和个人发展与时代责任担当”的“必备品格”，“尊重事实”的“价值观念”。这也与学生学习观、思维发展观、课程教学观相统一。

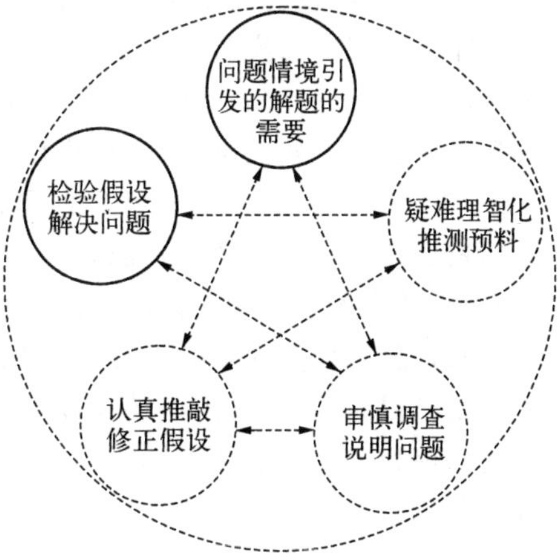

图 1-1-8　杜威思维五阶段图

从学习观来看，怎样引导学生从直接的观察结果，转而从抽象的角度陈述、概括有关实验结果，建构物理概念、得出规律是物理学习的核心。研究表明，在真实情境中发生的学习最有效。让学生参与各种各样的科学实验及实践，体验科学现象，如设计调查、作出解释、设计模型、表达观点等等。只有当他们参与设计出自己的探究方案，回答一个对自己有意义的问题时，他们才能意识到科学在解决重要问题时的方式和意义。如只让学生依据教科书中的详细步骤做科学实验的时候，并不比被动地听讲好；学生跟着课本的步骤，一步步地做科学实验，不能学会在课堂以外的情境中如何应用及在何处应用这些知识。学生通过记诵无意义、无情境的内容来获取信息，其理解是浅层次的，学生无法把学到的经验应用到新情境中去。教师对教材的二次开发，充分利用各种实验资源创设学习情境，让物理概念或规律的学习从实际问题开始，学生在有意义的情境中获得信息，将其与先前的知识经验建立起关联，并将概念或规律主动地应用于实际问题，这样学生才能在新的情境中应用这些知识，并获得更好的、更广泛的概念理解。

从思维观来看，有效的课堂问题化教学中的问题设计应针对学生的前认知开展。教学中引导学生有针对性地经历问题解决过程，在这个过程中，不断丰富素材的积累，完善和纠正头脑中的不准确、不完整的前认知，发展学生已有的正确认识，达到科学知识的建构。本节教学从实验观察、分类比较、综合论证、抽象概括、归纳结论出发，从而得出电磁感应的产生条件，关注学生在归纳过程中出现的一些不成熟、有待改进的结论，借助认知冲突构建问题、引领探究的解决问题、逐渐逼近结论。而不是力求一步到位，事实上一步也难以到位。因此，有效利用教学资源进行有序思维问题激发是优化思维发展的核心。

从教学观来看，为了让学生建立新的观点，需要对原有的观点存在的问题有一个深刻的体验过程，设计让学生用原有观点无法解释的意外实验，引发疑问，再引导学生在前认知无法解释的实验现象中重新审视原有的观点——产生问题，在解决问题中对原观点进行补充、完善，尝试建立新的观点、新的理论。因此，要优化教学就必须恰当利用教学资源创设有效的学习情境、应用情境。

综上所述，实验是物理教学的重要基础、内容和方法，实验资源的开发及应用直接影响教学效果。物理教学资源是物理情境创设的载体，物理教学情境化是物理学习的需要，是学生构建物理知识的基础。随着科学技术与信息技术的飞速发展，近年物理教学资源日趋呈现多元化的特征，如何提供教学资源并对其整合，进行课堂教学的组织与应用就显得尤为重要（前面的现场争鸣可以窥一斑）。受此启示，我开始关注、梳理“多元化物理教学资源”，并于 2010 年 3 月正式立项，对“多元化物理教学资源整合与应用”进行研究。

第二节　整合与应用研究的历程

我关注和研究整合与应用问题历时二十多年，早在 20 世纪 90 年代初期，伴随着多媒体日渐普及，信息技术对教学提供了强有力的支持，一时间学科教师都热衷于用 Power Point（PPT）、Authorware、Flash 及几何画板等软件工具，制作适合用图像、动画、视频等多媒体信息展现教学内容的多媒体课件。物理学科也不例外，教师在教学中追求用多媒体课件来替代物理课的所有资源（包括实验），企图用课件包打天下，评优课、示范课、交流课、常规课等，到处充斥用多媒体动画情节导入物理现象、模拟动态的过程（如平抛运动）、“展现”物理实验现象，使教学远离真实情境，让学生在虚拟情景中进行没有过程的真实体验，只有视角输入的虚假学习，这对于以实验为基础的物理学习来讲是用不科学的方法学科学，无法让学生重温物理概念建立、物理规律发现、物理实验设计等物理知识构建中的那些最关键的步骤，无法让学生在实践应用的互动中实现知识向能力转化。

随着课程改革的逐渐推进以及信息技术的发展，人们对教育的反思更加深入，21世纪90年代初期，教育在认知学习理论、建构主义学习理论、传播学理论、认知负荷理论、具身认知理论、多元智能理论等引领下，课堂教学更加注重追求信息技术与各学科课程的有效整合。在此期间，我先后主持《在课堂教学中优化利用现代教育技术手段》（十五省级课题研究，2005年12月结题）、《在信息技术与学科教学整合策略的研究》[十一五省级（国家电教馆重点规划）重点规划课题研究，2008年12月省结题，2012年5月国家级结题]、《基于现代教育理念的多学科整合研究和实践探索》（十二五省级重点规划课题研究，2012年12月结题），对整合与应用有一定探索，特别是信息技术与物理课程的整合进行了深度研究。信息技术在课程整合中具有如下的优势：① 辅助搜集和处理实验数据，减少了繁琐的重复性操作，提高实验效率（如DIS实验和Excel数据处理）；② 丰富思维素材，即展示科学家思维、再现教师思维、唤醒学生思维提供辅助平台（波叠加与干涉思维展示）；③ 重复再现瞬间暂态过程，延迟思维过程，提供物理情境（动态平衡的过程展示）；④ 拓展时间和空间，重复提供尊重事实而不可复制的事实情景（如提供美国塔柯姆大桥共振被毁录像）及难以实现的实验（如太空实验）等方面着手开发优化运用虚拟资源，激发唤醒学生思维。对学生难以理解的抽象内容（如磁场、电磁感应等），难以观察的微观世界、宏观世界（如分子运动、行星的运动等），不易或是无法亲身经历的实验（如α粒子散射实验、宇宙航行等）的学习，较传统手段有很大程度上的变革。但广大一线教师仍热衷于利用技术（当然，这比过去粉笔加黑板在呈现方式上有所改进），教学仍然是单向传递知识，学习发生仍是浅层次的，缺乏深度学习，更谈不上情感投入，学生学习也仍然是被动接受（只不过是知识传授技术手段提高了），学生主动探究、合作得不到体现，如用视频来替代真实实验，只会给学生带来视觉上的冲击和知识逻辑性、合理性上形成的认知，而学生感受不到知识形成过程和能力的锻炼，学生当然不会产生质疑和问题，也不会体验到实验的环境因素的复杂和失败经验，学生自然就得不到能力的培养。同时在情感上还会培养出学生对教师的崇拜（因为教师提供的视频实验是教师反复实验录制的成功实验，教学中忽略失败和挫折，让学生看得到的只是成功）和对自己的不自信（因为当学生自己亲临实验时，会遇见很多实际问题，包括实验的失败、挫折和误差分析处理等等因素，这时学生会感到不如教师厉害），这对学生的学科素养形成极为不利。

2010年3月，苏州物理名师共同体（由苏州市名教师、省特级教师、正高级教师组成的团队）成立，我们专注物理课程和物理教学的研究。此时，互联网＋迅速发展，也使教学信息传播也进入互联网＋教学时代，课堂教学信息传播方式和教学资源呈现手段、方式日趋多样，如将文字、声音、图表、视频、动画、实验等呈现交互途径更加多样、多元，以实验为基础的物理教学资源多元化的特征日益显著，此特征正在深度影响着物理课堂教学，引起物理教学方式及学习方式的变化，必然出现新的需要解决的问题，如本章第一节《整合与应用研究的缘起》中公开教学引发的争鸣问题，应是我们首要研究的问题，为此我们对教学资源进行系统地研究分析，按其外部特征及表现形式分为实体教学资源和媒体教学资源两大类，实体教学资源包括常见的传统教学资源、传感器教学资源等，媒体教学资源包括常见的视频教学资源、模拟教学资源等。

为了确定研究方向、研究问题和研究路径，我们对苏州市中学物理教师进行网络问卷调查，参与调查人数106名，其中“问题2：演示实验您经常采用哪些方式(可多选)”的调查结果如表1-2-1所示。调查结果显示教师在教学资源选取上A、D选项人数所占比例比较高，B、C、E均是近些年新兴教学资源，明显B、C选项人数所占比例略高，E选项人数所占比例略低，然而从F选项所占比例发现用粉笔在黑板上直接讲实验的现象仍很严重。课题组老师分析，形成这种局面的原因有应试教育思想束缚、课时紧缺等因素，但不可回避的一条重要原因是教师对各种教学资源特质的认识不够深刻，对多元化教学资源缺乏科学系统的整合意识。在此基础上，我们对多元化物理教学资源整合与应用中存在的问题进行梳理，概括如下：① 教师对多元实验资源缺乏深刻的理解和整合经验，教学中大量滥用、乱用教学资源等问题突出；② 教学中过于关注知识教育，淡化探究过程，虚假探究的问题严重；③ 互联网＋教学时代，教师处理大数据、资源共享能力较弱，学生批判性思维和大胆质疑能力缺失的问题明显。

表1-2-1　问题2调查结果

答案选项	回复情况
A. 用实验室现成器材做	85.85％
B. 用实验视频代替	61.32％
C. 用多媒体模拟实验模拟	42.45％
D. 用简易的自制器材或生活物品做实验	66.04％
E. 用传感器实验器材(DIS)做实验	12.26％
F. 用粉笔在黑板上直接讲实验	15.09％

1. “多元化物理教学资源整合的研究与应用”过程与方法

“多元化物理教学资源整合的研究与应用”是基于解决物理教学资源的整合与应用中普遍存在的主要问题为导向，结合物理学科特点和高中学生的认知特征，进行了理论和实践相结合的系统研究。具体过程与方法以时间顺序如下。

(1) 头脑风暴、思想碰撞、聚焦问题

依托苏州市物理名师共同体高端名师思想碰撞的优势，进行教学资源应用的师生问卷调查，发现问题，聚焦问题。

(2) 问题导向、系统归类、定向研究

基于问题导向进行文献研究，对多元化教学资源进行归纳分类和特质分析，形成分析报告，确定研究方向，研制研究目标、过程和方案，申报研究课题。

(3) 课题立项、建构雏形、形成理念

成立课题组，探索多元实验资源与教学情境创设的适切关系，基于资源整合理论、系统论，从"思维进阶、学习路径和不同知识类型"角度出发，提出整合原则、范式和策略等理论雏形，形成整合理念。

(4) 理论梳理、建构模型、实践研究

进行大量课堂观察和理论研究，建构出基于整合理论主张的教学范式，进行实践研究。开发、整合与利用实验资源，优化情境，让学生经历学习过程。积累实践成果，更新教学理念和改变教学行为。

(5) 锤炼课例、实证研究、反思提炼

基于互联网＋教学，整合数据库、数字实验和网络视频等资源，开发和利用各种微课或微视频等素材，锤炼课例，示范引领，筛选实验学校，问卷调查，分析前测数据，实施对比实证研究，反思提炼，形成成果。

(6) 选择学校、实践验证、推广应用

选择学校进行实践检验，开设省、市级示范课，总结整合标准和行为规范，推广应用，改变教学方式和学生学习行为。

2. "多元化物理教学资源整合的研究与应用" 创新点

(1) 立足于"现代学习理论"和"互联网＋"大背景的新视角

从现代学习理论出发，凸显"学习者为中心"的教育理念，以实体教学资源为基础，融合运用互联网时代新生的媒体教学资源，凸显情境体验的育人功能。

(2) 探索了多元化教学资源整合的理论新领域

基于对日益多元的教学资源进行分类及特质分析，从资源开发理论、系统论等角度出发，提出整合原则、范式和策略，给出整合标准和行为规范。

(3) 构建了多元化教学资源系统应用的新范式

基于整合理论，课题组进一步探索多元化教学资源系统应用的新领域，形成"情境激趣、问题生成、实验探究、迁移应用"的教学新范式，在实践过程中开发了系列教学案例。

(4) 开发和整理了大量多元化实验教学新资源

创新开发实验教具 50 件，形成特色的创新实验室，积累数字资源近 2T，建立媒体实验资源库，对照教材撰写具有整合特色的实验操作指南 104 篇，形成实验教材 1 部。

(5) 形成了学生物理学习的新方式

发挥创新实验室和媒体资源库优势，优化学习情境，运用情境的演进串设课堂教学主线，搭建学习的情境之阶，促进学生具身体验、深度探究，习得知识迁移应用到生活情境中，学生学习兴趣明显改变，学生学业成绩显著提升。

3. “多元化物理教学资源整合的研究与应用”研究成果

2013 年 12 月开始选定学校实践检验，研究和实践期间，公开出版（发表）的主要成果如下。

（1）凝炼了整合与应用的理论主张

成果形成了多元化物理教学资源特质分析报告，提出了优化情境的整合目标和真实适切、亲历过程、系统融合等整合原则，凝炼了开发、替代、改进、嫁接、串接、并行等整合策略。

（2）构建了整合与应用的实践范式

基于理论主张构建了“确定目标、收集资源、特质分析、优化融合”的整合范式和“情境激趣、问题生成、实验探究、迁移应用”的教学范式，给出了整合标准和行为规范。

（3）取得了整合和应用的显著成效

开发了全国有影响的创新教具 50 个，筹建特色实验室及媒体实验资源库（2T）；整合教材实验 104 个，出版实验操作指南教材 1 部；作者受邀参与编写基于《普通高中物理课程标准》（2017 年版）的普通高中《物理》必修第一册教材（教科版）；在核心期刊发表整合理论类论文 3 篇、应用类论文 30 篇。学生学习方式得到质的转变，课堂积极参与率高达 96%，学业质量显著提升；优化的物理课程被彭前程、陶洪等教授誉为“最具物理味”的课程，在全国多地推广，共做报告 89 场、课堂展示 130 节，其中收录经典案课例 50 节。总结提炼“多元化物理教学资源整合的研究与应用”成果获江苏省人民政府颁发的 2017 年度基础教育成果奖特等奖，2018 年基础教育国家级教学成果二等奖。

第三节　物理学习根在观察和实验

在物理学的发展过程中，实验是决定性的因素，发现新的物理现象，寻找物理规律，验证物理定律等等，都只能依靠观察和实验。从学习视角来看，物理学中，每个概念的建立、每个定律的发现，都有其坚实的实验基础，离开了实验，物理学习就会成为“无源之水，无本之木”，不可能得到发生、发展；从教学视角来看，物理实验是物理教学的重要内容，它既是物理教学的重要基础，又是物理教学的重要内容、方法和手段，也是培养学生的“物理观念”“科学思维”“实验探究”“科学态度与责任”等核心素养的重要载体。

1. 关键能力和必备品格是物理核心素养体现

普通高中《物理课程标准（2017 年版 2020 年修订）》指出：物理核心素养主要包含物理观念、科学思维、科学探究、科学态度与责任四个维度，其中物理观念代表知识的内化，是其他核心素养的基础；科学思维和科学探究是关键能力；科学态度和责任是必备品格。华东师范大学崔允漷教授在研究世界各国及相关国际组织关于核心素养的定义的基础上，对“核心素养”作了这样的界定：个体在知识经济、信息化时代面对复杂的、不确定性的现实生活情境时，运用所学的知识、观念、思想、方法，解决真实的问题所表现出来的关键能力（在任务情境中表现出的个人的适应性行为，对学习表现为阅读获取有效信息的输入能力、思考即通过归纳、分类、演绎、推理、想象……的思维加工能力、表达信息输出能力）与必备品格（表现为对自己进行自我控制的自律性、对他人尊敬和重视的公德性、对工作或学习认真做事的责任性）。

对物理学科核心素养而言，就是学生在物理学科学习后形成的一种行为习惯和思维惯性，外在行为表现出来的就是物理学科的关键能力与必备品格，它是相互依存的，并且交织在一起，如批判性思维，创造力，主动性，解决问题，风险评估，决策和建构性的感情管理等。

为了一致地描述关键能力和必备品格在物理教学和学习环境中的作用，可从知识创造、技能获取和态度培养三个不同的教学和学习视角表达。在建构主义领域，知识的创造被理解为一个过程，在这个过程中，学生作为行为的实体，总是在先前经验知识的基础上学习。他们拥有大量直接参与学习物理学的知识要素（日常概念），但往往都是经验性的、零碎的或片面的，需要广泛重建他们的直觉知识才能创造出新的系统知识“建筑”（科学概念）。知识创造是知识的重建，它一定是在一个特定物理问题情境中发生的，让学生经历从日常概念到科学概念建构的认知发展进阶过程，才会对物理概念意义和含义产生深层次的物理理解；获得技能的流程与知识有明显的联系，技能发展也与物理内容密切相关，当学生对概念获得更深层次的理解时，他们就会运用实用技能并能将所学知识迁移至真实情境，如学生在获取加速度测量的实验技能时，学生依据对瞬时速度的深层理解，并根据问题情境，运用已有知识（微元法或极限定义法）制订探究计划，选择符合情境要求的方案，即利用打点计时器或光电门实验装置进行实验，获取客观、真实的数据，通过对数据的分析，利用加速度定义或“速度一时间”图像得出结论。在这里获得技能的探究方法是符合建构主义理论的。伴随着创造知识和获得技能的过程，学生认知科学的热情和方式也得到了发展，促进了态度培养和价值观的形成。

2. 问题产生和解决是关键能力和必备品格培养的引擎

基于物理核心素养的教学，教师必须深刻理解“物理观念”“科学思维”“科学探究”和“科学态度与责任”是对物理教学的纲领性要求。“物理观念”是对物理现象的基本认识，是学习物理概念与规律后形成的具有稳定心理特征的认知结构，这种结构化认知可以让学生在遇见需要解决的问题时，能与所学的物理知识与技能进行迅速匹配，从而快速地找到解决问题的路径和方法。即当学生的物理观念形成后，学生能正确理解物理概念和规律，会对概念和规律深信不疑，懂得用物理的方法对概念和规律进行应用迁移。“科学思维”是物理学习与探究所需要的模型抽象、分析综合、推理论证、质疑批判等认知方式或思维方式，教学就要构建学习内容中与模型抽象、分析综合、推理论证、质疑批判等四个维度相匹配的思维（问题、实验等）载体，为教学铺设清晰的思维进阶路径，让学生在不同的实际情境过程中思考与应用。“科学探究”是指对一个现象进行研究的能力，是一种研究问题的程序与过程，如提出问题和假说、设计验证方案、依据证据来验证假说、得出符合逻辑与证据的结论等，教学中要搭建指向问题、证据、解释与交流等探究活动的平台，使教学能体现探究程序与过程。“科学态度与责任”是指在探究科学的学习过程中，对科学本质等形成基本认识态度和社会责任感。综上所述：物理观念代表知识的内化，是其他核心素养的基础；科学思维和科学探究是关键能力生长的过程和路径；科学态度和责任是必备品格（如图1-3-1所示）。

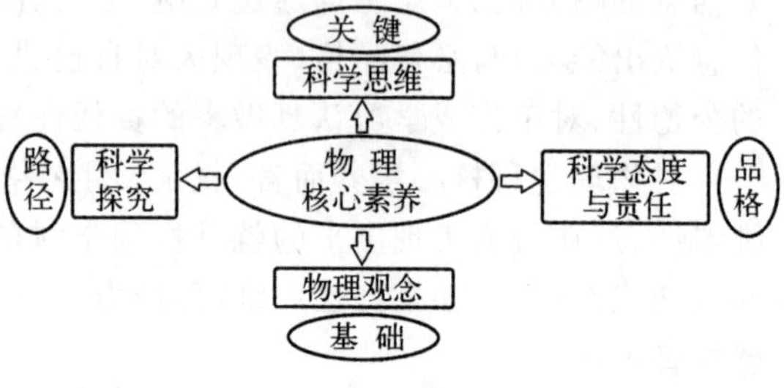

图 1-3-1

物理学是一门实验科学，观察和实验是获取物理思维材料的重要手段，但如果观察和实验不引出物理问题，决不会导致探索和研究过程。如德国物理学家伦琴在 1895 年 11 月 8 日获得 X 射线照片底板之前，美国物理学家古德斯比德和英国克鲁克斯就早已在 1890 年 2 月 22 日获得，虽然他们都遇到了同样现象，但后者并未从观察到的物理事实中引出物理问题，这一从他们眼前闪过的“新事实”也就不能引起他们的研究。而伦琴则分析了“新事实”和旧理论间的矛盾冲突，引出了问题，并对此做出了研究，发现了 X 射线。这一事实启发人们：物理学的研究始于问题，“问题”是点燃思维的火种。正如杜威所说：“思维的过程是一种事件的序列链，这一发展过程从反思开始移动到探究，再到批判性思维，最后得到比个人信仰和想象更为具体的‘可以证实的结论’。思维不是自然发生的，但是它一定是由‘难题和疑问’或‘一些困惑、混淆或怀疑’引发的。观察者‘手头的数据不会提供解决方案，它们仅仅能够给人启示’；而正是对‘解决方案的需要’，维持和引导着反思性思维的整个过程；问题的本质决定了思考的结果，思考的结果控制着思维的过程”。

问题始于思维，思维的发生就是反思→问题生成→探究、批判→解决问题的过程；立于问题又能促使思维向深度发展，“问题”是“思维”的任务驱动，是培养“比较—概括—抽象”“分析—评价—创造”等深度思维的土壤，让学生在高层次认知水平上，触发发展高阶思维的引擎。

物理学的研究始于问题，物理教学也应始于问题，针对物理问题对学生认知投入动机的激发、学生的元认知策略（包括完成任务时对目标的设定、计划、监控、评价以及对过程采取的必要的调整）、意志策略（指的是对注意的控制、影响的控制及努力的控制）调动的不同，可将物理教学中的物理问题概述为抽象问题、原始问题和元问题三类。“抽象问题”通常是指教学中学生所面对的大多数是教师通过对实际（原始）问题的合理分解、简化和抽象后形成的“问题”，这类“抽象问题”往往是为巩固物理概念、规律而人为加工出来的，与实际（原始）问题相距甚远。基于这种“抽象问题”的物理教学，只是为了巩固双基知识而设置的“记忆—理解—应用”层级的问题，属于低阶思维能力的问题，不利于促进思维向深度发展和激励学生的创新思维，更不利于培养学生发现问题和转化问题的创新能力。“原始问题”是指自然界及社会生活、生产中未被抽象加工的典型现象问题。它具有以下特点：是对现象的描述，没有对现象作任何程度的抽象；基本是文字的描述，通常没有任何已知条件，其中隐含的变量、常量等需要学生自己去设置；没有任何示意图，解决问题所需要的图像需要学生自己画出；对学生来说不是常规的，不能靠简单的模仿来解决；来自真实生活情境；具有趣味和魅力，能引起学生的思考、向学生提出智力挑战。”基于“原始问题”的物理教学，因面对的是真实的问题情境，需要学生更多的认知参与，需要他们自主调动分析、综合、评价、创新等高阶思维活动，可以帮助学生表征知识，了解知识技能的应用情境，让学生在尝试解决真实世界问题、完成真实情境任务，经历日常概念到科学概念建构的认知发展进阶过程，从而对概念的理解更深刻，发展更高的认知加工水平和高阶思维能力。“元问题”是比普通问题（抽象问题和原始问题）进一层，通常涉及价值论、方法论层面的问题，是最根本、层次最高的问题，即为能引起问题的问题。正如物理学家理查德·费恩曼的打油诗所述“我想知道这是为什么，我想知道为什么我想知道这是为什么，我想知道究竟为什么我非要知道我为什么想知道这是为什么”。在物理教学中引入元问题，就是利用以“问”引“问”的策略设置“问题情景”，将“情景串”变成“问题串”，用元问题启发学生问题思考的方向，不断追问“问题”，激发认知的源动力，激活学生的思维。正如鲁利亚所说“在人有适当的动机而使课题变得迫切了，并且它的解决成为必要的了；当人要从他所处的情境中走出来，而又没有现成的（先天的或习惯的）解决办法时，只有在这种场合思维才出现”。元问题将会最大限度激发深度学习动机并维持认知投入，更大程度地提高学生认知投入的质量，提升思维品质的深刻性、独创性、批判性和灵活性。

综上，物理教学或学习指向核心素养，基于抽象问题、面向原始问题、立于“元问题”，激发学生质疑，给学生发现问题、提出问题的机会，使学生既会“学”又会“问”，可避免单一抽象问题教学的“去两头重中间”，不能给学生提供真实的原始问题情境，只凸显演算和推导过程，缺少了问题的起点和终点，也必将导致科学思维中直觉思维缺位。让“问题”成为跟进发展物理学科的关键能力与必备品格的源动力、驱动力的引擎。

【教学片段一】

探究碰撞中的不变量

通过生活和实验现象引导学生猜想，得出：

猜想 1　$v_1+v_2=v_1'+v_2'$；

猜想 2　$m_1v_1+m_2v_2=m_1v_1'+m_2v_2'$；

猜想 3 $m_1v_1^2+m_2v_2^2=m_1v'^2_1+m_2v'^2_2$；

猜想 4 $\frac{v_1}{m_1}+\frac{v_2}{m_2}=\frac{v'_1}{m_1}+\frac{v'_2}{m_2}$；

……

引导问题 1 要想探究大家的猜想的合理性，我们应该如何做？（实验）

元问题 2 （让学生思考，提出元问题）如何测量质量？（天平），如何测相互作用前后的瞬时速度？[学生利用类比思维：测量摆球摆动的最大高度，根据机械能守恒定律来计算速度（方案 1）、频闪照片法计算速度（方案 2）、打点计时器根据纸带计算速度（方案 3）、光电门测挡光时间计算速度（方案 4）。]

评价方案 （引导学生类比、归纳，从模仿走向创新，设计方案，并深化思维。）从操作的简便性、测量的准确性等方面评价方案，最终选定用光电门测速度。

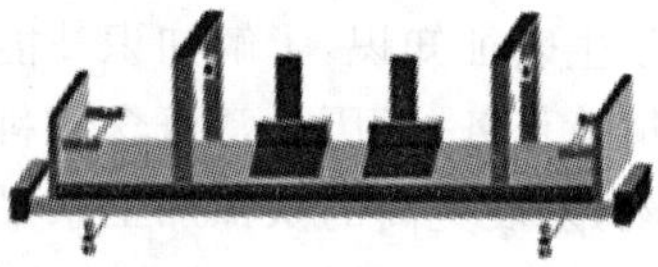

图 1－3－2

引导问题 3 如何利用光电门计时器完善一维碰撞实验模型？[学生可以借鉴教材，利用两滑块在气垫导轨上实现一维碰撞（如图 1－3－2 所示）。]

元问题 4 为什么在用气垫导轨？（减少摩擦对实验的影响），如果不用气垫导轨，而用我们熟悉的普通小车在普通导轨上能完成这个实验吗？（激发深化思维）

元问题 5 （学生产生元问题）用普通小车在普通导轨上实验，怎样操作可以提高测量的准确性？引起速度测量实验误差的原因究竟是什么？（用元问题深化思维，激发学生感悟，小车速度测量的误差源于小车与轨道间的摩擦，小车碰撞前速度测量是准确的，小车碰撞后的速度测量是产生误差的最主要原因，因此，实验改进应该从改进测量碰撞后小车速度着手，唤醒思维创新。）

实验创景 1 （用实验装置创设情景，基于元问题，引领学生推理分析）由于碰撞发生在瞬间，两小车碰撞前测小车 1 速度 v_1 不存在误差，而小车碰撞后速度测量的误差主要来源于碰撞后小车到光电门的距离，小车在轨道上运动距离越大则误差越大，若让两个光电门能在两小车碰撞后就立即测量其瞬时速度（如图 1－3－3 所示），就可以比较准确地得出碰撞发生后小车 1 的速度及小车 2 的速度。（分析同时，用两质量相等的小车进行实验，得出结论：猜想 1 正确。）

图 1－3－3

引导问题 6 用质量相等的小车碰撞得出结论，有普适价值吗？（进一步引发学生对不同质量小车碰撞实验深化思维，用图 1－3－3 装置演示，质量不同小车相碰后，两车分离，学生观察得出要测量碰撞前小车 1、碰撞后的小车 1 及小车 2 的速度。）

元问题 7　(学生产生元问题)质量不等的两辆小车碰撞后分离,两小车速度如何测量?(学生利用类比思维,分析、判断、讨论、评价得出图1-3-4 方案。)

图 1-3-4

实验创景 2　(让学生分组实验测量,用质量大的小车 1 去碰质量小的小车 2,利用 t_1 测小车 1 碰前速度、t'_1 测小车 1 碰后速度、t'_2 测小车 2 碰后速度填入表 1-3-1)学生实验,记录测量数据并处理,得出猜想 1 不符合,猜想 2 符合,同时利用"实验创景 1"的数据验证猜想 2 的正确性。

表 1-3-1

"对碰后分开"实验数据记录与分析											猜想(一)		猜想(二)	
实验次数	m_1	m_2	碰撞前				碰撞后				碰撞前	碰撞后	碰撞前	碰撞后
			t_1	v_1 $\left(v=\frac{D}{t_1}\right)$	t_2	v_2 $\left(v=\frac{D}{t_2}\right)$	t'_1	v'_1 $\left(v=\frac{D}{t'_1}\right)$	t'_2	v'_2 $\left(v=\frac{D}{t'_2}\right)$	v_1+v_2	$v'_1+v'_2$	$m_1v_1+m_2v_2$	$m_1v'_1+m_2v'_2$
1														
2														
3														
4														
5														
6														

元问题 8　(学生产生元问题)现在得出的结论,有普适价值吗?(使学生意识到科学结论的得出,必须具有广普性,培养学生科学意识,进一步改进实验,让两小车碰后粘合共同运动,如图 1-3-5 所示,进行实验探究)小车 1 碰前速度如何测?两车相碰后速度如何测?图 1-3-5 中光电门 t'_2 能准确测出两车碰后的速度吗?(利用 t_1 测小车 1 碰前速度、图 1-3-5 中光电门 t'_2 测两车碰后的速度,由于两小车共同运动至光电门 t'_2 距离较长,将因摩擦而产生误差,不能准确测量)实验如何改进图 1-3-5 中光电门 t'_2 位置,才能准确测量两车碰后的速度?(学生类比推理,深度思维,分析误差产生原因,改进实验如图 1-3-6,让光电门 t'_2 靠近碰撞发生点,使小车碰后立即测碰后速度)

图 1-3-5

实验创景 3　(让学生分组实验测量,利用 t_1 测小车 1 碰前速度、图 1-3-6 中 t'_2 测两小车碰后共同速度)学生测量数据并处理,验证猜想2正确。

引导问题9 实验创景1、2、3的探究,验证了猜想2正确,请比较分析这些实验中碰撞前后小车运动速度方向有何共同特征?(方向相同,目的引领学生思维:① 物理规律得出要能经受各种考验,② 构建和理解动量概念。)

实验创景4 (引导学生深化思维:为使得出的物理规律能经受各种实验及事实的考验,并探究速度方向对实验的影响,采用气垫导轨来做更为合适,可以有效减小摩擦带来的影响,光电门就可以离得远一点。)利用气垫导轨做对碰演示(如图1-3-7所示)实验,得出并共同处理数据(如表1-3-2,为引发学生冲突,速度故意未带入方向)。

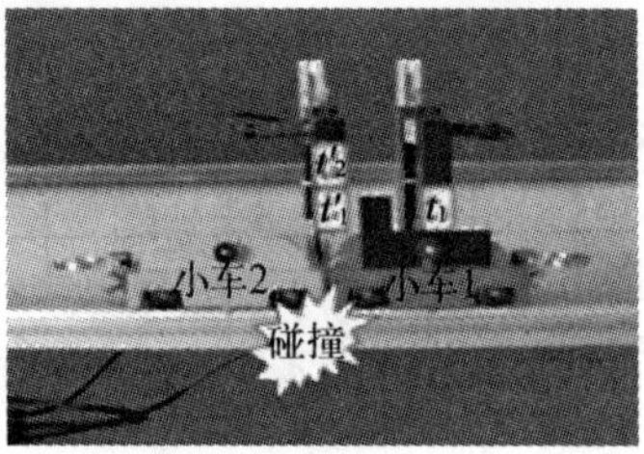

图1-3-6

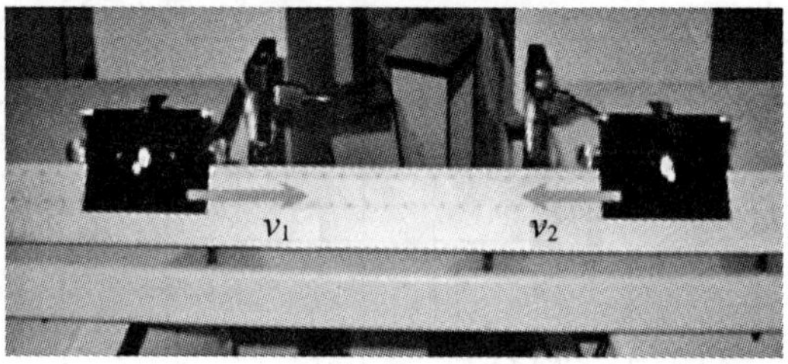

图1-3-7

元问题10 (学生产生元问题,处理表1-3-2中实验数据,观察得出上述猜想均不正确,与学生预想发生冲突。前面普通轨道实验猜想2都符合,现在影响实验误差因素减小,而得出结果与预想不符。)猜想2结论是不是又被否定了?实验应该比普通轨道实验更精确,操作也规范,问题究竟出在哪里?我想知道为什么?(引起学生深度思维,通过比较、分析、综合、概括、联想、类比、推理、判断等方法,合作交流、讨论得出:问题可能出在速度方向上。)

实验数据创景 根据学生推理,在数据处理时,规定小车1运动方向为正方向,用正负号代入处理(如表1-3-3所示),观察数据,得出结论:猜想2是正确的(同时引导学生构建动量概念,认识动量的矢量性)。

小结 学生在冲突的情景中产生问题,利用实验、媒体等教学媒体创景,借助教学资源观察而获取的物理思维材料,使学生更全面地考察问题,多角度地思考问题,多方面地联想,揭示影响事物的多种因素,揭示事物之间的多种联系,想象事物变化的多种可能,寻找解决问题的多种途径,引导学生在分析和解决问题中将"问题串"变成"知识串",达到建构知识,渗透方法,有助于培养学生的开放、发散思维;将物理教学根植于实验的"做中学",让学生思考问题时能始终做到有理有据,使推理过程环环相扣,合乎逻辑,不以想象代替分析,不以直觉代替推理,有助于培养学生的严密思维;基于实验解决问题,使学生能够善于透过纷繁复杂的现象,把握事物的本质,善于进行抽象概括,抓住问题的核心,揭示隐含的元问题信息,善于根据事物的初态预见事物的发展,有助于培养学生的深刻思维,深化学生理性思维,最终达到发展学生的关键能力和必备品格。

表 1－3－2

“对碰后分开”实验数据记录与分析											猜想(一)		猜想(二)	
实验次数	m_1	m_2	碰撞前				碰撞后				碰撞前		碰撞后	
			t_1	v_1 $\left(v=\frac{D}{t_1}\right)$	t_2	v_2 $\left(v=\frac{D}{t_2}\right)$	t_1'	v_1' $\left(v=\frac{D}{t_1'}\right)$	t_2'	v_2' $\left(v=\frac{D}{t_2'}\right)$	v_1+v_2	$v_1'+v_2'$	$m_1v_1+m_2v_2$	$m_1v_1'+m_2v_2'$
1	0.249	0.249	0.072	0.279	0.035	0.575	0.036	0.562	0.075	0.268	0.854	0.83	0.213	0.207
2	0.138	0.249	0.04	0.501	0.024	0.82	0.017	1.146	0.202	0.099	1.321	1.245	0.273	0.182
3	0.137	0.235	0.025	0.803	0.018	1.114	0.013	1.492	0.086	0.233	1.917	1.725	0.372	0.259
4	0.137	0.235	0.021	0.957	0.02	1.016	0.014	1.398	0.055	0.366	1.973	1.764	0.37	0.278
5	0.137	0.235	0.023	0.909	0.022	0.909	0.017	1.174	0.061	0.33	1.818	1.504	0.338	0.238
6	0.187	0.235	0.019	1.067	0.018	1.117	0.017	1.202	0.029	0.694	2.184	1.896	0.462	0.388

表 1－3－3

“对碰后分开”实验数据记录与分析											猜想(一)		猜想(二)	
实验次数	m_1	m_2	碰撞前				碰撞后				碰撞前		碰撞后	
			t_1	v_1 $\left(v=\frac{D}{t_1}\right)$	t_2	v_2 $\left(v=\frac{D}{t_2}\right)$	t_1'	v_1' $\left(v=\frac{D}{t_1'}\right)$	t_2'	v_2' $\left(v=\frac{D}{t_2'}\right)$	v_1+v_2	$v_1'+v_2'$	$m_1v_1+m_2v_2$	$m_1v_1'+m_2v_2'$
1	0.249	0.249	0.072	0.279	0.035	−0.57	0.036	−0.56	0.075	0.268	−0.291	−0.292	−0.074	−0.073
2	0.138	0.249	0.04	0.501	0.024	−0.82	0.017	−1.15	0.202	0.099	−0.319	−1.051	−0.135	−0.133
3	0.137	0.235	0.025	0.803	0.018	−1.11	0.013	−1.49	0.086	0.233	−0.307	−1.257	−0.152	−0.151
4	0.137	0.235	0.021	0.957	0.02	−1.02	0.014	−1.4	0.055	0.366	−0.063	−1.034	−0.108	−0.105
5	0.137	0.235	0.023	0.909	0.022	−0.91	0.017	−1.17	0.061	0.33	−0.001	−0.84	−0.089	−0.083
6	0.187	0.235	0.019	1.067	0.018	−1.12	0.017	−1.2	0.029	0.694	−0.053	−0.506	−0.063	−0.062

3. 整合资源创设情境是物理问题产生与解决的载体

物理问题是物理教学或学习的核心，更是物理创新的出发点。物理教学的过程是一个不断地提出问题和解决问题的过程。解决问题首先是提出问题，从认知心理学的角度看，问题是一种情境，是能够激起学生的探究欲望，并能够运用已有的知识，通过逻辑思维、形象思维、灵感思维等或通过设计实践活动探索完成的任务。而问题往往产生于具体的情景之中，产生于陌生的事物之中，产生于奇异的现象与引起矛盾的说法之中等。物理是一门以实验为基础的科学，各种物理教学资源以其直观性、形象性为学生提供了丰富的感性材料，使其充满着趣味性、思维性、挑战性、探索性和创造性，能有效地激发学生的好奇心和求知欲。利用实验的魅力创设问题情境，可以充分发挥学生的主体性，有利于引导学生通过对实验的观察、研究和分析去提出问题、探索问题，还有助于帮助学生揭示物理现象的本质、探究物理现象的内在规律，并有助于催生新问题的产生。

问题情境就是将问题或疑难蕴含于特定的场合（环境）之中，当学生面临这种特定场境时，根据已有的知识或经验不能加以解释，导致认知失衡，从而产生困惑，且又急于消除这种困惑的一种心理状态。在这一特定的问题情景中，学生对前认知中的成分进行加工、补充、修正和重组，形成新的认知结构，新的认知结构又将成为下次学习的前认知。学生的学习就是这种不断重构自己的前认知的过程。在认知的重构过程中，物理问题情境呈现方式不同，会使学生的思维方式和思考速度等显示出不同的状态。因而课堂教学中，教师应遵循思维发展规律，遵从科学家科学研究的原生过程，基于物理学家的思维活动特征，整合教学资源优化设置问题情景，以浓缩方式，在有限的时间和空间内，让学生重温物理概念建立、物理规律发现、物理实验设计等物理知识构建中的那些最关键的步骤，让学生重演物理知识的发生、形成和发展过程，让思想在学生的头脑里产生出来的，教师只是充当学生的“思想助产婆”，使学习成为学生的“亚研究”“再创造”的过程。这将不仅有助于学生加深对物理知识的本质的理解，而且也为激发学习动机，明确思维指向，唤醒学生思维提供认知起点，培养他们的科学思维方式，提供了极好的情境体验的素材。

利用实验设计教学过程，学生在实验情景中，不断地受到冲突，使教学在学生自发形成问题和教师引领问题中，层层递进，不断深化对元问题的追问（感应电流产生的条件是什么？感应电流产生的条件究竟是什么？怎样才能得出感应电流产生的条件?），通过观察、比较、分析、综合、抽象、概括、判断、推理、类比、归纳等物理思维方法，实施对实验引发的问题冲突的思考，从而引领学生主动思维，促进学生灵感生成，培养创新思维。教学设计将知识融入实验情景，情景隐含元问题，通过有效的设疑与引思，展开求知的生动过程，将“情境串”变成“问题串”，用元问题启发学生思考的方向，在真实问题情境中（做中学）激活学生的思维，用元问题帮助学生妙悟知识的真谛，用元问题对教与学进行及时诊断与反馈，基于物理学科特点，用实验激发“问题”，用元问题引领思维，做到物理教学植于“做中学”，思维发展源于“元问题”。

(1) 基于实验创设问题情境，激发问题提出

问题情境是指个体觉察到的一种有目的、但又不知如何达到这一目的的心理困境，也就是当已有知识不能解决新问题而出现的一种心理状态，其外在形式就是指问题的刺激模式，即问题应以怎样的方式、形式组织和呈现，从而引起思维的共鸣。创设问题情境，就是在教材内容和学生求知心理之间制造一种“不协调”，把学生引入一种与问题有关的情境之中，内化出主动思考的心理倾向，促使学生积极参与科学探索活动，使学生明确探究目标，给思维以方向，同时产生强烈的探究欲望，给思维以动力。

【教学片段二】

探究变压器模型

问题1　利用 16 V 交流电使 3.8 V 小灯泡接近正常发光，同时尽可能提高用电效率。

(学生讨论后提出，利用滑动变阻器分压原理可以做到让 3.8 V 小灯泡接近正常发光，但是用电效率低。)

教师启发(学生思维出现困惑时)　在如图 1-3-8 所示的电磁感应现象实验中，A 线圈中电流发生变化时 B 线圈中是否产生感应电动势?

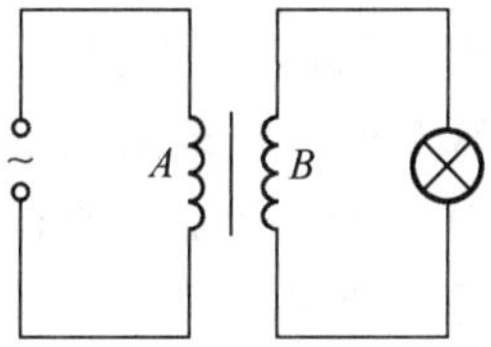

图 1-3-8

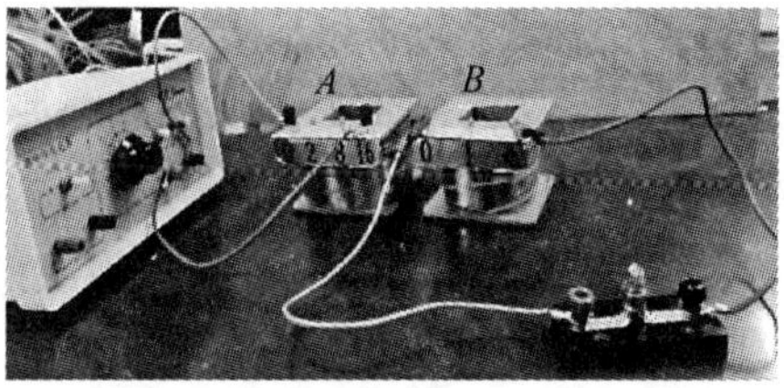

图 1-3-9

学生分析后得出　因为根据电磁感应原理，变化的电流使 A 线圈的磁通量发生变化，这个变化的磁通量穿过了 B 线圈，会产生感应电动势!(学生设计出了如图 1-3-9所示的电路，教师将线圈 A 接入 16 V 交流电，灯泡竟然未亮。)(这个演示实验成功地挑战学生现有的认知结构，原来的认知是磁通量发生变化，闭合电路里会有感应电流。)

激发问题　(有同学提出)会不会是产生的电流过大把灯泡烧毁了呢?(可以请同学到前面看灯丝是否烧断或者将小灯泡的灯丝用投影仪定格。)

引领学生提出问题　(认知冲突激发)小灯泡不亮，是线圈中的感应电动势太小，如何增大这个感应电动势让灯泡亮呢?

学生设计方案 将两个线圈靠近(老师继续实验,现象:还是不亮。),在两个线圈中加入 U 型铁芯(现象:灯泡变亮。)

问题 2 为什么加上铁芯后变亮了?(这里就凸现了铁芯能聚集磁场的作用。)

问题 3 既然铁芯能聚集磁场,如何使磁感线更加会聚?

建立变压器模型的整个过程中,学生们的心理过程经历了以下几个阶段,惊讶、怀疑;心理冲突;对新的东西有抵抗的心理;心有不甘地接受事实。进而在内心深处爆发强烈的疑问,为什么加入铁芯后灯泡变的更亮了,这样进一步的探究将在学生们强烈的求知欲驱动下深入下去,变压器的模型就这样逐步建立起来了。经历这样问题情景的学生,对理想变压器模型的理解一定比直接给出的更深刻和持久。当他们再处理试题时[如图 1-3-10 所示,在铁芯上、下分别绕有匝数 $n_1=800$ 和 $n_2=200$ 的两个线圈,将上线圈两端与 $u=51\sin 314t$(V)的交流电源相连,将下线圈两端接交流电压表,则交流电压表的读数可能是 A. 2.0 V B. 9.0 V C. 12.7 V D. 144.0 V],思维会更深刻,不会轻易选择错误答案 B。

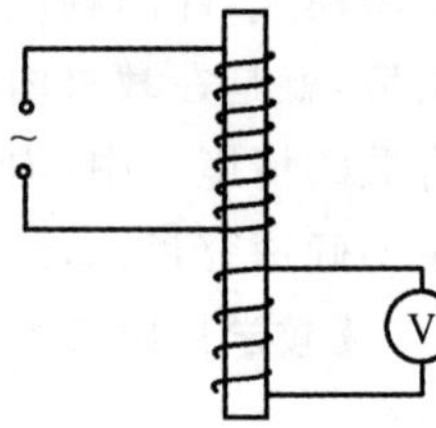

图 1-3-10

运用实验手段,将新旧知识的矛盾,尖锐地摆在学生面前,使他们的思维处于激烈的不平衡状态之中,提出问题,接下来带着要解决问题的迫切心情投入学习,将有效调动学生认知投入和元认知策略。

(2) 基于实验创设教学情景,帮助解决问题

物理学是一门实验学科,实验是人们根据一定的研究任务和目的,利用一定的仪器、设备与手段,人为地创造一定的环境或条件,主动控制或干涉研究对象,突出主要因素,在典型环境中探索自然奥秘的研究方法。通过实验不仅可有效地激发学生的认知冲突,而且使自然过程简化、纯化,反复再现或模拟再现,从而使学生获得具体明确的感性认识,有利于学生形成鲜明的表象,克服思维障碍,为概念规律的建立及其应用奠定必要的基础,使学生对科学的理解更深刻和持久。

【案例一】

"瞬时速度"概念的引入

瞬时速度是抽象难学的概念。人教版必修第一册教材中有这样一段话:用由时刻 t 到 $t+\Delta t$ 一小段时间内的平均速度来代替时刻 t 物体的速度,如果 Δt 取得小一些,物体在 Δt 这样一个较小的时间内,运动快慢的差异就不会太大。Δt 越小,运动快慢的差异就越小。当 Δt 非常非常小时,运动快慢的差异可以忽略不计,此时,我们就把 $\frac{\Delta x}{\Delta t}$ 叫作物体在时刻 t 的瞬时速度。

如果仅仅按教材上说解，学生缺乏相应的感性认识，更没有数学的极限思想，只能糊里糊涂地记住结论，如何让学生更好地理解这个概念呢？

直接告诉学生："速度计的读数就是瞬时速度。"有感性认识了，但缺乏了概念的实质性含义。我们来举实例说明，比如，一个人站在公路旁，刚好有辆汽车从他身边疾驰而过，"好快呀！"这时他所感受到的就是汽车该时刻的瞬时速度。但这毕竟只限于直观体验的描述，远谈不上对概念本质的揭示和把握。如借助演示如图 1－3－11 所示的实验：让滑块沿倾斜的气垫导轨做加速运动，将滑块放上不同宽度的遮光片，测出每个遮光片通过光电门的时间间隔。表格 1－3－4 是采集的实验数据，从数据可知，在遮光板宽度小于 5.0 cm 以后，这三组数据的平均速度都是 33.3 cm/s，在如此短的位移（时间）内，我们所用的实验仪器已经检测不出滑块速度的变化了，因此可将其视作匀速运动，它的平均速度值可作为滑块通过 A 点的瞬时速度了。

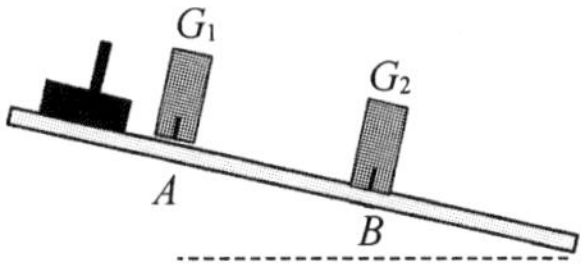

图 1－3－11

表 1－3－4

Δx/cm	40	30	20	10	5.0	3.0	1.0
Δt/s	1.03	0.80	0.55	0.29	0.15	0.09	0.03
$\bar{v}$/cm・s^{-1}	38.8	37.5	36.4	34.5	33.3	33.3	33.3

实验演示到这里时，学生们兴奋不已，部分同学已经迸发出思维的火花，因为他们迫切地提出了这样一个问题：如果换用更精密的测量仪器，测出的速度值不是又要改变了吗？我们将计数器的时基改为"1 ms"后重做实验，结果证明了这种看法的合理性。学生们倍受鼓舞，因为他们的想法被实验检验为正确的。我们以此为契机，进一步启发学生：1 ms 是不是足够小的时间间隔呢？再继续减小时间间隔，由于仪器所限没法继续做实验了。

能否超脱具体条件的局限，运用思维去继续"做"实验（理想实验）呢？通过这一系列问题，最终使他们萌发出"无限逼近"的极限思想。这个演示实验，克服了学生现有思维的障碍，对其理解极限的思想帮助很大，顺利地解决了瞬时速度的概念理解问题，有利于帮助学生克服思维障碍。再比如，可通过实验"声化"加速度概念，用听到的声音高低变化来理解速度变化，用音高变化的快慢来理解速度变化的快慢；通过力的合成实验探究出合力与分力的关系，对用力的平行四边形定则求合力的正确性也就确信无疑了；做了"验证机械能守恒"实验后，对机械能守恒的条件和应用更加深了理解等等。

（3）基于实验方案设计，催生新问题的产生

著名的物理学家和教育家杨福家说："成功的教学必须诱发问题，听了课、读了书，只感到'听得舒服，读来都懂'是不够的，真正的收获还应该反映在有没有产生新的问

题。知识的增长必然孕育着新问题的产生，让同学们在年轻的心灵中留下或产生一些新问题，在今后的岁月里去寻求答案，这才是教育真正的成功。”

【案例二】

测定木块与木板之间的动摩擦因数

利用现有的器材：木板、木块、弹簧测力计、刻度尺、秒表、沙桶与沙。有人设计了如图 1-3-12 所示的三种实验方案：① 增减沙桶内的沙，使木块看起来做匀速运动，并测出木块、沙与沙桶的重力；② 用力 F 把木板从木块下面向左拉出，并读出弹簧测力计的示数，称出木块的重力；③ 让木块从木板顶端加速滑到底端，并测出下滑时间及相应长度，再测出木板与水平地面的夹角。

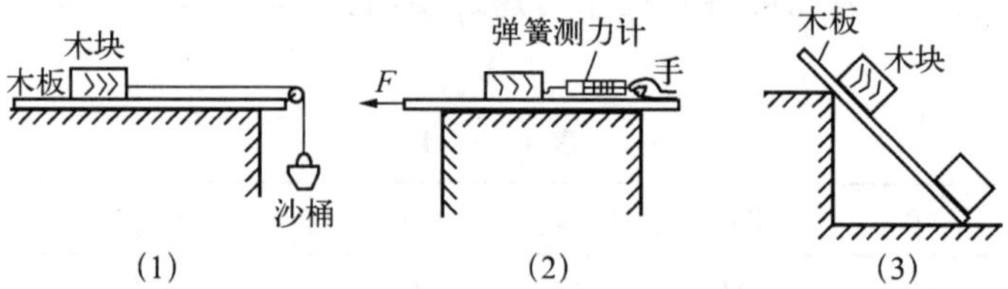

图 1-3-12

这三个实验的操作正确无误，请你利用现有知识对每个方案作出简要分析、评价。并选择其中的最优方案做测定木块与木板之间的动摩擦因数实验。

方案 1　增减沙桶内的沙，使木块匀速运动时，木块所受的摩擦力 μmg 等于沙及沙桶的重力 Mg，有 $\mu=\dfrac{M}{m}$，此方案要通过观察来确定木块是否做匀速运动，不准确，误差大。

方案 2　用力 F 拉出木板时，木块受摩擦力作用，该力 f 可直接由弹簧测力计测出，则 $\mu=\dfrac{f}{G}$，且木板是不是匀速拉动不影响实验结果，简便，易操作，但是由于用手拿住弹簧测力计，会使弹簧测力计读数不稳定。

方案 3　根据牛顿第二定律 $mg\sin\theta-\mu mg\cos\theta=ma$ 和运动学公式 $x=\dfrac{1}{2}at^2$。得：$\mu=\tan\theta-\dfrac{2x}{gt^2\cos\theta}$，由此看出这个实验的测量量较多，而测量会带来误差。

学生讨论后，发现三个方案都存在一定的问题，部分同学提出：这个实验的成功与否主要体现在实验条件的优化上，能否设计其他误差较小的测定木块与木板之间的动摩擦因数的方案？

这个问题对学生的思维是富有挑战性的，但对培养学生良好的科学品质、创造能力有很好的作用。(在必修第一册知识范围内,可以用光电门和数字计时器、传感器等;学了动能定理以后,还可以设计出更多的实验方案。)

所以,让学生带着问题走进课堂,又带着新的问题走出课堂,是高中物理核心素养、科学思维追求的目标之一。

问题意识是个体思维灵动、深刻性、创造性、独立性的体现。在高中物理教学中,让学生学会提问题是新课程改革的要求,也是学生发展的需要,更是创新教育的重要内容。以实验为基础,有利于创设问题情景,激发问题提出;帮助学生分析与解决问题;催发新问题的产生。

第二章 多元化物理教学资源特质与整合的内涵

中学生学习物理必须以观察和实验为基础，重点是培养“做”科学，而不是“读”科学。

——阎金铎

随着现代信息技术的发展，进入互联网＋时代，课堂教学信息传播方式和教学资源呈现手段、方式日趋多样，如将文字、声音、图表、视频、动画、实验等呈现交互途径更加多样、多元，以实验为基础的物理教学资源多元化的特征日益显著，此特征正在深度影响着物理课堂教学，引起物理教学方式及学习方式的变化，对多元化物理教学资源特质分析和整合的内涵界定，是整合和有效地利用资源创设教学情境的前提。

关于教学资源是基于课程资源的定义，课程资源一般有广义和狭义之分。其中，广义的课程资源是指有利于实现课程目标的各种因素，狭义的课程资源是指形成课程的直接因素来源。中学物理课程资源是在此基础上加上学科背景，站在物理学科的角度进行确认，任何能够辅助中学物理教学的资源均可作为中学物理课程资源的一部分。基于课程资源分类理论，从呈现方式的角度，可将其分为文字资源、实物资源、活动资源和信息化资源，教学资源则是课程资源在教学运用的资源表述。

对于物理教学资源而言，多元化是近些年教学资源发展最为显著的特征之一，教学资源的多元化正在深层次地影响着物理课堂教学的手段、结构和呈现模式。多元化物理教学资源按其外部特征及其表现形式可分为实体教学资源和媒体教学资源两大类，实体教学资源包括常见的传统实验教学资源、自制实验资源、传感器实验教学资源等，媒体教学资源包括常见的视频教学资源、模拟教学资源、信息技术工具教学资源等（如图 2－1－1 所示）。

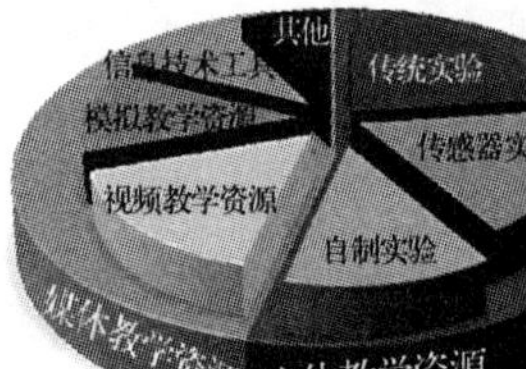

图 2－1－1

第一节 物理实体教学资源特质分析

研究表明，在真实情境中发生的学习最有效。在物理教学中，借助于教学资源构筑的学习情境使学生发生情境学习，让学生参与各种各样的物理科学实践、物理实验，体验物理现象，如科学思维中的物理模型建构、科学推理、科学论证和质疑创新，科学探究中的问题提出、方案设计、证据收集、解释交流、表达观点，等等。其益处是学生能够更方便地了解任务与活动的价值及意义。只有当学生设计出自己的方案，回答一个对自己和社会都有意义的问题时，他们才能形成物理观念，意识到物理在解决重要问题时的方式和意义。情境学习还可以让学生把学习到的经验普遍地运用在更多的情境中。学生通过记诵无意义、无情境的内容来获取信息，其理解是浅层次的，学生无法把学到的经验应用到新情境中去。学生跟着课本的步骤做科学实验，不能学会在课堂以外的情境中如何、何处应用这些知识。然而，当学生在有意义的情境中获得信息，并将其与先前的知识经验建立起关联的时候，他们能在新的情境中应用这些知识，并获得更好的、更广泛的概念理解。如图 2-1-2 所示是林钦提出的基于物理核心素养的物理教学。

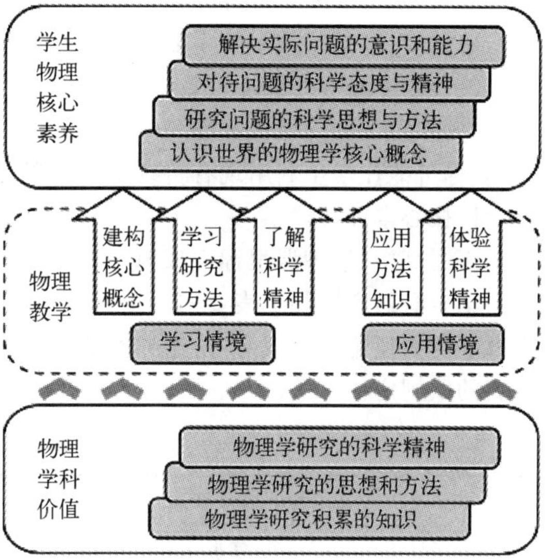

图 2-1-2

实体教学资源是能够为创设真实情境学习而提供的物理教学资源，通过这些资源整合可以为学生“做中学”搭建平台，让学习在真实情境中发生，让学生能亲身参与。以“亲历”经验的获得为核心旨趣，在情境化的教学场域中，通过学生的各种“做”——观察、实验、探究、游戏等来让学生体验科学探究，让学生学会基于观察和实验提出物理问题、形成猜想和假段、设计实验与制订方案、获取和处理信息、基于证据得出结论并作出解释，以及对科学探究过程和结果进行交流、评估、反思、误差分析的能力。

1. 传统实验室教学资源

特指在物理实验教学中，沿用近代物理学中的经典仪器或厂家生产的成品器材。经典仪器如刻度尺、螺旋测微器、温度计、游标卡尺、天平、打点计时器、电压表、电流表、多用电表等测量性仪器，以及电源、滑动变阻器、电阻箱、单摆、弹簧振子、牛顿管、平抛运动仪等实验器材。

特点：

① 基础性　大多数现行教材中规定的实验教学内容，考纲中规定的实验，对经济欠发达地区能够进行实验室全面配备的基础性实验，也是在课堂教学中师生分组实验

和演示实验教学的基本来源。

② 经典性　仪器主要沿用近代物理学中经典仪器，仪表主要以机械式、电磁式、指针式读数为主，较少牵扯到电子集成芯片、计算机语言的介入。

③ 独立性　每个仪器可以独立进行工作。

当然，实验室教学资源往往还存在器材陈旧、滞后等缺点。

功能：它是实验教学的主要内容，实验装置的基本组成部分。

(1) 实验教学内容的主要构成部分

普通高中《物理课程标准(2017 年版 2020 年修订)》要求中的基本实验内容和基本方案，尽可能让学生利用现有传统实验室教学资源，自己动手多做实验，提升学生的物理学科核心素养。

普通高中《物理课程标准(2017 年版 2020 年修订)》列编的必修及选择性必修课程中的学生必做实验如下表 2-1-1 所示。同时教材(人教版、教科版)中通过传统实验室教学资源还可以完成 81 个经典实验。如：用打点计时器测速度、研究平抛运动、闭合电路的欧姆定律等等。

表 2-1-1

必修课程的物理实验			选择性必修课程的物理实验		
教材	序号	实验名称	教材	序号	实验名称
必修一	1	测量做直线运动物体的瞬时速度	选择性必修一	1	验证动量守恒定律
	2	探究弹簧弹力与形变量的关系		2	用单摆测量重力加速度大小
	3	探究两个互成角度的力的合成规律		3	测量玻璃的折射率
	4	探究加速度与物体受力、物体质量的关系		4	用双缝干涉实验测量光的波长
必修二	5	验证机械能守恒定律	选择性必修二	5	探究影响感应电流方向的因素
	6	探究平抛运动的特点		6	探究变压器原、副线圈电压与匝数的关系
	7	探究向心力大小与半径、角速度、质量的关系		7	利用传感器制作简单的自动控制装置
必修三	8	观察电容器的充、放电现象	选择性必修三	8	用油膜法估测油酸分子的大小
	9	长度的测量及其测量工具的选用		9	探究等温情况下一定质量气体压强与体积的关系
	10	测量金属丝的电阻率			
	11	用多用电表测量电学中的物理量			
	12	测量电源的电动势和内阻			

(2) 实验装置的基本组成部分

物理学的大量实验事实说明，一个成功的实验应该由三个部分组成，即实验对象、实验源、实验效果显示器。实验对象、实验源两个部分往往仍然是由传统实验室资源来提供，而实验效果显示器在不断地升级变化。

案例一　微小形变的放大(如图 2-1-3 所示)。

案例二　改进对手摇发电机电流的观察方法。在研究手摇发电机中的电流变化规律实验中(装置如图 2-1-4 所示)，实验对象为手摇发电机，实验源为人手(提供力源使转子做匀速圆周运动)，实验效果显示器可以选用小灯泡、直流电表、发光二极管、示波器或电流传感器等(显示效果逐渐得到改善)。

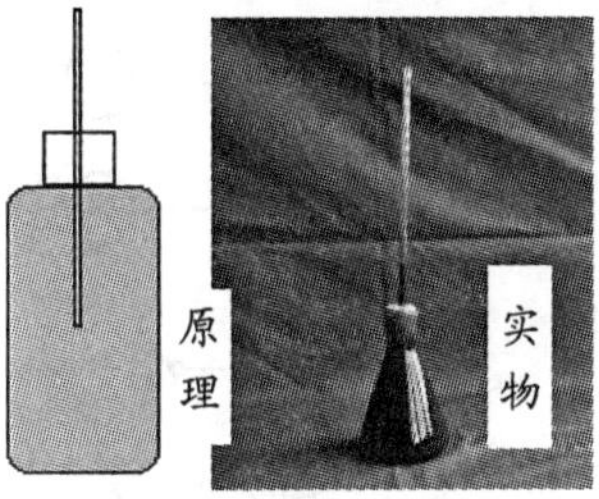

图 2-1-3

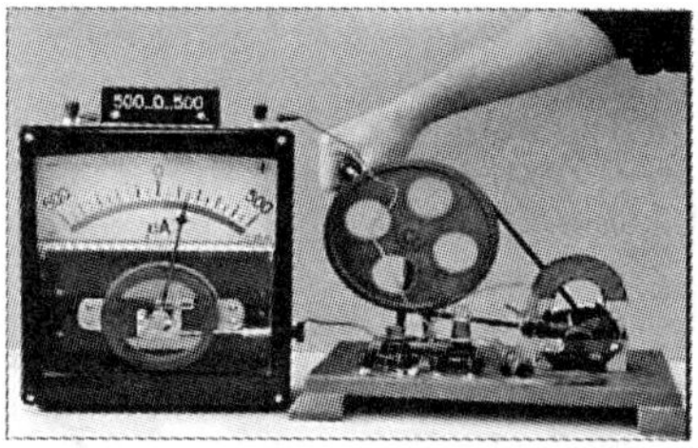

图 2-1-4

(3) 实验能力培养的主要方式

广泛培养学生实践技能，切实培养学生的观察、操作、数据处理等实验能力。它们能帮助创设有效的学习环境，将为教学提供真实、直观、形象和生动的实验内容，为教学提供精心选择的、经过简化和纯化的感性材料，使学生对物理事实获得明确、具体的认识；提供了科学研究方法，能培养学生的创新意识，对学生进行科学方法(设计、操作、收集和处理数据、得出结论)的训练，可以培养学生学习物理的兴趣和激发学生的求知欲。

例如，在测定电源电动势和内阻实验中，学生需要连接线路(操作训练)，调节滑动变阻器得到多组数据后拟合图线(数据处理训练)。

【教学片段一】

探究通电、断电自感

研究自感现象，除了完成课本上的实验外，还可以引导学生进行下面的探究。通过前面的实验，学生已有了对自感现象的感性认识，下面试着用其他的方法来再现自感现象。

① 引导学生探究通电自感

首先，如图 2－1－5 所示(不合理)，教师提出一个实验构思，请学生评判是否合理，如果不合理，请提出改进方案。(无法判断)

引导学生改进方案，如图 2－1－6 所示(电路通电瞬间，灯泡的亮暗快慢显示线圈中的电流的变化情况，但没有对照组)，请学生判断是否合理，如果不合理，请提出改进方案。(灯能发光，缺少对比)

进一步引导学生改进方案，如图 2－1－7 所示(根据学生的设计方案，展示通电自感演示仪，让学生分析思考)，请学生判断是否合理，如果不合理，请提出改进方案。(能发光，也能对比)

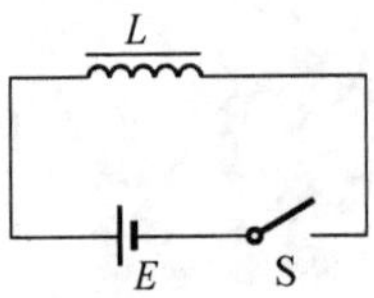

图 2－1－5

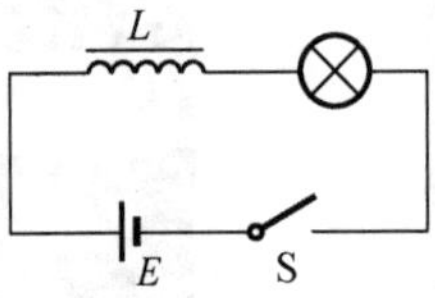

图 2－1－6

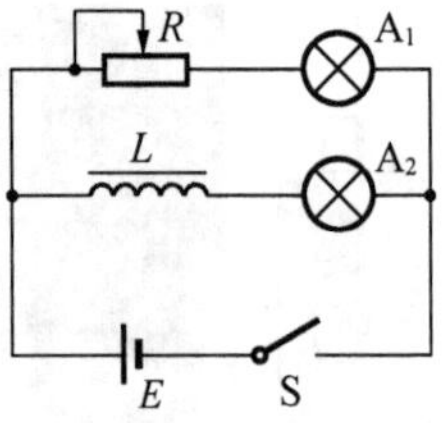

图 2－1－7

说明　R 为限流电阻，且已调节好，通电后使灯泡 A_1、A_2正常发光且亮度相同。

思考　S 闭合瞬间会出现什么现象？(A_1立即变亮，A_2逐渐变亮)

实验验证了学生对 A_2的猜测是正确的。

思考　为什么会出现这种现象？

由楞次定律，在通电瞬间，线圈中电流增大时，穿过线圈的磁通量增加，线圈中产生感应电动势(自感电动势)，它阻碍了线圈中电流的增大，延迟了电流达到正常值的时间，因此出现 A_2逐渐变亮。这种阻碍有别于阻止，A_2的电流最终达到正常值。

创新　S 接通后会产生自感现象，自感电动势阻碍电流增大。如果不断通断开关，会出现什么现象？(A_1一直较暗或不亮，A_2亮暗情况正常)

提问　原因是什么？(A_2的电流一直在不停变大变小，自感电动势的阻碍作用会让电流保持在中间的某一值上，所以灯泡的亮暗情况正常。)

通电自感实验，说明自感电动势对电流增大的阻碍作用。我们知道电流的变化包括增大和减小，电流增大有自感现象，电流减小时是否有自感现象？

② 引导学生探究断电自感

提问　在图 2－1－7 所示电路中，当 S 断开时，线圈中有没有感应电动势？(有)

用图 2－1－7 所示电路观察断电自感现象，请大家评判是否可行？如果不可行，请你提出改进方案。(无法观察到)

教师引导学生改装电路成为断电自感演示电路（如图 2－1－8 所示)。

演示　S闭合后打开。

现象　灯泡闪亮一下逐渐熄灭。

解释　开关断开时，线圈中产生自感现象，线圈和灯泡组成闭合回路，有电流流过（线圈改为可拆变压器400匝的线圈）。

进一步提问　在S断开的瞬间，小灯泡发出瞬间的强光，小灯泡中的电流能量是由哪里来的？方向如何？

引导学生分析现象产生的原因。（由线圈提供的。线圈中有电流时，电流产生磁场，磁场也具有能量。当开关断开后，磁场能通过电磁感应转化为电能，由线圈提供给灯泡。这说明电磁感应中也遵循能量守恒。）

请学生思考怎样对图2－1－8所示的电路进行再次改进，通过实验来验证得出的结论，引导学生改进方案如图2－1－9所示。

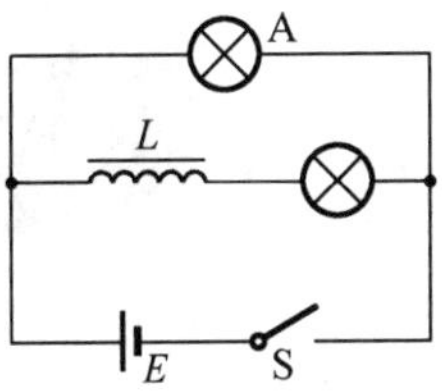

图2－1－8

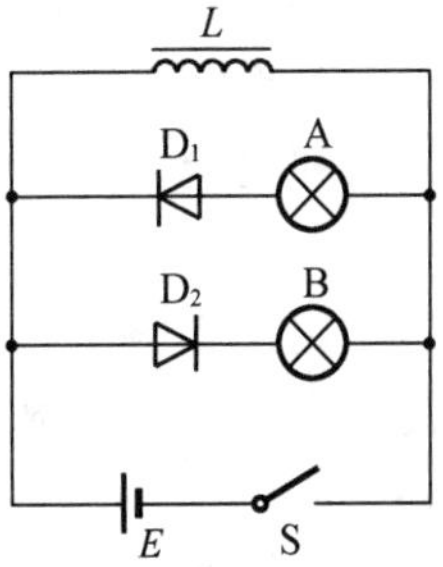

图2－1－9

演示　S合上后B灯亮（二极管D_2导通），A灯不亮（二极管D_1截止）；S断开后B灯不亮（二极管D_2截止），A灯亮（二极管D_1导通）。由实验得出的结论可知，在图2－1－9所示电路中，S断开前B灯亮是电源提供了电流，S断开后的瞬间A灯亮是线圈提供了电流，前后两个情形说明了用电器两端电压的正负发生了变化。

结论　不管是导体本身电流的增大或减小，产生自感现象的关键在于线圈中的磁通量发生了变化，线圈中的电流减小时自感电动势对其也有阻碍作用，由此可知，自感电动势的作用是阻碍线圈中电流的变化，即电感线圈中的电流不能发生突变，只能发生渐变。

2. 自制教学资源

特指在物理实验教学中，人们充分利用日常生活中的资源，通过人为控制条件、有目的的实施观察与探索物理规律的实验活动。它与利用实验室器材开展实验的区别在于：一是在资源利用上（直接利用人们日常生活环境中可以利用、开发的物质资源，包括生活用品、学习用品、废旧物品、学生的玩具等开展实验活动，或是利用这些资源自制一些实验仪器，开展一些有趣的物理实验，“坛坛罐罐当仪器、拼拼凑凑做实验”）；二是在实验方式上（常常为达到某种目的而采取灵活与简便的方法与形式，实验中较好地体现了自创性、趣味性、简易性,能获得良好的实验效果)。

特指在物理实验教学中,利用到的生活中常见物品及经过简单加工或改进后的自制教学器材。如:气球、玩具小车、水果电池、沙摆、羽毛光栅等。

特点:

① 灵活性　取材方便,与生活与科技发展联系密切。

② 独创性　教师或学生亲手设计制作,具有原创性。

③ 趣味性　运用身边的小物品完成意想不到的物理实验,容易激发学生兴趣,引发积极学习情感。

④ 开放性　不受教材及实验室器材限制,可以最大限度地体现现代科技发展、生活气息、校本特色,使教学资源不断地得到开发和补充。

当然,自制实验由于制作者制作工艺、材料等因素限制,器材的稳定性往往不够理想。

功能:它是创新实验教学的永不干涸的源泉。

(1) 优化实验室资源的教学效果

随着科技的发展和实验方法的改进,实验效果可以得到不断的改进。

案例三　在楞次定律实验中,(如图 2-1-10 所示)用双色发光二极管替代直流电流表来显示电流方向变化情况,实验效果比电流表好。

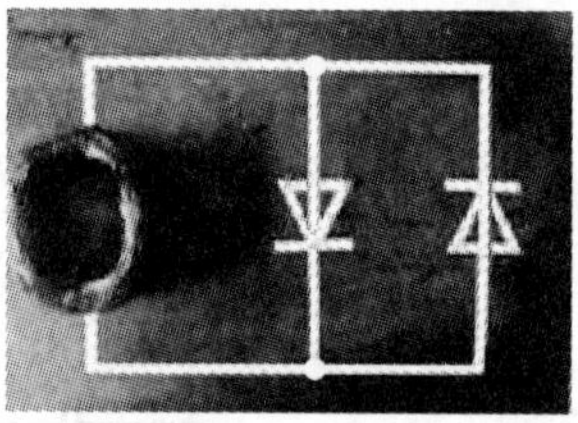

图 2-1-10

案例四　探究物体曲线运动方向。自制演示实验:向旋转陀螺顶上滴红墨水(如图 2-1-11 甲所示),观察墨水飞出方向并描画墨水飞出轨迹(如图 2-1-11 乙所示)(为猜想提供依据)。再自制实验探究:设计可以任意改变长度的磁性塑条,实验时可不断改变磁性塑条的长短,来改变沿磁性塑条做曲线运动的鼠标滚球出口位置,确保磁性塑条的位置不动,每次在鼠标滚球上涂上红墨水来记录红墨水运动径迹和速度方向(如图 2-1-12 所示)。(验证猜想的正确性。)

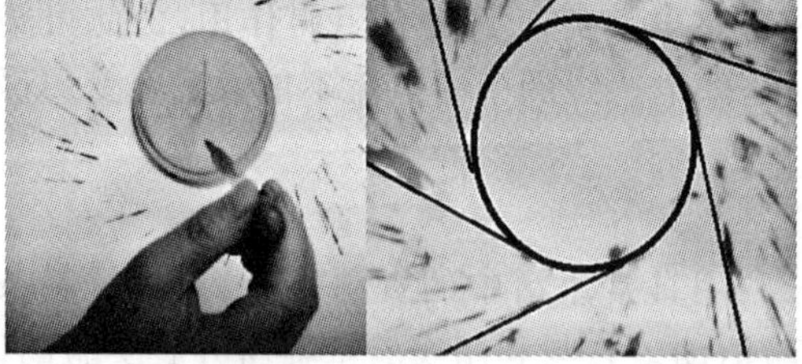

图 2-1-11

图 2-1-12

(2) 弥补实验室资源的不足

中学实验室资源配备不可能完全满足老师的个性化教学需求,通常采取自制实验器材满足教学要求。

案例五　如自制(灯泡)或易拉罐铝环做“来拒去留”实验(如图 2-1-13 所示)，可以实现学生分组实验进行实验探究。

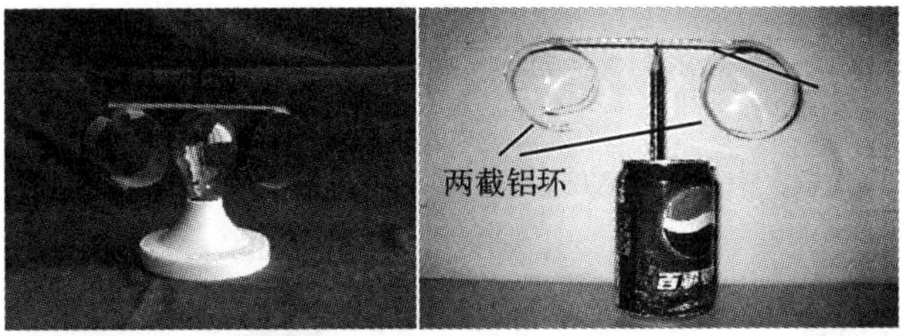

图 2-1-13

案例六　用电子天平自制实验定量探究库仑定律。如图 2-1-14 所示(改变电荷电量可用二分法来实现)。

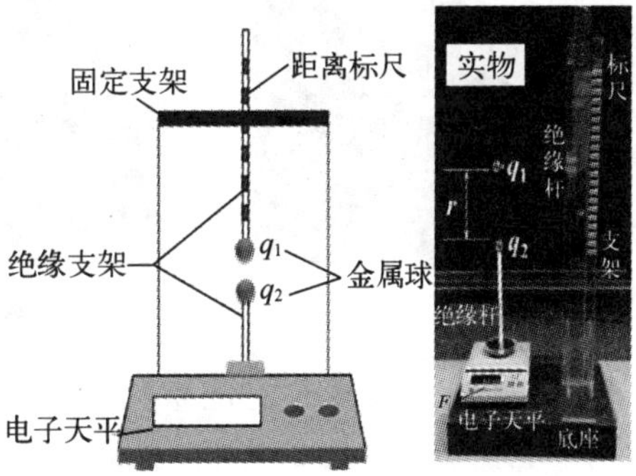

图 2-1-14

(3) 培养学生创新意识和能力

运用自制实验进行教学，在完成实验内容教学任务的同时，还能培养学生突破常规器材、常规实验方法限制进行器材创新、方法创新、实验拓展的意识和能力。

案例七　设计实验体验摩擦力的存在。如图 2-1-15 用手拉纸条，两本书都静止，A、B 之间，B、C 之间有静摩擦力吗？让学生做自制实验把两支铅笔放在 A、B 之间(如图 2-1-16 所示)，施加拉力 F 但保持 B 静止；再把两支铅笔放在 B、C 之间，同样施加拉力 F(如图 2-1-17 所示)，让学生体验。

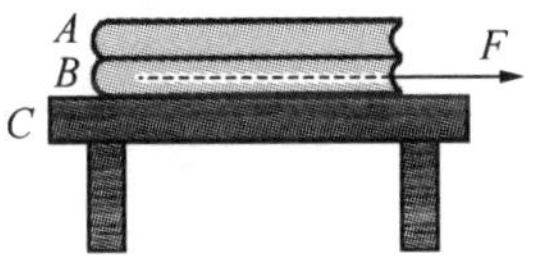

图 2-1-15

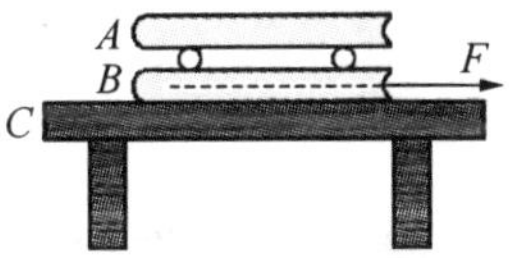

图 2-1-16

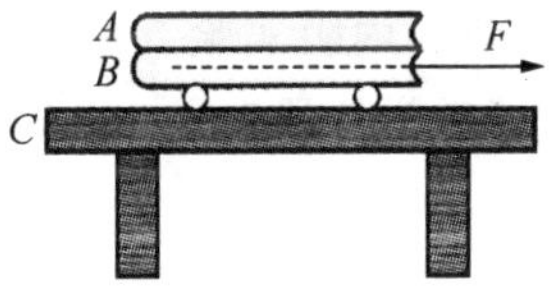

图 2-1-17

案例八　用电子钟放电时间比较电容器带电荷量。用电子钟半定量演示(认为电子钟工作时电流是一定的，2 倍的时间意味着通过的电荷量是 2 倍)，电容器的电荷量和电压成正比。用一节干电池对 2 000 μF 电容器充电，随后用充电后的电容器作为电源，对电子钟供电，电子钟工作一定时间后停下来，记录工作的秒数；再用两节干电池对该电容器充电，给同一电子钟供电，电子钟工作的时间约为两倍。学生经历电子钟放电时间比较电容器带电荷量、实验后积累了电荷量转化测量的创新方法(实物如图 2－1－18 所示)。

(4) 激发学生学习热情、活跃课堂学习氛围

兴趣是最好的老师，学生亲身体验趣味实验，能够激发旺盛的学习热情，保持高涨的课堂学习氛围。

案例九 电场线教学中“怒发冲冠”实验(如图 2－1－19 所示)。让学生站在绝缘体上，用静电起电机使人带静电而产生头发排斥竖起现象。

图 2－1－18

图 2－1－19

图 2－1－20

案例十 声音是有能量的实验。如图 2－1－20 所示，在用可乐瓶子改装的音箱前面放上点燃的蜡烛，当音箱放音乐时，可以观察到蜡烛火苗舞动，放大音量可以吹灭火焰。

(5) 开发校本实验课程

因地制宜，就地取材，开发地方特色实验项目，学生自己动手做小实验。

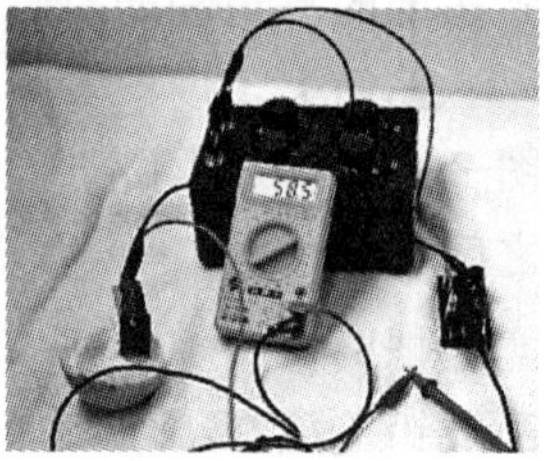

图 2－1－21

案例十一 如图 2－1－21 所示是测量柑橙自制电池电源电动势和内阻实验。

【教学片段二】

牛顿第三定律之物体作用的相互性

自制分组实验创设情景：通过演示(或分组)实验(如图 2－1－22)，引导学生观察分析系列实验(① 同学甲←→同学乙；② 汽车←→路面；③ 螺旋桨←→ 空气；④ 物块 ←→水；⑤ 磁铁←→导线)的共同特征。(有助于学生树立“相互作用观”)

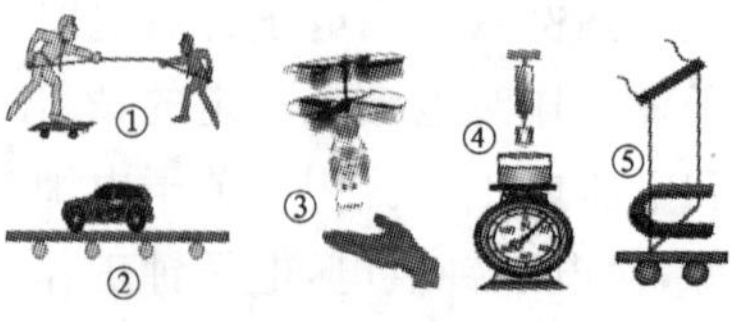

图 2－1－22

分析归纳　学生交流总结，得出结论：无论是不同种类的物体（固体、液体、气体等），还是不同性质的力（重力、弹力、摩擦力、电磁力等），两个物体之间的作用总是相互的。（学生经历了“比较—概括—抽象”的过程，发展科学思维。）

3. 传感器实验教学资源

特指在物理实验教学中，将传感器、数据采集器和计算机或数据显示模块组合起来，共同完成对物理量测量的装置。亦是通过信息技术与实验整合形成的数字化实验，采用计算机、通讯技术、传感器技术、分析数字技术等高新技术，为物理实验教学开辟了广阔的空间。对于复杂的实验或者数据精确度要求较高的实验，传统的仪器往往难以满足。数字化实验技术通过高精度、高速度的数据采集，能够实时的记录实验过程，把转瞬即逝的实验数据记录下来，高效、直观，便于学生观察，有利于加深理解，还可以提高课堂效率。

在运用传感器实验过程中，可以将数据传输到电脑中，通过软件以图表、图线等具体形式分析出实验结果。目前这套系统设备品牌较多且不断得到升级提升，教学中常用的传感器包括力传感器、位移传感器、电流电压传感器、磁传感器、温度传感器、光传感器等。

特点：

① 数据实时采集　可设定采集频率进行自动采集，采集速度快、采集量大，测量结果以表格或图像形式实时直观显示，能够捕捉信号的瞬间变化，不需要人为判断读数，不存在偶然性误差。

② 测量结果精确　测量结果精确度大幅度提升，能够检测到信号的微小变化。

③ 数据处理智能　实时采集，即时存储，具有数据统计、图像拟合等数据处理分析功能。

④ 测量范畴广　可以直接测量光、磁、电场强度、加速度等物理量，实验内容和思路得到了大幅度拓展。

⑤ 集成度高　模块化组合，集成度高，各种品牌产品间兼容性差，有的传感器只能和配套实验器材组合使用，开放性较弱；学生对测量原理、数据处理过程不太清晰，有点暗箱操作之嫌，往往会影响学生对实验结果的认可度。

⑥ 门槛高　硬件方面初次配备投资大，维护成本高，淘汰快；软件方面整套系统的使用需要对学生系统性培训。

功能：它是传统实验教学资源中测量方式的补充和升级，还兼具数据采集、数据处理功能。

（1）实验内容和思路得到拓展。

传感器使以前用传统实验室仪器较难测量或不能测量的物理量可以方便地进行测量，拓宽了中学实验测量的广度，智能的数据处理，使繁杂的数据处理和图像描绘变得快捷简便，延展了中学实验研究的深度，丰富了实验规律研究的思路。

案例十二 用传感器测最大静摩擦力。如图 2-1-23 所示，将木块置于水平放置的木板上，用细线将其与力传感器测钩连接，用力传感器在水平方向缓慢拉木块，当木块开始移动时，采集到如图 2-1-24 所示的数据。观察图像，可发现当拉力增大到某一数值前，木块不会运动；当拉力达到某一数值时，木块开始移动，此时拉力会突然变小。该数值即为最大静摩擦力。

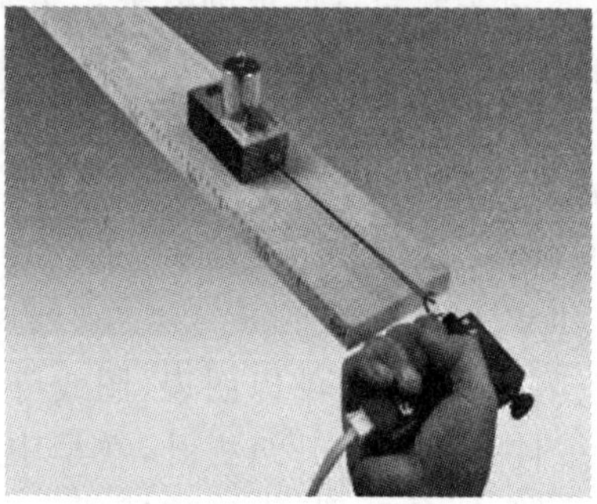

图 2-1-23

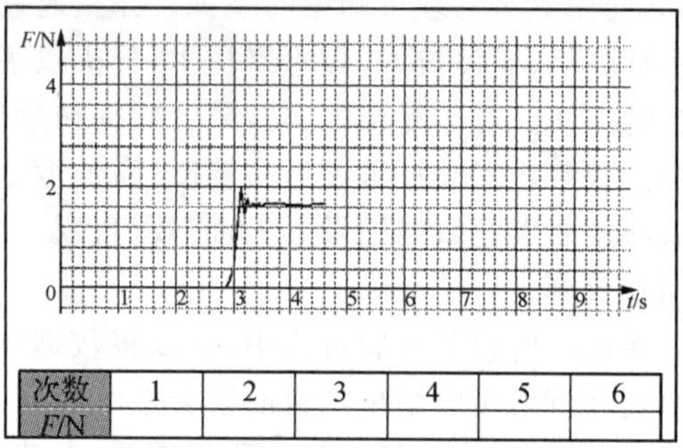

图 2-1-24

案例十三 用传感器定量测量通电螺线管的磁感应强度。如图 2-1-25 所示，用导线将螺线管与学生电源相连接，将磁传感器置于螺线管一端。可测螺线管不同位置的磁感应强度值。

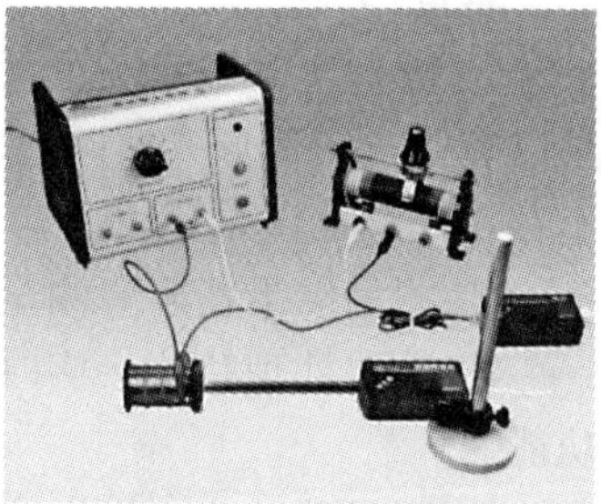

图 2-1-25

案例十四 用传感器描绘小灯泡伏安特性曲线。按图2-1-26 原理图将电压、电流传感器分别接入实验板的 U、I 端，如图 2-1-27 所示，接通电源可快速通过传感器采集数据，绘出图 2-1-28 小灯泡的伏安特性曲线。

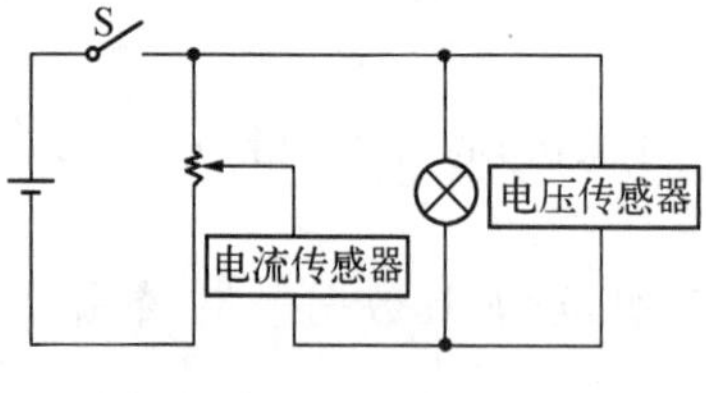

图 2-1-26

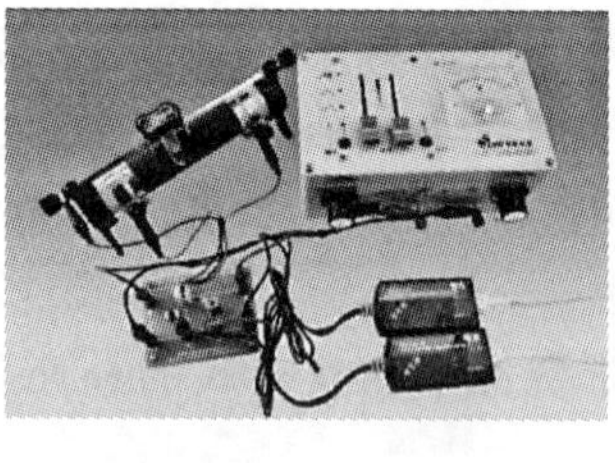

图 2-1-27

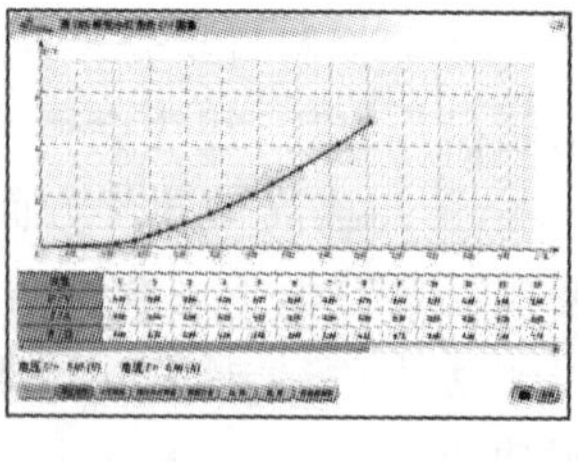

图 2-1-28

(2) 暂态现象凝固化

由于这种教学资源具有实时显示、存储、图线绘制等优点，可以把测量信号变化的“痕迹”记录下来，使暂态现象凝固化。

案例十五　用传感器呈现弹簧振子的振动图像。如图 2－1－29 所示，用弹簧和细绳将位移传感器发射端固定至弹簧振子实验器上，将位移传感器接收端固定到铁架台上，可以观察到弹簧振子的振动图像。

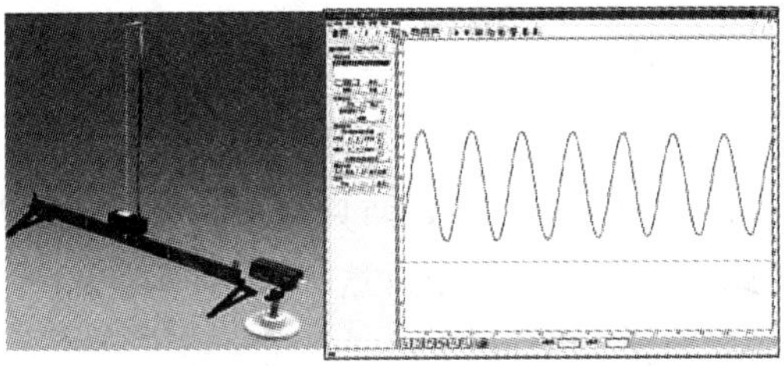

图 2－1－29

案例十六　用传感器探究自感现象。在通、断电自感实验中，现象的“暂态”特征突出，选用两只电流传感器，分别替代传统实验电路中的小灯泡(如图 2－1－30 所示)，可得到通电自感与断电自感全程的电流变化图线(如图 2－1－31 所示)，通过图像的观察，学生对自感现象的实质也就一目了然了，可以使“教学片段一”中自感现象暂态现象凝固化，便于理解。

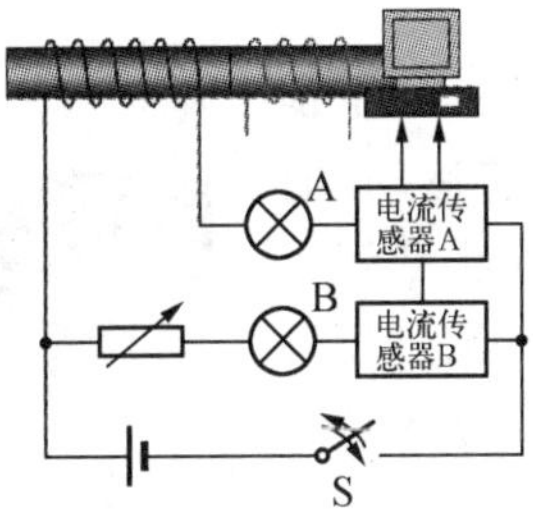

图 2－1－30

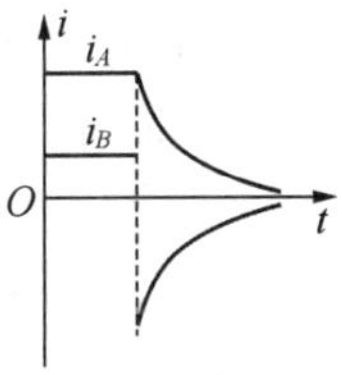

图 2－1－31

【教学片段三】

牛顿第三定律之相互作用力的关系

问题　两个物体之间的作用总是相互的，产生的作用力和反作用力还有什么特点？

猜想假设学生提出　一对相互作用力的方向相反，大小可能相同。(让学生在真实情境中提出物理问题，引导学生猜想形成猜测和假设。)

实验探究　学生设计方案，交流后决定用两只弹簧测力计对拉进行研究；学生分组实验并进行交流，多数学生是将弹簧测力计水平放置的，也有学生补充，他们还做了弹簧测力计竖直或斜向摆放的实验，结果两个力的大小都是相等的。老师肯定了他们的做法。(多种方案，收集信息，获取证据。)

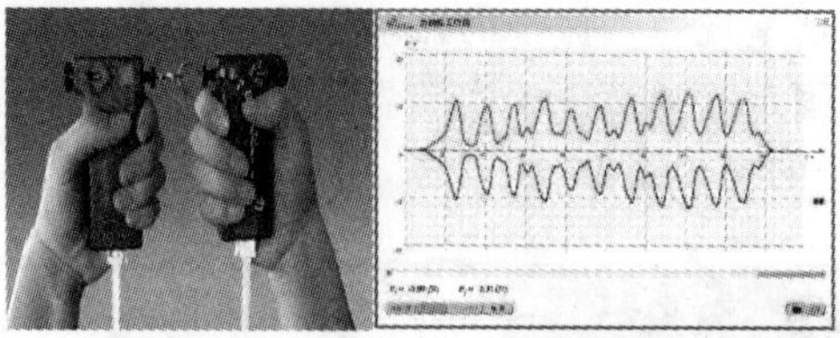

图 2-1-32

交流中还有学生报告，他们实验时发现两只弹簧测力计读数并不相等，即使将弹簧测力计重新调零也是如此。教师请学生分析这种“反常”现象，并提出相应的实验改进方法。（坚持实事求是彰显科学态度。）

针对两只读数不准的弹簧测力计，学生提出用第三只弹簧测力计“等效替代”方案，经实际操作果然解决了问题。（利用科学方法获取信息和处理信息，在经历探究过程对探究过程和结果进行交流、评估、反思，体验科学探究的途径、方法。）

引导学生利用力传感器时时记录作用力与反作用力间有瞬时暂态对应的情况。

归纳结论 学生尝试总结规律，并进行交流……

追问 至此可以得出结论了吗？（引向深度学习、激发高阶思维。）

拓展分析 学生指出上述实验都是物体处于平衡状态下做的，他们试图做非平衡状态（如加速运动）时的实验，但读数困难（质疑、批判，培养创造性见解）。教师引导采用传感器演示（如图 2-1-33 所示），发现相互作用关系与运动状态无关（培养科学探究的意识和发展物理核心素养的科学探究能力）。

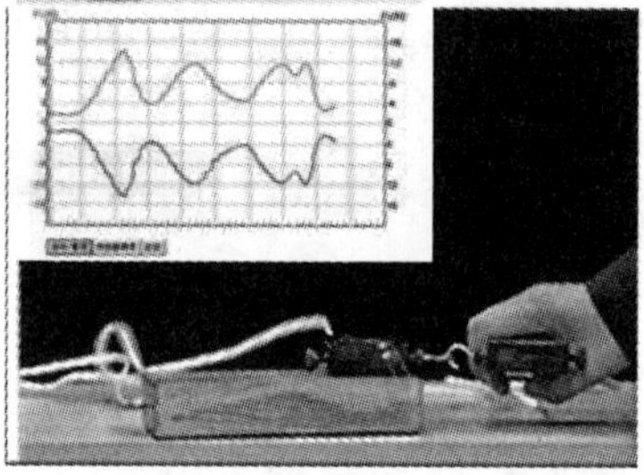

图 2-1-33 用传感器显示运动中

(3) 提高实验效率

节省读数、数据处理时间，提高测量的精度，实验效率得到大大提升，使课堂重心倾向于物理知识和规律的探索研究，同时也会弱化学生操作、归纳、数据处理等方面能力的培养。

案例十七 利用传感器探究斜面上力的分解。在研究斜面上物体的分力效果时，传统的方法是讲授或分步演示力沿斜面和垂直斜面的作用效果，这样做学生无法具象体验或感知，力的分解效果是具有同时性的（更加严重的会造成学生认为合力与分力是独立存在的两个力），将增加学生学习的认知负荷，如引入传感器做如图 2-1-34 所示的实验，即可增加学生对实验的具象感知也可以让学生看到力的分解效果，使学生对知识在不言而明中生成，大大地提高实验效率和效果。

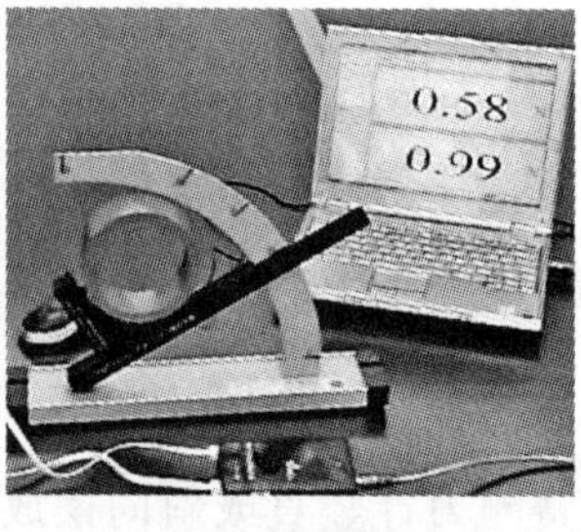

图 2-1-34 用传感器显示

第二节　物理媒体教学资源特质分析

物理是一门科学学科，而不是工具学科。物理以感知为基础，需要有从具体到抽象的一个过程、方法和态度。物理教学不是简单地给学生一套逻辑规则，它从一开始就扎根于活生生的认识过程中。世界上有音乐神童、数学神童，却没有物理神童。这与物理需要从丰富的感知中进行科学的概括和抽象有关。基于建构主义学习观，物理课堂中的物理学习是植于物理教学资源建构特定的场合(环境)，当学生面临这种特定场景时，根据已有的知识或经验不能加以解释，导致认知失衡，从而产生困惑，且又急于消除这种困惑的一种心理状态而激发情境问题。在这一特定的问题情景中，学生对前认知中的成分进行加工、补充、修正和重组，形成新的认知结构，新的认知结构又将成为下次学习的前认知。学生的学习就是这种不断重构自己的前认知的过程。在认知的重构过程中，物理问题情境呈现方式不同，会使学生的思维方式和思考速度等显示出不同的状态。因而在课堂的有限时间(40 或 45 分钟)里，所提供和整合的物理教学资源应遵循思维发展规律，遵从科学家科学研究的原生过程，依托物理学家的思维活动特征，优化设置学习情景，以浓缩方式，在有限的时间和空间内，让学生重温物理概念建立、物理规律发现、物理实验设计等物理知识构建中的那些最关键的步骤，让学生重演物理知识的发生、形成和发展过程，让思想在学生的头脑里产生出来的。这将不仅有助于学生理解物理科学的本质，还将伴随着让学生体验科学研究的过程与方法，培养学生的科学精神、科学情感的必备品格和物理科学关键能力。

多元化物理教学资源中的媒体资源(包含常见的视频教学资源、模拟教学资源、信息技术教学资源等)是指具有网络化、智能化、多媒体化、工具化的特点，能引起学生感官刺激，促进学生具身体验的，具有扩大教学时空范围，能为学生提供丰富生活、生产、自然和科学实验视频或模拟素材的资源，它具有其他资源无法替代的独特作用，但它又缺乏给予学生直接体验不足的特点。随着现代科技的发展进步，中学物理课程的信息化资源将会成为最具有效整合与应用价值。

1. 视频教学资源

特指在物理实验教学中，通过电视、互联网、监控录像、记录仪或者自己拍摄等渠道获得的能够运用于实验教学的真实录像素材，内容可以是课堂剪辑、突发事件、体育竞技、纪录片等形式，但是由于剪辑技术存在，往往会给学生提供多次实验中成功的实验，而对失败或存在误差大的或错误操作不会给学生提供，这样往往会对学生挫折感体验体会不足，同时剪辑还可以弄虚作假，对培养学生必备品格不利，这就要求整合应用时要扬长避短，如能做实验一定要做，不可用视频替代，在运用视频时需要尊重事实，不可弄虚作假。

特点：

① 纪实性强　这种视频教学资源强调真实性，可以是成功的实验，也可以是失败的实验，也可以二者均有。

② 自由度高　特别适用于在课堂或实验室环境中受时空、安全、环境等因素较难完成的实验。

③ 表现力强　可以通过镜头（摄像头）聚焦实验观察点增加实验观察的指向性和针对性，可以通过实验情景回放、快放、慢放（甚至逐帧播放）、放大、缩小等技术性处理，克服肉眼直接观察的局限性，甚至还可以通过解说、画中画、音乐渲染等辅助手段提高实验的感染力。

④ 单向性　教师、学生只能观察，不能参与操作或控制实验条件进行体验、互动。

功能：它是实体实验的辅助和补充。

（1）*将生产生活、科技前沿带进课堂*

物理学科本身与生产、生活、科技前沿是密不可分的。通过播放这些视频资料丰富教学资源，可丰富学生的感性认识，使学生热爱学科知识，形成价值观念，培养学生责任感，提升核心素养。

案例一　如图 2－2－1 所示是发生在 2013 年的西班牙火车脱轨瞬间的视频资料，很好地说明了火车转弯时速度过快发生的离心现象，同时也增强了学生安全和规范驾驶的意识，这段视频就是来自脱轨附近的监控录像。

图 2－2－1

案例二　如图 2－2－2 所示是电磁炮科技试验视频，是学生学习电磁感应应用时很好的感知素材。

图 2－2－2

案例三　如图 2－2－3 所示在构建压强概念时，让学生观看动物世界视频，观察大象脚和蚊子的吸血嘴管，分析其作用，让学生感觉物理概念与生活紧密联系，研究物理问题意义重大，激发学习兴趣。

（2）*再现不可重复现象或所处环境无法实现的实验*

为拓展时间和空间，重复提供尊重事实而不可复制事实情景及地球环境中难以实现实验等方面现象，优化运用视频资源，为激发和唤醒学生思维提供素材。

图 2-2-3

案例四　美国塔柯姆大桥共振被毁录像。1940 年，全长 860 米的美国塔柯姆大桥，因为大风引起的共振而被吹毁，当时的风速还不到设计风速限值的 $\frac{1}{3}$。图2-2-4 是共振发生时汽车遇难录像截屏，这一现象对学生构建共振概念和认识共振危害有直观感受，能增进对概念的理解。灾难不能重演，历史录像资料为我们提供了真实素材，通过观看录像会给学生带来跨时空的真相还原。

案例五　王亚萍的太空实验。物理中有很多在失重条件下产生的现象，不同于重力环境下产生的现象，由于我们时时处在重力场的环境中，很难甚至无法完成失重环境中的现象，如果借助于宇航员的太空实验视频（完全失重、太空液体表面张力、太空单摆实验等），可给学生提供地球上观察不到的真相。如图 2-2-5 是王亚萍的太空单摆实验与地面单摆实验对比现象。

（3）将不易直接观察的实验带进课堂

图 2-2-4

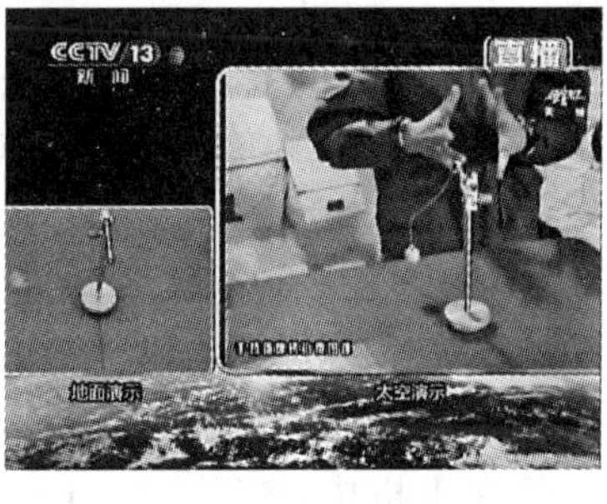

图 2-2-5

在课堂教学中经常需要学生观察演示实验，但有的实验不易观察清楚；有的实验时间短暂，不能观察清楚；有的是教室空间不足以完成的实验；还有的实验需要很长的时间才能看到实验结果。这些情况可以通过直播或视频法辅助观察。

案例六　研究平抛运动。在研究平抛运动时，需将平抛运动的小球与自由落体运动小球、水平匀速直线运动的小球进行实时对比研究，抛出去的小球很快落地，肉眼不能观察清楚，我们可以借助数码产品录制实验视频并运用视频播放软件逐帧播放功能来帮助学生观察(图 2-2-6 为其中一帧)。这种研究方法还可以应用到自由落体、弹簧振子、波的叠加等运动规律的研究中。

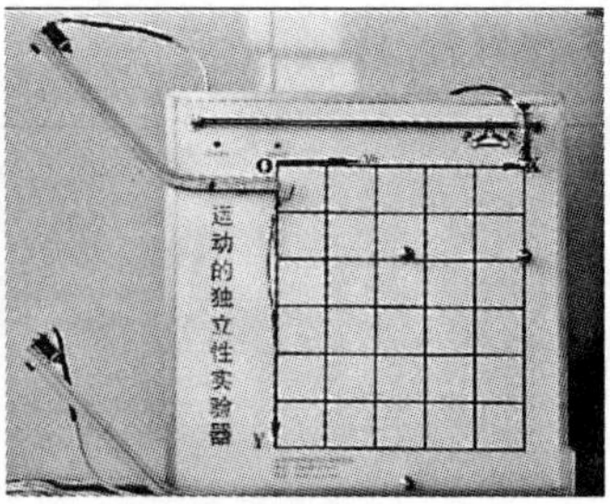

图 2-2-6

案例七 高空落蛋引入动量定理。在学习动量定理时给学生提供震撼的碰撞实验会增加学生问题意识,使学生在问题驱动下,提高自发的认知投入,增强认知动机,促进学习自主性,课堂上给学生播放央视录制的高空落蛋可以达到此目的,图 2-2-7 是高空落蛋的几个心惊瞬间。

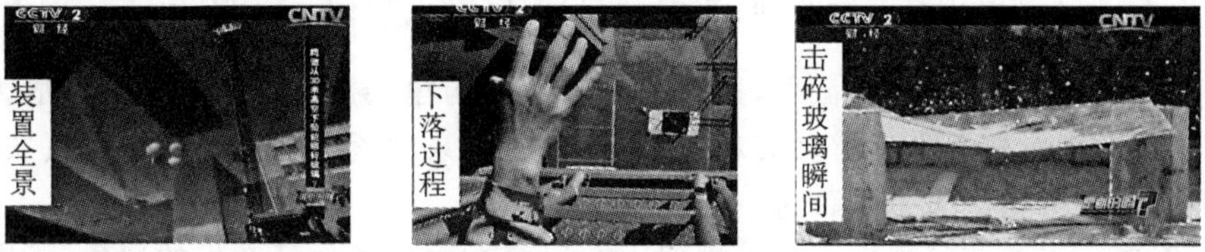

图 2-2-7

(4) 重复(定格)再现瞬态过程,为延迟判断提供条件

很多物理现象转瞬即逝,学生观察及思维相对滞后,会增加学习困难,利用视频可以提供重复再现瞬间暂态过程,延迟思维过程,提供物理情境(动态平衡的过程展示)。

案例八 用刘翔跨栏比赛视频研究运动规律。在研究物体运动时,如果结合真实运动来分析,能增加学生真实情境体验,为培养学生物理观念之运动观,可为未来解决真实问题提供经验,因此可以利用刘翔跨栏比赛视频,即可记录距离(起跑线到第一栏 13.72 米,栏间距 9.14 米,最后一栏至终点线 14.02 米),也可记录时间(录像视频上有实时时间显示),如图 2-2-8 所示。可以通过视频播放与暂停(可重复)分析,把测量的数据记录在表格中(表 2-2-1),处理数据可得出位移时间图 2-2-9。

图 2-2-8

表 2-2-1

	0	1	2	3	4	5	6	7	8	9	10	11
s/m	0	13.72	22.86	32.0	41.14	50.28	59.42	68.56	77.7	86.84	95.98	110
t/s	0	2.4	3.5	4.5	5.5	6.5	7.5	8.5	9.5	10.5	11.5	12.91
v/(m/s)	5.72	8.31	9.14	9.14	9.14	9.14	9.14	9.14	9.14	9.14	9.73	

案例九　数码相机视频分析法探究自由落体运动。“自由落体运动”的运动性质及加速度大小是研究自由落体运动规律教学的核心问题。常规条件下自由落体运动的实验是最大难点，如用打点计时器设计的常规实验方案中，由于误差较大或阻力存在，实验结果不理想，会给学生带来误解，在物理实验资源整合过程中可以采用数码相机视频分析法探究自由落体运动。

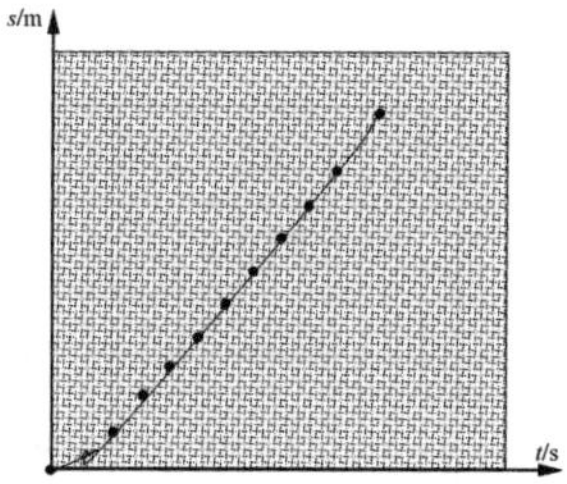

图 2-2-9

实验用电磁铁控制小铁球下落来避免人为不定因素的影响，用钢卷尺自由下垂来保证卷尺与小球下落路径吻合。把装置用透明胶带粘贴在白色竖直墙面(最好白色瓷砖墙面)上(如图2-2-10)。

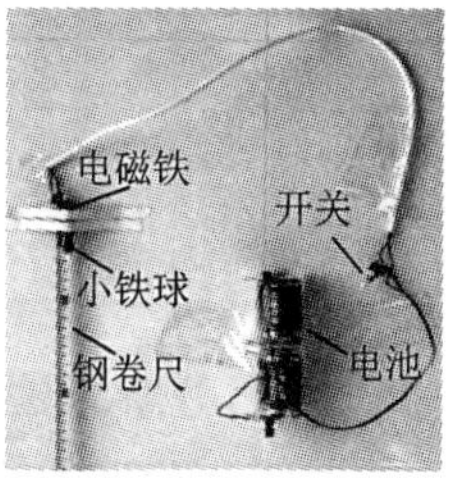

图 2-2-10

使用 Cannon 5dMark3 相机的 M 挡进行视频录制(快门值4 000，ISO 值 200，光圈值 4.5)，采用全高清每秒 30 帧视频录制模式，相机采取竖拍方式来增加画幅的有效高度，多次实验表明拍摄主体高度落差为 50 cm 为宜，在阳光充足条件下适当提升快门速度来减小铁球的模糊度。小铁球尺寸适当小些，下落轨迹尽量贴近卷尺刻度边但不触碰，机位适当远些，采取长焦拉近拍摄手法，这些操作不仅拉近了两个拍摄主体(小铁球和卷尺)间的成像距离，而且能够尽量满足垂直读数的规范要求，减小读数误差。

由于小球下落不稳定因素较少，实验结果较稳定。不需要对实验视频进行筛选，随机抽取某次获得视频逐帧截图如图 2-2-11 所示。

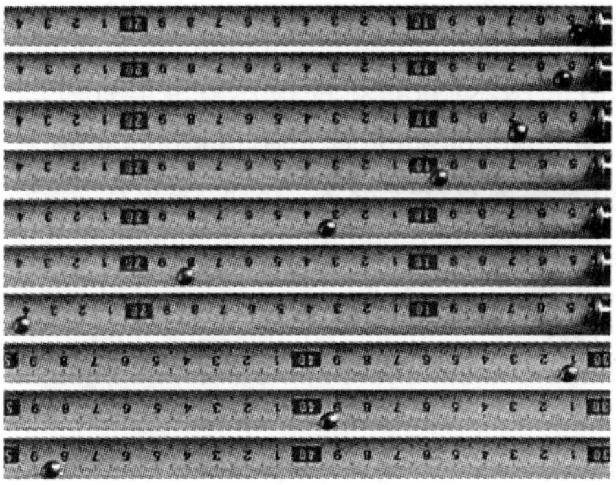

图 2-2-11

运用播放软件 QuickTime 对小球下落的视频放大后逐帧播放(键盘上左右方向键控制)，选每一帧作为一个计数帧，读取小球下端沿对应刻度，依次采集 10 个计数帧中小球对应的时刻及位置，并运用 Excel 数据处理软件进一步处理如表 2-2-2 所示。

表 2-2-2

	A	B	C	D	E	F	G	H	I	J	K
1	计数点 n	0	1	2	3	4	5	6	7	8	9
2	时刻 t/s	0.00	0.03	0.07	0.10	0.13	0.17	0.20	0.23	0.27	0.30
3	位置/cm	5.10	5.60	7.17	9.83	13.61	18.50	24.47	31.49	39.58	48.77
4	$\frac{t^2}{2}$/s^2	0.000 0	0.000 6	0.002 2	0.005 0	0.008 9	0.013 9	0.020 0	0.027 2	0.035 6	0.045 6
5	下落位移 h_n/m	0.00 0	0.005 0	0.020 7	0.047 3	0.085 1	0.134 0	0.193 7	0.263 9	0.344 8	0.436 7
6	$x_n=h_a-h_{a-1}$/m		0.005 0	0.015 7	0.026 6	0.037 8	0.048 9	0.059 7	0.070 2	0.080 9	0.091 9
7	$\Delta x_n=x_a-x_{a-1}$/m			0.010 7	0.010 9	0.011 2	0.011 1	0.010 8	0.010 5	0.010 7	0.011 0

数据分析方法 1　相邻计数帧内小球间位移之差 Δx_n 在 0.010 5 m 至 0.011 2 m 之间，大部分接近理论值 0.010 9 m，最大误差 3.7%，这个实验结果大大提升了自由落体运动为匀加速运动性质验证的信度。进一步根据逐差法得到运动加速度为 9.77 m/s^2，与本地区重力加速度 9.79 m/s^2 误差仅 0.2%。

数据分析方法 2　运用 Excel 插入散点图并添加趋势线描绘 h 与 $\frac{t^2}{2}$ 的关系图像如图 2-2-12 所示，图像显示数据点分布非常好地吻合线性关系，趋势线过原点，从而直观地验证假设正确。运用"显示公式"功能得到图像对应公式为 $h=9.72\times\frac{t^2}{2}-0.00$，即运动加速度为 9.72 m/s^2，误差 0.7%。这种数据处理方法的误差主要原因还是第一帧拍摄时刻与自由落体运动释放时刻不同步而造成，可以采用两种措施来冲淡这种不同步带来的影响，第一种方法是尽可能提高单位时间内录制帧数(即帧频)，第二种方法是截取下落过程中更多帧的数据描点后拟合图线。由于帧频越高画面清晰度越低，录制下落帧数越多卷尺刻度的清晰度越低，所以帧频和帧数要根据具体需要而定。笔者采用 60 帧频录制视频模式进行再次实验，小球下落 26 帧时落差达 85.15 cm，得到重力加速度为 9.81 m/s^2，误差仅 0.2%。

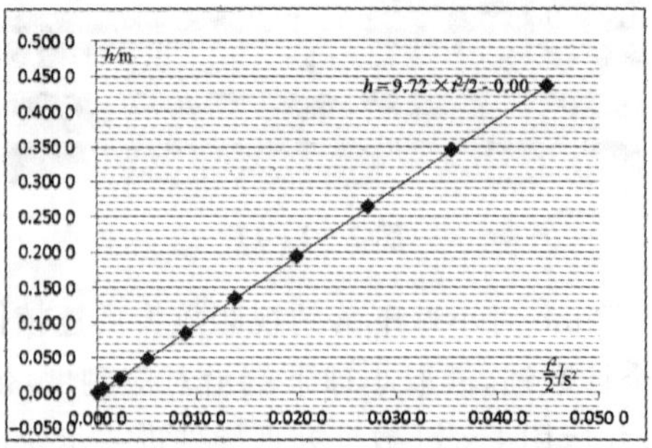

图 2-2-12

(5) 将课堂不易做成功的、不能做的实验带进课堂

有的实验不稳定因素较多,不易做成功,有的实验需要特定的条件或者存在安全威胁,课堂上无法完成,均可运用视频展示实验实况来真实呈现。

案例十　高压电学电实验。为帮助学生学习电学知识,仅靠讲授不能为学生带来认知冲突,学生也是实景认识不全面,课堂随堂做实验又存在安全危险,利用课前在安全防护下的实验视频可给学生带来实景具身信息,能丰富认知经验,图 2－2－13 是感知220 V高压电实验徒手接触的安全用电、图 2－2－14 是提供静电信息,解码雷电知识。

图 2－2－13

图 2－2－14

(6) 拓展时空,在课堂重现游戏、实践活动体验

物理是与生活联系紧密的学科,生活实践中很多的具身经验都能为物理学习提供前认知信息,如学生科技参观、社会实践等活动中都积累了碎片化经验,当学习相关知识时,若能唤醒大脑中沉睡的信息时,会给学习带来用大帮助,随着现代化的发展,利用手机对学生亲身参与的活动进行随手拍摄视频,带到课堂会给学生带来冲击和兴趣的激发。

案例十一　圆周运动离心和超失重体验。学生活动中乘坐翻滚车视频,会对学习圆周运动离心和超失重体验起到唤醒作用,如图 2－2－15 所示。

案例十二　高空弹射中完全失重对消失的摩擦力的深层理解。很多情况下由于重力引起弹力从而产生摩擦力,对此由于缺乏更多的直接认知感知回忆,学生很难深层思考摩擦力产生条件,借助于高空弹射游戏下落(处于完全失重致使弹力消失而摩擦力消失)中轻易拉开逐页交叉叠加的书本(不在失重情况下很难甚至无法拉开),引发学生深层思维,达到高阶思维(图 2－2－16 所示)。

图 2－2－15

图 2－2－16

2. 模拟教学资源

特指在物理实验教学中，通过计算机软件制作动画等手段来模拟实验过程、现象或演绎实验原理等的教学资源。如仿真物理实验室、PPT、几何画板、Flash 制作的课件、3DMAX 制作的模拟动画等。

特点：

① 虚拟性　这种教学资源纯属人为根据假定预设制作，不具有真正探究和验证的实验教学功能。

② 具象性　通过动画把抽象模型、现象、原理进行形象化、具体化处理。

③ 主题性　忽略实验中辅助设备、附带现象等次要因素的视觉干扰，突出主要现象的显示进行理想化处理，具有一目了然的视觉效果。

④ 交互性　可以通过编制程序制作成交互式的实验模拟软件，但这种交互是基于软件开发者对实验事实的假设，不具有实际实验探究的意义。

功能：以上三类教学资源的辅助和补充，实验模拟有助于学生直观认知，降低认知负荷。

（1）实现微（宏）观世界可视化

许多受实际条件限制很难开展或很难用肉眼甚至一般显微镜观测的微观世界实验，可以通过可视化软件逼真地模仿出来，实现微（宏）观世界的可视化。

案例十三　α 粒子散射实验装置。α 粒子散射实验，中学实验无法完成，更无法观察，学生缺少思维素材，借助于 PPT 制作的课件，在“原子结构”教学中，可让学生“目睹”α 粒子散射“真情实景”的模拟动画（如图 2－2－17 所示），并根据实验结论，通过虚拟课件（如图 2－2－18 所示），搭建思维平台，提供“具身”图像，让学生轻松地理解卢瑟福的核式结构模型和掌握了原子核的结构。

案例十四　天体运动、卫星变轨。由于宏观天体运动过程难以用实体来呈现，通过大量文字陈述，必然会增加学习认知负荷，通过模拟天体运动、卫星变轨、嫦娥奔月等运动过程刻画动画的“全景”，可给学生（如图 2－2－19 所示）提供可视化思维材料，为学生增加空间想象助力。

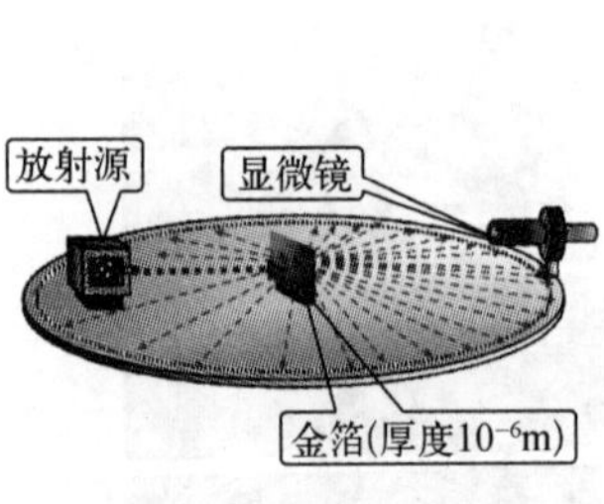

图 2－2－17

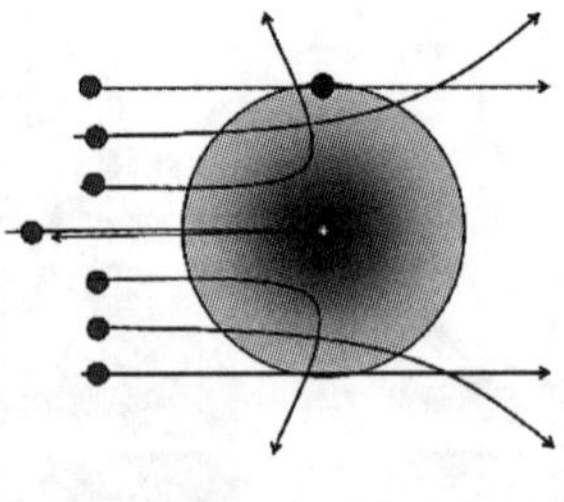

图 2－2－18

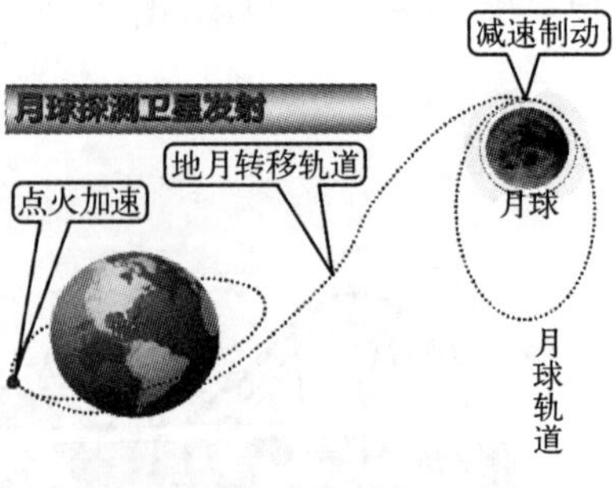

图 2－2－19

(2) 化抽象为具体、化无形为有形

物理实验现象是显性的，而本质规律或形成原理可能是隐性的甚至是简单统一的，为了揭示隐藏在表象背后抽象的本质规律，通过动画模拟的手段添加可视的图像(图线)或符号来辅助分析，实践表明能够有效降低因抽象而带来的认知负荷。

案例十五　光电效应实验解释。在物理学中，浓缩知识与实际现象的存在较大的差距，严重影响对新知识的解构，抽象概念的成功组合在很大程度上是基于理论提练的，因为它必须包括现象的相关特征并排除不相关的表面元素，科学概念表述是高度浓缩后的表达，与学生前认知的经验概念有一定差距，光电效应中的光电子模型提出，学生很难通过对话来解释实验现象，借助于课件来展示科学家的想象和推理，会给学生增加合理的理智化的解构"经验"(如图 2－2－20 所示)。

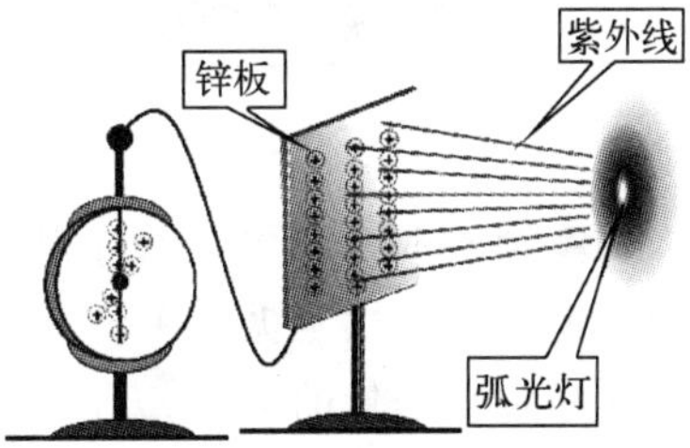

图 2－2－20

案例十六　磁通量的理解。磁通量概念的建构，是通过部分导体切割磁感线、条形磁铁插入或拔出闭合螺线管，模拟法拉第实验等一系列实验建立电磁感应的科学模型，并在不断质疑，否定前概念不足的基础上逐步建构的，学生需要花费一定时间来建立新的模型，在这个过程中可能(无意识地)试图解释原有的经验，使思维方式变得更加复杂，但这种复杂的思维方式可能作为一个整体才能被学生理解，而知识又只能是一点点地建构，这将给学生深度认知磁通量概念增添阻碍，在这些情况下，用模拟抽象的物理模型如图 2－2－21 所示，模拟重现实验，使学生在实验中看到闪烁磁感线条数的变化，归纳出"产生感应电流的条件是闭合电路的磁通量发生变化"的本质，建构磁通量概念，将传统实验与模拟实验相整合，可以有效降低认知负荷。

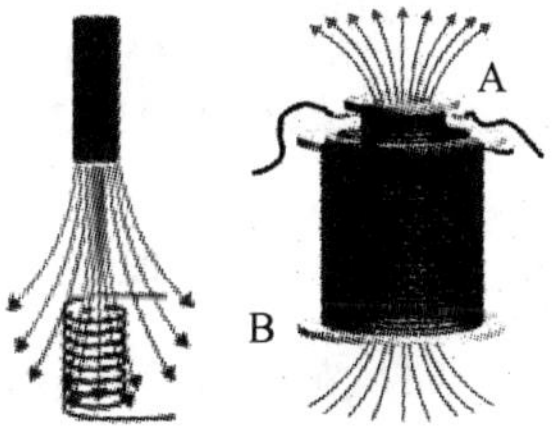

图 2－2－21

(3) 仿真揭示原理、解构展示过程

许多物理实验原理具有隐蔽性，物理现象具有过程性，而对原理揭示和对现象过程的解构，是深层发展物理高阶思维的必要路径，原理仿真和过程的解构模拟能有效地创设具身认知环境、调动认知策略和激发元认知动机，促进深度学习。

案例十七　仿真揭示原理。如对游标卡尺、螺旋测微器、秒表、电表等有原理及使用用仿真模拟，给学生提供体验原理的具身经验，可给学生深刻认识和理解运用这些仪器提供有效途径，图 2－2－22 是游标卡尺原理仿真揭示，图 2－2－23 是螺旋测微器原理和使用仿真揭示。

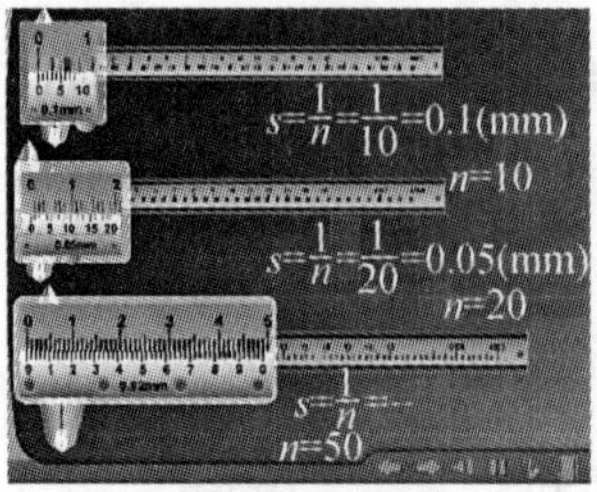

图 2-2-22

图 2-2-23

案例十八 解构展示过程。如弹簧振子简谐运动，弹簧振子实验需要学生归纳出弹簧振子在一次全振动中位移、回复力、加速度、速度以及能量变化规律，运用模拟动画添加相应物理量的大小、方向，让它在振动过程中实时发生变化(如图 2-2-24 所示)，便于发现规律。再如交流电产生过程，通过模拟解构过程，学生可以清晰认知交流电产生及电流变化规律(如图 2-2-25 所示)。

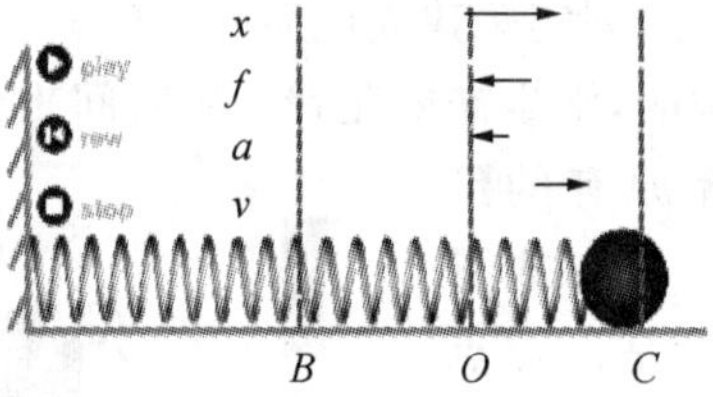

图 2-2-24

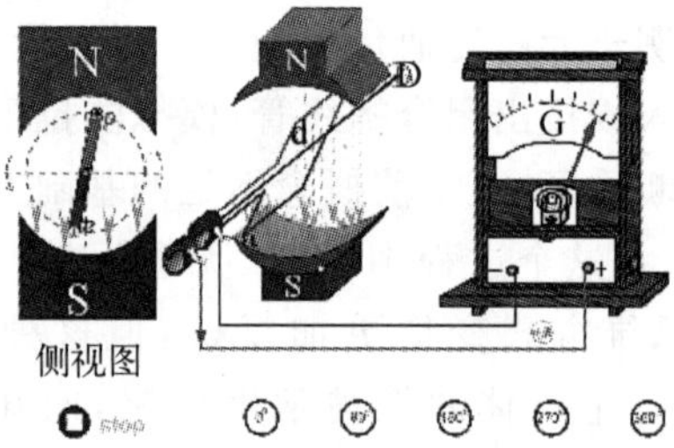

图 2-2-25

(4) 直观剖析复杂的空间模型

有些实验模型对学生空间想象能力要求较高，可以通过动画模拟的手段添加空间坐标系、视图切割、旋转等策略帮助观察，实践表明能够降低因空间想象而带来的认知负荷。

案例十九 研究带电粒子在磁场中的运动轨迹时，是复杂的运动合成，运动过程很难想象和分解，可以通过虚拟展示，添加空间坐标系、变换观察视角、标注物理量等方法辅助观察(如图 2-2-26 所示)，帮助学生构建直观清晰的空间运动模型。

案例二十 波的干涉实验中，往往只能观察其俯视动态图样，不符合人们对波干涉图样研究的视角习惯，学生很难体会"稳定的干涉图样"的真正内涵。为此可以借助三维动画切割出一个侧视动态图样(这样很容易调动原认知经验与绳波干涉产生联系)，并标注总是加强和总是减弱的观察点进行观察(如图 2-2-27 所示)，学生一目了然地观察出加强区和减弱区间隔排列的"阵势"，并通过观察侧面观察点的振动情况真正感受到加强区和减弱区质点振动实况。

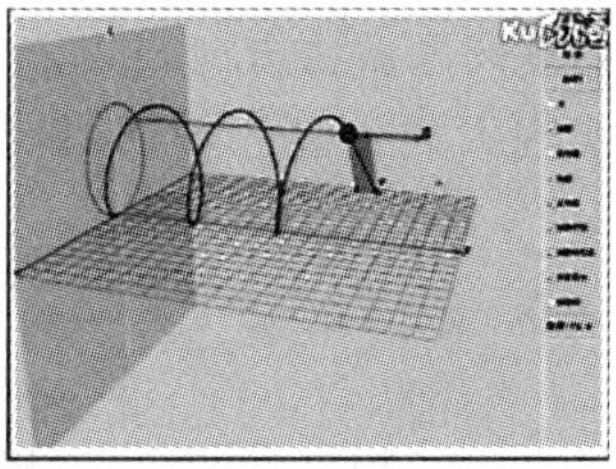

图 2-2-26

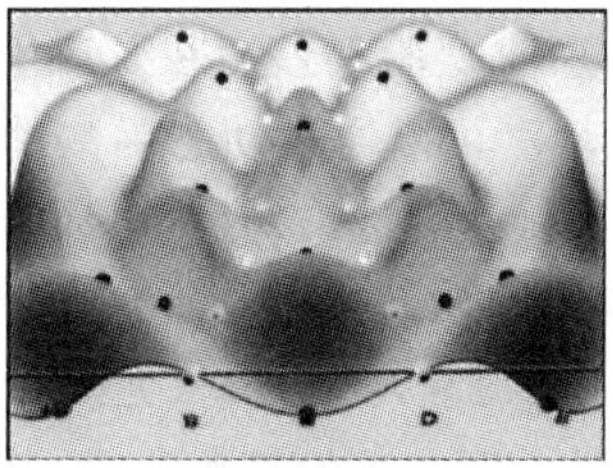

图 2-2-27

(5) 再现历史实验或事件的场景

有些历史事件、事故中隐含揭示物理现象、概念和规律的重要信息，是宝贵的物理教学资源，由于实验成本或特定条件的不可复制性，可以采取动画模拟的形式再现还原(如小行星撞地球、交通事故等也常用模拟动画演示)。

案例二十一　2008 年 4 月 28 日 4 时 41 分，北京开往青岛的 T195 次旅客列车运行至山东境内胶济铁路周村至王村间脱线，第 9 节至 17 节车厢在铁路弯道处脱轨，冲向上行线路基外侧。此时，正常运行的烟台至徐州的 5034 次旅客列车刹车不及、最终以每小时 70 公里的速度与脱轨车辆发生撞击，机车(内燃机车)和第 1 至第 5 节车厢脱轨，造成重大伤亡事故如图 2-2-28 所示，其中包含圆周运动的离心运动知识，通过模拟情境，可给学生学习相关知识时提供认知动机激发，同时也会激起学生的元认知体验。

图 2-2-28

3. 信息技术工具教学资源

随着现代信息技术不断地更新，基于信息技术工具开发的不断升级，搜集和处理信息的工具也将成为物理教学的重要资源，如 Excel 是最为流行的数据处理软件，它具备强大的电子表格数据计算、统计和绘图等数据处理功能，利用 Excel 灵活且便捷有效的数据处理功能，可以实现快速进行数据的统计分析，帮助探究发现物理规律；再如利用 Excel、几何画板、MATLAB 等软件可以实现数据向图形转换，发挥图像在物理实验探究和问题解决中的优势，为物理教学资源整合提高效率。

特点：

① 工具性　这种教学资源是搜集数据和处理信息的重要工具，可以替代传统工具实现冗杂数据和信息的处理，提高效率。

② 具象性　通过技术工具可快速准确将数据信息转化为图像信息，为形象、直观揭示物理规律提供便捷途径。

③ 发现性　利用技术工具强大数据处理功能，可以通过动态函数、数据透视等快

速发现物理规律、实验误差存在及产生原因，发现物理问题解决方向及方法等。

④ 互动性　可以通过动态函数的动态呈现，实现人与信息互动，分析复杂的物理现象变化过程，使学习认知直达本质。

功能：为实验数据分析及信息处理提供工具资源。

(1) 处理实验数据，画图探究规律

物理学是一门定量的精密科学，从对实验结果的分析、物理量的定义、规律的表述、理论的建立到解决实际问题，都离不开数学。数学语言是表述物理问题的最好方式，而图像语言是数学语言的最常用的表述方式之一，对于物理学而言，物理图像是形象描述物理状态、物理过程和物理规律的常用工具，也是应用数学知识解决物理问题的一个重要方面。正确的物理图像，能在人们分析物理问题时提供清晰的物理图景，图像往往能把与问题相关的多个因素同时展现出来，尤其是对那些动态的、用文字表达晦涩、抽象的物理过程，用图像却可以一目了然，简明清晰地表述出来。物理图像是探究物理问题的重要手段，也是培养学生科学探究能力的很好切入点。物理课堂教学中实验探究大都是获得一些晦涩数据，这些数据一般都无法看出物理规律(尤其是定量规律)。随着信息技术发展，借助于 Matlab、Excel 等数据图像处理软件强大的作图功能，以图像的表达方式呈现相关物理量的动态变化过程，让学生体验真实的探究过程，帮助学生实现探究思维的转变，为课堂收益创造良好的"性价比"成为可能。

【教学片段一】

探究加速度与质量的关系

在探究加速度与质量的关系时，经过设计实验方案，并评价选择利用气垫导轨及与其配套的数字计时器作为基本实验装置，实验装置如图 2－2－29 所示。滑块质量记为 M，其上的遮光条宽 $d=3$ cm；两个光电门(与计时器连接)，其间距离设置为 $s=0.5$ m；牵引槽码质量记为 m；计时器计时精度设为 0.1 ms，滑块通过光电门 1 时的速度为 v_1，通过光电门 2 时的速度为 v_2；以滑块为研究对象，通过加载配重改变 M，滑块所受拉力为 $F=mg$，通过改变牵引槽码的质量改变拉力。数据处理：利用计算机分析处理所获得的实验数据，发现其中的规律。

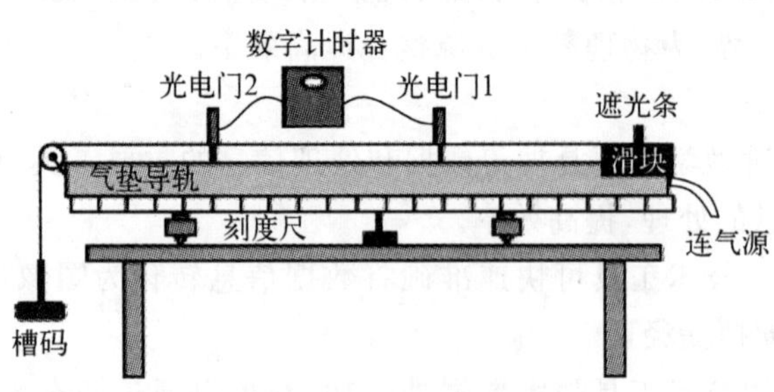

图 2－2－29

保持 $F=12.5\times\frac{9.8}{1\,000}$ 不变，改变 M 15 次，取得 15 组实验数据。根据匀加速运动公式：$2as=v_2^2-v_1^2$，$v_1=\frac{d}{\Delta t_1}$，$v_2=\frac{d}{\Delta t_2}$ 其中 Δt_1 和 Δt_2 分别表示遮光条通过光电门 1 和 2 的时间。把原始数据输入计算机 Excel 数据表格，利用其函数计算功能得到 v_1、v_2、a，结果如表 2-2-3 所示。

表 2-2-3

序号	M	Δt_1	Δt_2	v_1	v_2	a
1	0.215	0.101 49	0.037 7	0.295 6	0.796	0.546 2
2	0.221 5	0.103 13	0.038 3	0.290 89	0.783 3	0.528 9
3	0.222 5	0.104	0.038 6	0.288 46	0.776 8	0.520 2
4	0.242 5	0.107 91	0.040 1	0.278 01	0.748 7	0.483 2
5	0.282 5	0.117 05	0.043 5	0.256 3	0.690 1	0.410 6
6	0.322 5	0.124 19	0.046 1	0.241 57	0.650 5	0.364 8
7	0.362 5	0.132 36	0.049 2	0.226 65	0. 610 3	0.321
8	0.402 5	0.140 63	0.052 2	0.213 33	0.574 4	0.284 4
9	0.432 5	0.145 53	0.054 1	0.206 14	0.555	0.265 6
10	0.452 5	0.147 81	0.054 9	0.202 96	0.546 5	0.257 5
11	0.472 5	0.151 93	0.056 4	0.197 46	0.531 7	0.243 7
12	0.492 5	0.155 19	0.057 6	0.193 31	0.520 6	0.233 6
13	0. 512 5	0.156 92	0.058 3	0.191 18	0. 514 8	0.228 5
14	0.532 5	0.159 58	0.059 3	0.187 99	0.506 2	0.220 9
15	0.552 5	0.164 06	0.060 9	0.182 86	0.492 4	0.209

问题 1 表 2-2-3 中数据是大家根据实验测得加速度 a 和滑块质量 M，你如何找出关系？（引发学生参与比较、反思、评价，决策研究方法。）

学生 观察数据表可以看出 M 增加 a 减小。

问题 2 大家容易得到加速度 a 和滑块 M 的定性关系，如何进一步找出其定量关系，又将如何处理？（引发学生深入反思，回忆相关认知，在评估的基础上做出决策。）

学生 依据数据作出 $a-M$ 关系图像。（让学生作出判断。）

活动 学生分组分别用坐标纸描点或运用计算机 Excel 统一作表 2-2-3 数据图，共享评价图像，如图 2-2-30 所示，师生共同评价、质疑。（表 2-2-3 的数据，用 Excel 画出图像时，采用各种函数进行拟合一次函数、二次函数、三次函数、平方根函数、反比函数等，观察哪条函数图线拟合得最好。学生观察结果：反比函数拟合得最好。）

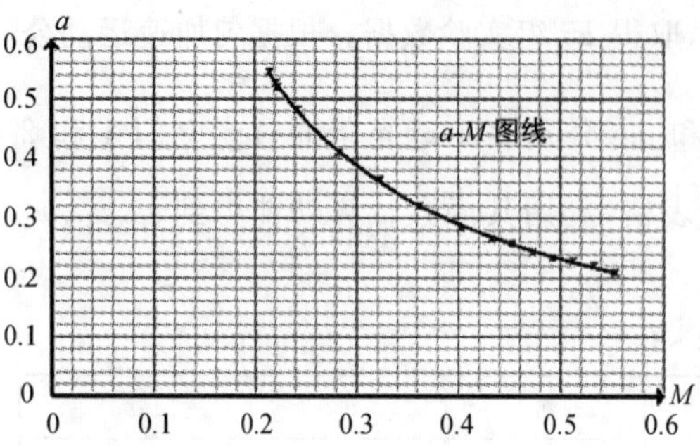

图 2-2-30

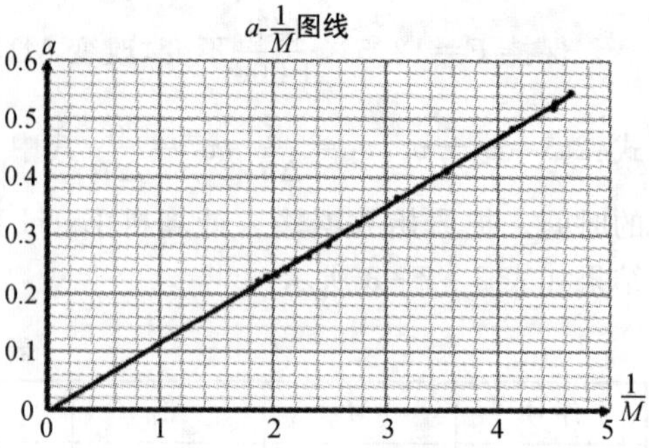

图 2-2-31

问题 3 根据大家描点作图和计算机拟合作图(两种方法画出图像相近,选用计算机处理出图像继续探究),曲线的拟合程度虽然很高,但图像看起来还不是非常直观,思考一下,还有更好的解决办法吗? 如何做?(引领学生转换思维,从前认知类比作出创新思考。)

学生 最好能把图线转化成直线,这样更能说明问题。可以求出质量的倒数,更加精确地证明我们的猜想。转换数据表如表 2-2-4 所示。(引导学生观察计算机拟合曲线,显示反比函数的结果,在评价中决策选用方法。利用软件提供的功能,可以非常快捷地完成这个过程。)

表 2-2-4

序号	M	$\frac{1}{M}$	Δt_1	Δt_2	v_1	v_2	a
1	0.215	4.651 2	0.101 5	0.037 7	0.295 6	0.796	0.546 2
2	0.221 5	4.514 7	0.103 1	0.038 3	0.290 9	0.783 3	0.528 9
3	0.222 5	4.494 4	0.104	0.038 6	0.288 5	0.776 8	0.520 2
4	0.242 5	4.123 7	0.107 9	0.040 1	0.278	0.748 7	0.483 2
5	0.282 5	3.539 8	0.117 1	0.043 5	0.256 3	0.690 1	0.410 6
6	0.322 5	3.100 8	0.124 2	0.046 1	0.241 6	0.650 5	0.364 8
7	0.362 5	2.758 6	0.132 4	0.049 2	0.226 7	0.610 3	0.321
8	0.402 5	2.484 5	0.140 6	0.052 2	0.213 3	0.574 4	0.284 4
9	0.432 5	2.312 1	0.145 5	0.054 1	0.206 1	0.555	0.265 6
10	0.452 5	2.209 9	0.147 8	0.054 9	0.203	0.546 5	0.257 5
11	0.472 5	2.116 4	0.151 9	0.056 4	0.197 5	0.531 7	0.243 7
12	0.492 5	2.030 5	0.155 2	0.057 6	0.193 3	0.520 6	0.233 6
13	0.512 5	1.951 2	0.156 9	0.058 3	0.191 2	0.514 8	0.228 5
14	0.532 5	1.877 9	0.159 6	0.059 3	0.188	0.506 2	0.220 9
15	0.552 5	1.81	0.164 1	0.060 9	0.182 9	0.492 4	0.209

学生活动：分两大组分别用描点和计算机 Excel 两种方法作图处理数据，重新绘制 $a-\frac{1}{M}$图线。

学生分析：从重新绘制的拟合图线（如图 2－2－31 所示）中可以看出，将$\frac{1}{M}$后得到的拟合图线与正比例函数拟合得非常好，从而表示出了 a 与$\frac{1}{M}$的定量关系，$a\propto\frac{1}{M}$。

（2）利用动态函数，分析物理过程

现代的物理课程指向关键能力和必备品格，特别重视物理学的科学思维和科学探究的渗透，注重物理知识的形成过程，以达到培养学生的关键能力和必备品格，发展学生的物理核心素养目标，学生的物理素养与关键能力，是在物理问题的提问、分析、解决、应用的过程中得到训练和提高的。学生理解物理过程的关键，在相当大的程度上取决于物理过程的展现。Excel 软件的强大函数作图功能以及调节按钮对变量数值变化的控制功能。就可将许多物理过程慢慢展现出来，通过动态模拟、定格，充分发挥了学生的形象思维，使学生更容易理解。

案例二十二　研究斜抛运动的最佳投掷角度问题时，利用 Excel 软件的函数作图功能以及调节按钮对变量数值变化的控制功能，建立 v_0，h 和 θ 的调节按钮（如图 2－2－32 所示）。教学时学生通过调节按钮，动态地显示出投掷物的轨迹及不同 v_0，h 和 θ 下的投掷距离和投掷高度的物理情景。更为重要的是，让学生通过调节投掷角 θ，找出在某一 v_0 和 h 下的最大投掷距离及其对应的最佳投掷角，同时体验物体斜抛的物理过程。从而降低学生理解物体斜抛最佳投掷角的思维难度，突破思维障碍，更容易被现在的学生所接受和掌握，同时也为学习物理，探究物理过程，学好物理提供了新的手段和保障。

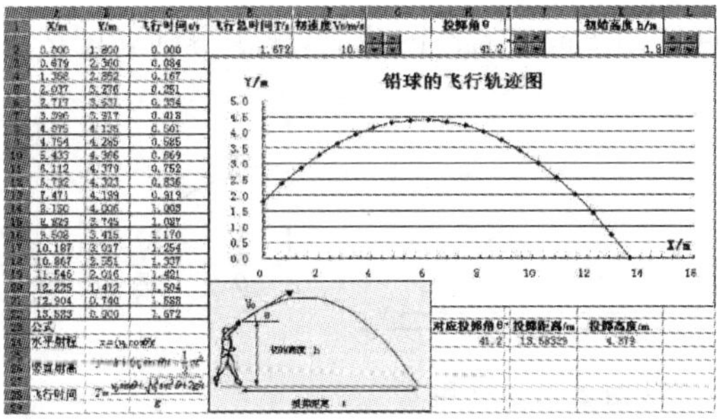

图 2－2－32

案例二十三　波的干涉。波的干涉是由波的稳定叠加的结果，几列波相遇，重叠的区域介质的质点是同时参与这几列波引起的振动，质点的位移等于这几列波单独传播时引起的位移的矢量和。峰峰相遇、谷谷相遇，引起质点的振动都是相长的；峰、谷相遇引起质点的振动是相消的。由于实验过程的每一状态，随着波动暂留时间极短，是一个转瞬即逝的过程，对学生理解带来认知负荷，利用 Excel 动态函

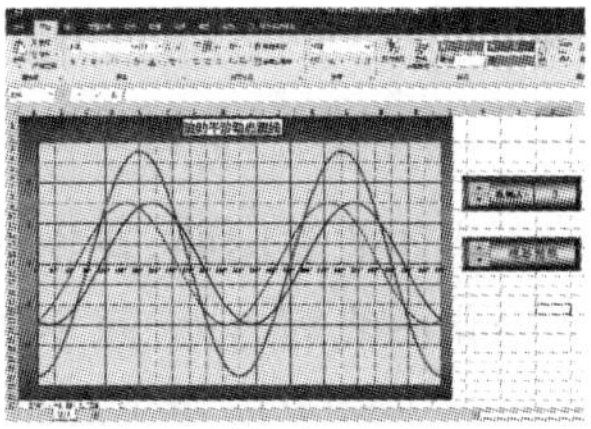

图 2－2－33

数模拟绳波叠加动画，分两次演示分析：第一次整个过程演示一遍，在学生头脑中建立整体概念；第二次慢镜头演示并定格，从定量的角度，结合运动合成的知识研究相遇区域中各质点的运动（图 2-2-33），过程显示通过 可以实现。

（3）利用公式作图，辅助解答问题

由于中学数学知识的受限，有不少物理图像学生或难以作出、或无法作出。这就使学生在解答图像一类问题时，陷入困惑。Excel 的强大公式作图功能就可以发挥优势，辅助解答某些问题。

案例二十四 静力学动态分析。图 2-2-34 甲所示，物体放在粗糙木板上，木板可绕 M 端自由转动，若将其 N 端慢慢抬起，物体所受的摩擦力为 f，木板与地面夹角为 θ，则物体所受摩擦力 f 的大小随 θ 的变化图线是图 2-2-34 乙中的哪一幅。由受力分析可知，物体开始受静摩擦力 $f=mg\sin\theta$，经过某一临界角 θ_c 后变为滑动摩擦力 $f=\mu mg\cos\theta$。不妨设 $\mu=\frac{\sqrt{3}}{3}$，$\theta_c=\frac{\pi}{6}$，$mg=10$ N。通过 Excel 用公式建立如图2-2-35 所示的 $f=f(\theta)$ 关系数据$\left(\theta\leqslant\theta_c=\frac{\pi}{6}\text{用公式 } f=mg\sin\theta, \theta>\theta_c=\frac{\pi}{6}\text{用公式 } f=\mu mg\cos\theta\right)$，在利用 Excel 的作图功能，很快得到如图 2-2-36 所示图线，从而快速解题。

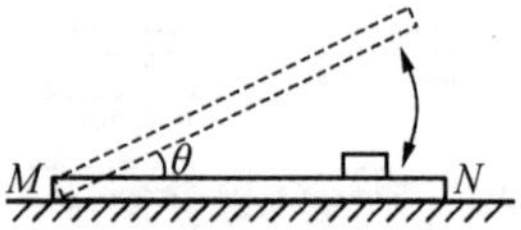

图 2-2-34 甲

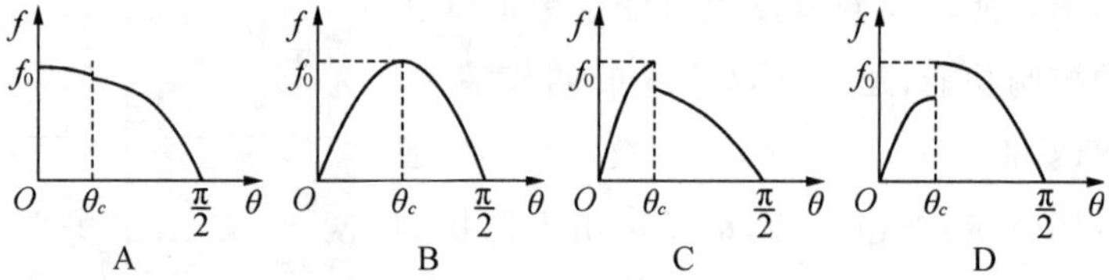

图 2-2-34 乙

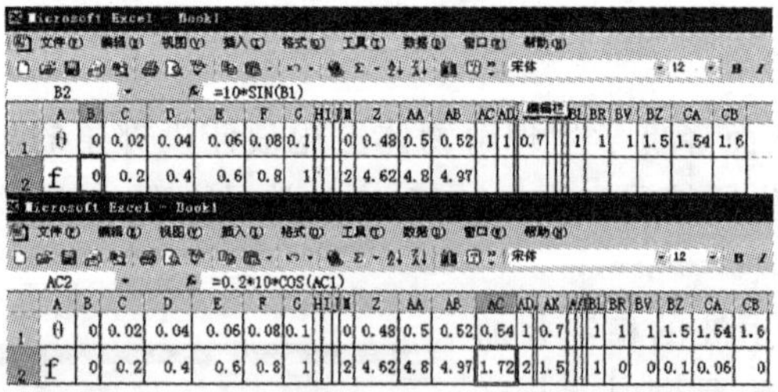

图 2-2-35

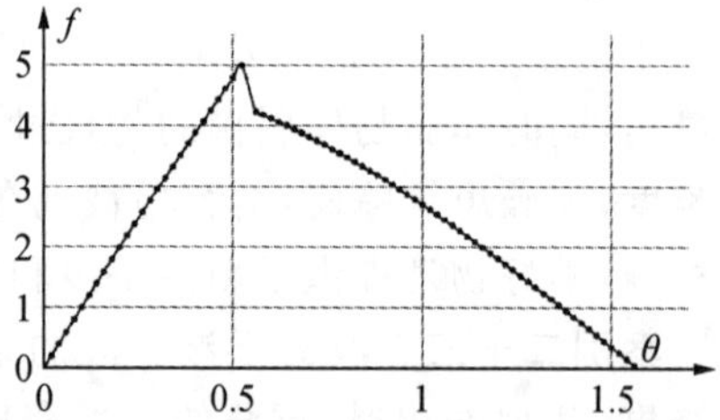

图 2-2-36

诸如此类问题，在物理学中是常见的。如电源输出功率的图线分析、合力随分力夹角变化图线等等，大家不妨一试。

除了以上应用 Excel 进行物理课程整合的几例外，还可以利用 Excel 分析实验误差、利用数据探究物理公式、进行研究性学习的数据统计等等。

(4) 实现思维可视，展现思维过程

很多物理方法，物理思维存在于人的头脑中，隐蔽性强，不容易外显，仅用语言又难以描述，这给交流带来困难，也给用常规的语言、文字、静态图片来帮助学生建构科学的思维(如物理学中理想模型、理想实验、复杂的物理过程建立)带来障碍，随着信息技术的发展，信息化手段为实现思维可视，展现思维过程提供了可能，通过用多媒体来辅助表达可大大降低学生的认知负荷，对学生科学思维建构提供帮助。

案例二十五　电场线模型建立。电场线模型较为抽象，一般的教学方法是知识讲解＋实验模拟(如图 2－2－37 所示)，这种“知识重现”式的教学，最大的缺陷是学生对知识的主动建构，不利于构建物理模型，这样教学会使学生认为电场线就是这样的实体存在，将违反对场的客观认知，不能形成物理观念。在这里的“物理观念”是从物理学视角形成的关于物质的基本认识，是物理概念在头脑中的提炼与升华，是从物理学视角解释自然现象和解决实际问题的基础。对电场线概念的提炼，就是把电场线概念和电场相关的规律组合成优化的结构，成为电场描述领域的重要知识，是解决电场问题的关键视角和思维指南。可以从让学生经历知识发生过程出发，先让学生用画线方法先定性画点电荷电场中距场源电荷相同距离的电场强度大小、方向的描述，然后增加描述更多点情况，最后抽象出点电荷电场线(如图 2－2－38 所示)，利用 PPT 动画展现出更加生动、抽象的过程，思维可呈现，进而用同样方法让学生建构异种电荷(如图 2－2－39 所示)、无限大平行板间电场线(如图 2－2－40 所示)，达到巩固认知，对建立电场物质观更加有利、有效。

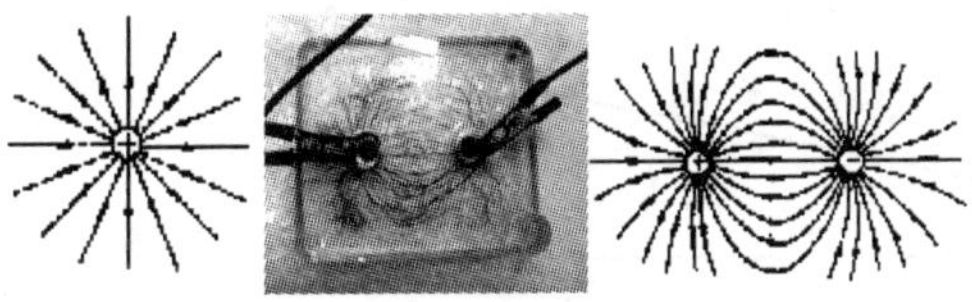

图 2－2－37

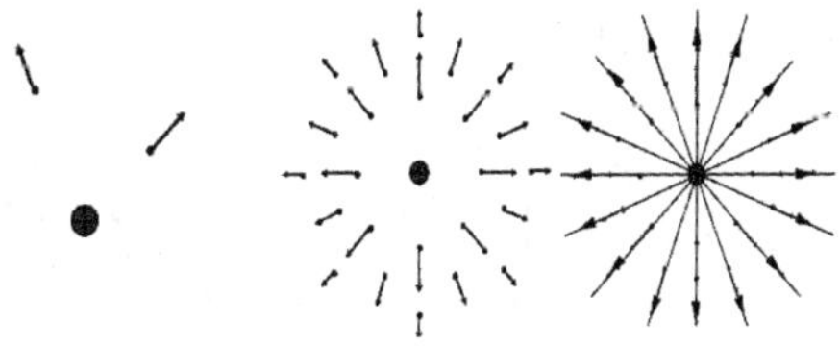

图 2－2－38

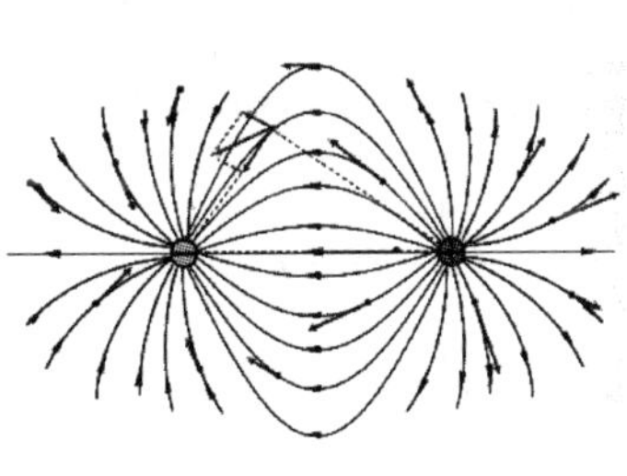

图 2－2－39

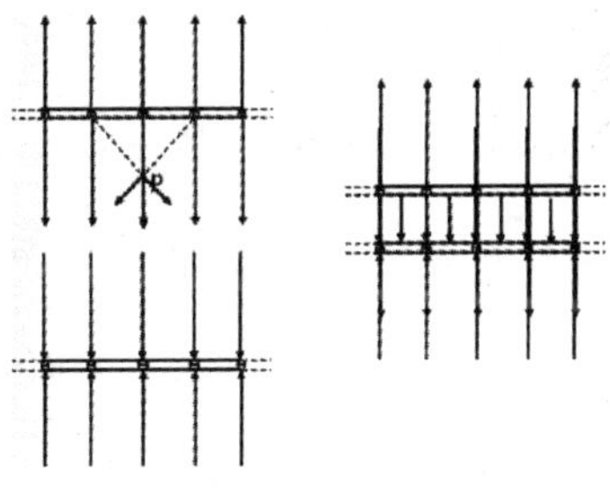

图 2－2－40

案例二十六　伽利略理想实验。人们在认知物体运动的本质时，由于只顾对现象观察，而缺乏直抵现象本质的思考，因此，容易认同亚里士多德的观点：物体是被推动着才运动的。也形成认同亚里士多德式解释的前认知理由，没有关注（或关注到）撤去推力后能持续运动的物体。自然界中，摩擦力、空气阻力是普遍存在的，但亚里士多德式认知并没有意识到。而要改变这一点，认同伽利略的观点：沿水平面运动的小球，在没有摩擦阻力的作用下将永远运动下去——力不是维持物体运动的原因。这必需建构没有摩擦、空气阻力的环境，这是不可能实现，因此，只能通过实验＋推理来建构理想实验，由实验现象（当一个球沿斜面向下运动时，它的速度增大，越来越大。向上运动时，速度减小，越来越小。——斜面是实现增大速度、减小速度的方法）形成猜想（当球沿水平面运动时，它的速度应该不增不减），引发回想现实（小球即使沿水平面运动，球也越来越慢，最后停下来），引发冲突再猜想（这是摩擦阻力使小球在减速），实施实验验证（换用不同摩擦程度的水平面，发现表面越光滑，球便会运动得越远），进而进行理智化推断（若没有摩擦阻力，球将永远运动下去），从而建构理想实验模型，由于理想实验是思维实验，其推理合理，现实实验难做，学生具象感知不足难以理解，可以借助虚拟实验模拟，实现思维可视，展现思维过程，观感"现象"：如图 2－2－41 所示，小球从左侧斜面某位置开始向下运动，接着"冲上"右侧斜面，最高位置比初始位置略低。如果没有摩擦，小球将冲上与原来小球等高的高度；减小第二个斜面的倾角，小球在这个斜面上仍将达到同一高度，但这时它要运动得远些；继续减小第二个斜面的倾角，球达到同一高度时就会离得更远；直至最终推断：若将第二个斜面放平，小球将永远运动下去，却不再需要什么力去推动。这样就将抽象的思维方法和思维过程以生动形象的过程描述出来，学生容易接受。

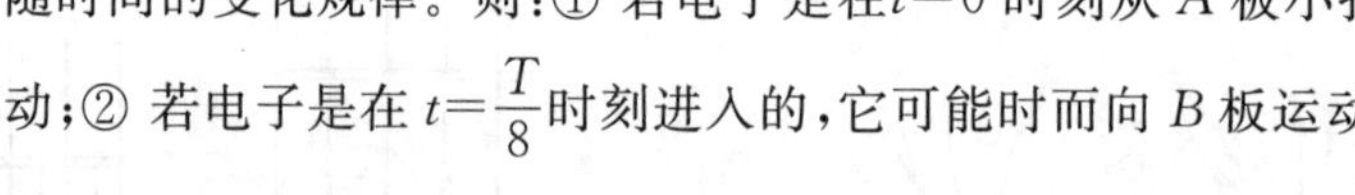

图 2－2－41

案例二十七　带电粒子在交变电场中运动。如图 2－2－42 所示，A 板的电势 $\varphi_A=0$，B 板的电势 φ_B 随时间的变化规律。则：① 若电子是在 $t=0$ 时刻从 A 板小孔进入的，它将一直向 B 板运动；② 若电子是在 $t=\frac{T}{8}$ 时刻进入的，它可能时而向 B 板运动，时而向 A 板运动，最后打在 B 板上；③ 若电子是在 $t=3\ \frac{T}{8}$ 时刻进入的，它可能时而向 B 板运动，时而向 A 板运动，最后打在 B 板上；④ 若电子是在 $t=\frac{T}{2}$ 时刻进入的，它可能时而向 B 板、时而向 A 板运动.

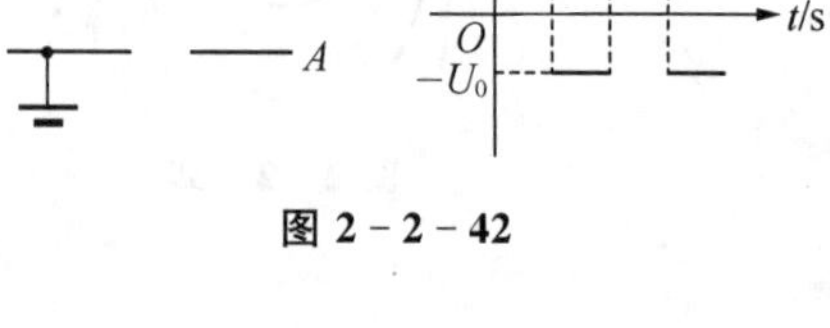

图 2－2－42

题境所给的问题，学生对电子运动缺少具象体验，对思维程度高的复杂的运动空间想象不够，难以刻画出其运动情景就会给问题解决带来困难，如利用媒体工具的动态效果，依据 $F=Eq=\frac{U_0 q}{d}$，$F=ma$，$a=\frac{U_0 q}{md}$将电子的运动图景转化为运动图形来展示思维过程，将会降低认知负荷，让学生领会思维方法，为今后转化运用抽象为具象提供可能，图 2－2－43 是电子在对应电场中运动 $v-t$ 的转化；图 2－2－44 中的红线是电子在 $t=\frac{T}{8}$时刻进入的 $v-t$ 图的转化（图 2－2－45 是与其对应的运动实际轨迹展示）；图 2－2－46 中红线是电子在 $t=3\ \frac{T}{8}$时刻进入的$v-t$ 图的转化；图 2－2－47 中红线是电子在 $t=\frac{T}{4}$时刻进入的 $v-t$ 图的转化；其动态效果更加能呈现思维过程。

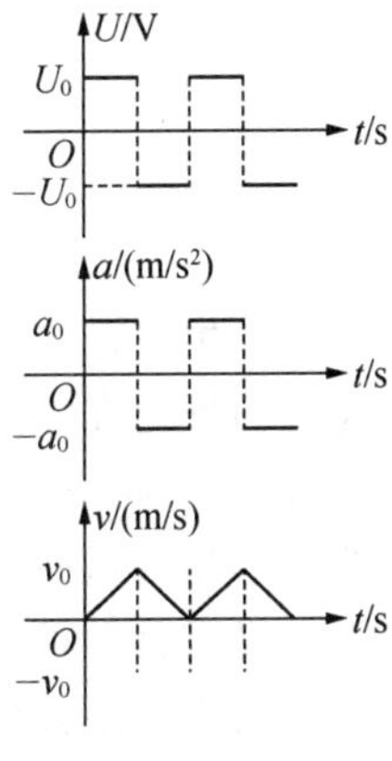

图 2－2－43

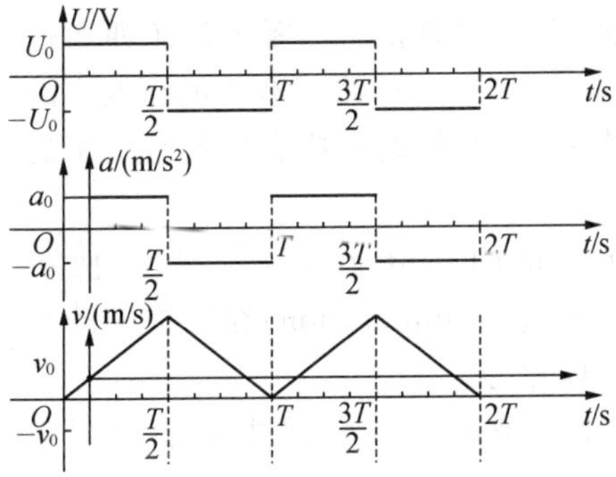

图 2－2－44

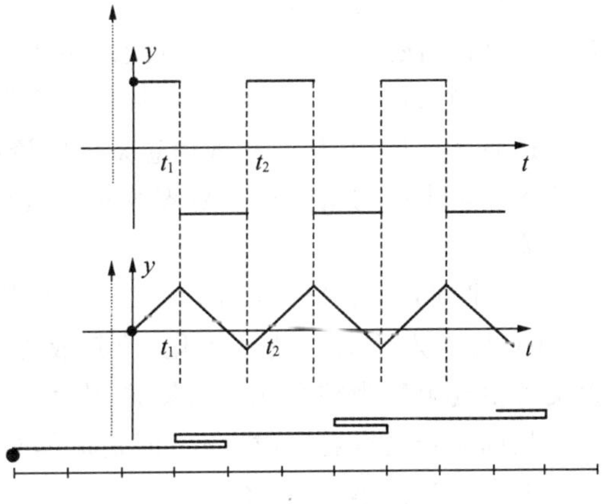

图 2－2－45

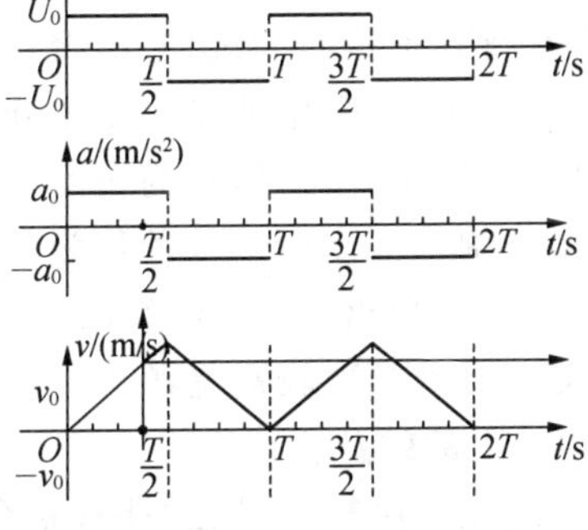

图 2－2－46

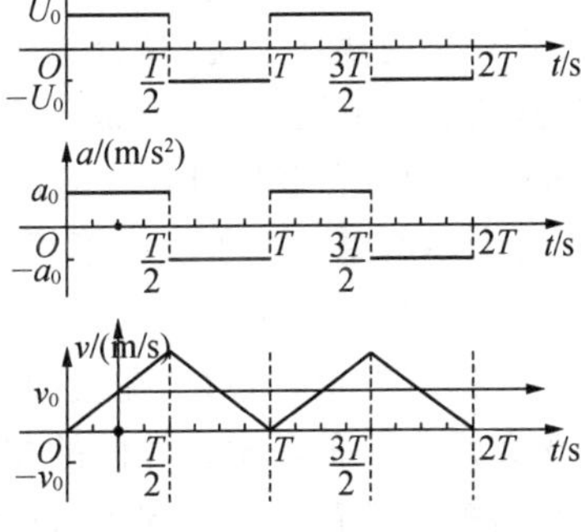

图 2－2－47

第三节　多元化物理教学资源整合的内涵

学生在进入物理学习之前已经获得了许多关于自然世界的概念。事实证明，这些天真的理论在无数的日常生活(生存!)中运作良好，因此变得相对稳定。在物理科学领域，这些日常观念(迷思)往往与物理科学合理的观念不一致。从教育的角度来看，教学的任务是将这些日常概念转变为更科学的概念。认知科学研究表明，概念上的变化并不仅仅是将一种观念与另一种观念相互交换，它也不会让学习者意识到他们的日常观念。从建构主义的角度来看，有必要在正式学习过程中从根本上重建学生的思想，这被证明是一项复杂而艰巨的尝试。多元化物理教学资源整合的研究就是来回应“应为学生设定怎样的物理学习路径”这一核心问题的。

1. “整合”的内涵

《新华词典》中对“整合”的解释是：调整，重组，使和谐一致。

《现代汉语词典》将“整合”解释为：通过整顿、协调重新组合(1997 年版及以前版没有收录该词，该意为 2005 年第五版之后版本的解释)。

《百度百科(汉语词语)》中解释是一个汉语词汇，意思是把一些零散的东西通过某种方式而彼此衔接，从而实现信息系统的资源共享和协同工作，形成有价值有效率的一个整体。其主要的精髓在于将零散的要素组合在一起，并最终形成有价值有效率的一个整体。

《牛津词典》中“整合”的释义：它是来源于英语的“integrative”，意为“使结合(with)；使并入(into)：使一体化，使其成为一体”。整合(integration)在英语中的实际含义可主要解释为综合、融合、集成、成为整体、一体化等。

从词典释义可看出：整合一词是根据英文单词 integration 翻译过来的，可以理解成是融合、综合、集成、一体化等含义。

目前所能查到的最早“整合”一词，通常认为是 19 世纪的英国哲学家、教育家斯宾塞(S・B)在他的《第一原理》(1862 年出版)中阐述进化哲学时创用了“integration”这一术语，从哲学的意义上说，整合是指由系统整体性及系统核心的统摄、凝聚作用而导致的使若干相关部分或因素合成一个新的统一整体的建构、序化过程。1969 年劳仁斯(Lawrence，P. R.)和罗斯(Lorsch，J. w)在《组织与环境》中，从组织行为角度对整合加以阐述，认为整合是一个组织内不同部门之间用来协调其活动所采取的行为和所使用的结构。1977 年加尔布雷斯(Galbraith)在《组织设计》中提出了整合组织的层次模型。

经文献检索发现，“整合”在我国期刊硕博论文中出现频次较高是源于经济学名词“整合”含义是指各种要素条件间的相互融合，产生最大的效益。

在我国关于教育学科期刊硕博论文中，“整合”出现频次较高是在“课程整合、信息技术与课程整合、资源整合”等的概念表述中，这些概念中“整合”的主要含义是可以使系统内各要素实现整体协调 ，相互渗透，使系统各要素发挥最大效益，这个过程会导致生成一个新的事物(郭绍青，2002)。课程整合 (Curriculum Integration)的含义是指对课程设置、各课程教育教学的目标、教学设计、评价等要素作系统的考虑与操作，用整体的、联系的、辩证的观点，认识和研究教育过程中各种教育教学要素之间的关系 (徐晓东，2003)。课程整合的过程就是使分化了的教学系统中的各要素及其各成分形成有机联系并成为整体的过程(郭绍青，2002)。课程整合并不是指单纯地将被分割的东西拼凑在一起，课程整合是指把本来具有内在联系而被人为地割裂开来的内容重新整合为一体的课程模式。这种内在联系是自然的、真实的、本质的，而非人为的。

信息技术与课程整合是指将信息技术以工具的形式与课程融为一体，将信息技术融入课程教学体系各要素中，使之成为教师的教学工具，学生的认知工具，重要的教材形态，主要的教学媒体或指将信息技术融入课程教学的各个领域：班级授课、小组学习、自主学习成为既是学习的对象，又是学习的手段(南国农，2002)。也可以称为在课程教学过程中，把信息技术、信息资源、信息方法、人力资源和课程内容有机结合，共同完成课程教学任务的一种新型的教学方式，它的基本思想包括三个基本点：要在以多媒体和网络为基础的信息化环境中实施课程教学活动；对课程教学内容进行信息化处理后成为学习者的学习资源；利用信息加工工具让学生知识重构(李克东，2001)。信息技术与课程整合的本质与内涵是要求在先进的教育思想理论的指导下，尤其是主导、主体教学理论的指导下，把计算机及网络为核心的信息技术作为促进学生自主学习的认知工具与情感激励工具、丰富的教学环境的创设工具，并将这些工具全面地应用到各学科教学过程中，使各种教学资源、各个教学要素和教学环节，经过整理组合，相互融合，在整体优化的基础上产生聚集效应，从而促进传统教学方式的根本变革，也就是促进以教师为中心的教学结构与教学模式的变革，从而达到培养学生创新精神与实践能力的目标(何克抗，2002)。

资源整合源于企业资源整合，它是一个复杂的动态过程，是指企业对不同来源、不同层次、不同结构、不同内容的资源进行选择、汲取、配置、激活和有机融合，使之更具较强的柔性、条理性、系统性和价值性，并对原有的资源体系进行重构，摒弃无价值的资源，以形成新的核心资源体系。由此演变而来的教学资源整合则是指基于具体的学科教学内容，对不同来源、不同层次、不同结构的学科教学资源进行识别与选择、汲取与配置、激活和有机融合，使其具有较强的柔性、条理性、系统性和价值性，并创造出最优化具体学科教学环境的一个复杂的动态过程。

综上所述，物理资源整合是指针对具体的物理教学内容，对不同来源、不同层次、不同结构的物理教学资源进行识别与选择、汲取与配置、激活和有机融合，使其具有较强的柔性、条理性、系统性和价值性，并创造出最优化物理教学环境的一个复杂的动态过程。这里更加强调立于“整合”的选择、汲取、配置、激活多元化物理教学资源，调整重构各种教学资源要素间的关系，使其和谐一致，为学习提供情境化、问题化、结构化、条件化的相互融合资源环境，继承了课程整合、信息技术与课程整合、资源整合的优势，建构出可以支持具身参与的真实情境创设，不受时空限制的资源共享，激发认知投入，激活高阶思维，快速灵活的信息获取，丰富多样的交互方式，思维进阶呈现的协作交流和搭建探究路径的学习环境，以及有利于培养学习者创造性的自主发现和自主探索……，在此基础上就可以实现一种能充分体现学生主体作用的全新学习方式——例如项目学习、探究学习与合作式学习等，为学生发展核心素养产生最大的效益。

2. 多元化物理教学资源整合的理论基础

(1) 系统论

系统论是西方社会思想进步的理论基础，主要研究各种系统的共同特征，用数学方法定量地描述各种系统的功能，试图找到并总结出适用于所有系统的原理、原则，建立相应的数学模型，同时具有较强的逻辑性和数学性质的一门科学。也就是说，系统建模、建构和原则的理论体系研究是系统论的主要内容。

系统的解释是:由部分构成整体。由于研究视角不同，对系统概念的界定也各不相同。有些学者认为系统是诸元素及其日常行为的必定集合，而有些学者则认为，系统是各种有联系的过程和物质的集合，等等。影响最为广泛的是一般系统论者的观点，他们试图给一个能够揭示不同系统共同特征的普适性的定义，系统通常被定义为一个特定的功能在一定的结构中的一些部件的组合。系统具有整体性、有机性和内部结构优化的趋向。

整体观是系统论的核心思想。古代学者亚里士多德反对那种认为部分性能好，整体性能一定好，以部分决定整体的机械论的观点。同样，现代学者贝塔朗菲认为系统的整体功能是各部分在分散状态下所没有的特性(现代教学提倡核心概念进阶建构大单元设计)。他同时认为，系统中各部分不是毫无关系的独立存在，每个部分在系统中都处于特定的节点上，起着特定的作用。部分和另外一部分，形成了一个整体。部分是整体中的要素，如果将部分从整体中分离出去，它将失去其在整体作用。

物理学中的物理概念建立、物理规律的发现，乃至物理核心素养的物理观念、科学思维、科学探究、物理态度与责任等物理知识、关键能力、必备品格与价值观念的结构化构建都是一个系统工程。因此，物理教学必须依据系统论的思想，进行系统设计，如课标教材的模块设计、教学过程的单元设计、学段衔接设计均为系统设计。当然在构筑物理教学情境化设计时，对多元化物理教学资源的整合时也要基于系统设计，首先，我们要充分了解各种资源的基本内容及相关资源的相通之处，同时激发教与学的最大潜能，教授者在实施教学中要了解学习者的已有知识，基于已有知识的基础上，引导学习者进行合作探究，不断获取新的知识，实现教育教学目标。其次，要把各类资源作为一个完整的资源系统，分析其资源系统的结构和功能，并对整个学习系统进行优化和整合，由此产生最优化的效果。

(2) 建构主义学习理论

建构主义学习理论始于20世纪60年代，由瑞士著名心理学家皮亚杰提出，而后在维果茨基、奥苏贝尔、布鲁纳等多位心理学家和教育学家的不懈努力下逐渐发展为一门系统的理论，成为认知学习理论的一个重要分支，其观点为：知识的获得是学习者基于原认知结构，在任务驱动下，借助他人的帮助和利用必要的学习资源，通过意义建构的方式，不断构建、拓展“最近发展区”使之形成新的认知结构，同时提高学习者的认知水平。其精髓在于强调学生的积极性以及主动性，以学生为中心，强调学生主动探究、主动发现知识并主动建构所学知识的意义。

建构主义学习理论认为“情境”“协作”“会话”和“意义建构”是学习环境中的四大要素或四大属性。“情境”：学习环境中的情境必须有利于学生对所学内容的意义建构。这就对教学资源整合提出了新的要求，也就是说，在建构主义学习环境下，教学资源整合不仅要考虑教学目标达成，还要考虑有利于学生建构意义的情境的创设问题，并把情境创设看作是教学资源整合的最重要组成内容。“协作”：协作发生在学习过程的始终。协作对学习资源的搜集与分析、假设的提出与验证、学习成果的评价直至意义的最终建构均有重要作用。“会话”：会话是协作过程中的不可缺少环节。学习小组成员之间必须通过会话商讨如何完成规定的学习任务的计划；此外，协作学习过程也是会话过程，在此过程中，每个学习者的思维成果（智慧）为整个学习群体所共享，因此会话是达到意义建构的重要手段之一。“意义建构”：这是整个学习过程的最终目标。所要建构的意义是指：事物的性质、规律以及事物之间的内在联系。在学习过程中通过资源整合帮助学生建构意义就是要帮助学生对当前学习内容所反映的事物的性质、规律以及该事物与其他事物之间的内在联系达到较深刻的理解。这种理解在大脑中以“图式”方式长期存储，以达到认知结构的优化。

(3) 认知理论

① 元认知理论

“元认知”是美国发展心理学家Flavell于20世纪70年代提出的，是指人类对其自身认知活动的认知，即，认知主体对自己的认知能力、任务、目标、认知策略、心理活动等方面的认识，其实质是认知主体对自己的认知活动的自我意识、自我监控和自我调节。实际上，学生对自己学习中感知、记忆、思维、想像等认知活动的再认识，再思考及进行积极的监控，就属于元认知的范围。其实质是人的自我监控。例如，我国古代教育学家孔子提出：“吾日三省吾身”“人贵有自知之明”“学然后知不足，教然后知困。知不足然后自反也，知困然后能自强也。故曰，教学相长也”。这些都包含了丰富的元认知思想。弗拉威尔认为，元认知包括元认知知识、元认知体验和元认知监控三个成分。

元认知知识是指认知主体在认知实践活动中积累起来的关于认知活动的一般性知识，它包括：a. 有关认知主体的知识，它是认知主体对于人的认知规律，对于自身的认知能力、自己与他人以及自己内部各种认知能力相似和差异的认识;b. 有关认知任务的知识,是指认知主体对认知活动的要求和任务的认识;c. 有关认知策略的知识,它是认知主体在进行认知活动,完成认知活动的任务和要求时,对所采取的有效的认知方式或方法的认识,也就是说,在认知活动中,应采取什么样的认知策略才能更好地完成认知任务。

元认知体验是认知主体在认知活动中所产生的认知体验和情绪体验。元认知体验可能出现在认知活动的每一个环节。它可以是对成功时喜悦的体验,也可以是对失败时沮丧的体验;可以是对知的豁然体验,也可以是对不知的困惑体验。认知主体对这些体验有时可能清楚地意识到,有时可能是下意识的;它们有时可以持续很长时间,有时瞬间即逝。元认知体验在认知活动中起着重要的作用,愉快、喜悦的体验可以引导认知活动进一步深化,进而圆满地完成认知任务,而失败、沮丧的体验可能会导致认知活动的终止。

元认知监控是指认知主体在进行认知活动的过程中,把自己正在进行的认知活动作为意识对象,不断地对其进行自觉的监控、调节的过程。在具体的认知活动中,它表现为通过不断地对认知结果进行检测,形成反馈机制,对认知计划、认知策略等进行修正,使其顺利地达到认知目标,完成认知任务。

不同的物理情境对学习者认知投入动机的激发、学生的元认知策略,包括完成任务时对目标的设定、计划、监控、评价以及对过程采取的必要的调整、调动程度不同。随着信息化的迅速发展,多元化物理教学资源越来越受到人们的重视,以元认知内在过程为基础,分析多元化物理教学资源中各种影响元认知过程的因素,构建基于资源整合的情境化的学习环境,设法引导学习者认识自己的学习观念,激发学习者元认知体验,让学习者优化发挥元认知监控,可为物理关键能力和必备品格的培养提供最优化的路径。

② 认知负荷理论

20 世纪 90 年代以来,认知负荷理论受到了国内外学者的广泛重视,得到了大力发展,并逐渐成为认知加工领域研究的热点问题,也成为现代教学设计与多媒体学习的主要框架理论。认知负荷理论以认知资源理论、图式理论为基础,主要从资源分配的角度考察学习和问题解决,特别是复杂任务的学习。认知资源理论认为,人的认知资源总量是有限的,若同时从事几种活动,则存在资源分配的问题,资源分配遵循“此多彼少、总量不变”的原则。学习过程中的各种认知活动均需消耗认知资源,若所有活动所需要的认知资源总量超过了个体所具有的认知资源总量,则存在认知资源分配不足的问题,会出现超负荷现象,从而影响学习效率和质量。Sweller 等人(1998)基于认知负荷的不同来源,将认知负荷区分为内在认知负荷、外在认知负荷和相关认知负荷。内在认知负荷由所学材料的复杂程度和学习者先前知识所决定,外在认知负荷由信息呈现的方式和学习者需要的学习活动所引起,相关认知负荷是学习者把未用完的剩余认知资源用到与学习直接相关的加工时所引起的。因此,学习者在多元化物理教学资源提供的学习环境中也会产生外在、内在和相关三种认知负荷，同样会涉及教学资源、呈现方式和学习者三个因素以及三者之间的交互作用。认知负荷理论可以说是目前有关认知负荷和多媒体学习的研究中最为科学的理论，已获得很多实证研究的支持。所以，物理教学中，可以通过“整合”多元化物理教学资源对三种认知负荷进行有效控制，发挥学习者的主观能动性，即降低外在认知负荷和内在认知负荷、增加相关认知负荷，可以起到优化学习效率，提高最优化学习效益。

③ 具身认知理论

随第二代认知科学的发展，从 20 世纪 80 年代开始，瓦雷拉(F. J. Varela)、威尔逊(M. Wilson)、德雷福斯(H. Dreyfus)、克拉克(A. Clark)等西方学者纷纷开始研究具身认知。我国学者李其维、叶浩生、徐献军、陈霖等也开始聚焦于具身认知研究。瓦雷拉(F. J. Varela)等人认为具身认知的涵义意在突出两方面：一是认知依赖于经验的种类，这些经验来自具有各种感知运动的身体；二是这些感知运动能力自身内含在一个更广泛的生物、心理和文化的情境中。威尔逊(M. Wilson)认为：认知是情境的，认知发生于真实世界的情境中且内在地包含知觉和行为活动；认知是有时间压力的，认知发生于实时环境的交互作用中；将认知工作放在环境中，环境能够帮助存储信息以减少认知负担，在需要时再提取信息；环境是认知系统的一部分；认知是为行动的；离线认知是基于身体的。叶浩生认为具身认知的中心含义包括三个方面：第一，认知过程进行的方式和步骤实际上是被身体的物理属性所决定的；第二，认知的内容是身体提供的；第三，认知是具身的，而身体又是嵌入环境的，认知、身体和环境组成一个动态的统一体。

具身认知理论认为认知是包括大脑在内的身体的认知，主要包括三个方面：a. 认知过程的进行方式和步骤实际上是被身体的物理结构所制约的，具身的体验是认知的根源，认知和思维受到身体物理、生物属性的约束与限制。例如，人手臂灵活但嗅觉不灵敏，狗恰好相反，人和狗在认知外界时，人往往试图用手触摸而狗用鼻去嗅闻。在雕刻过程中，由于身体生物属性限制，人类不能直接用手进行创作，但是可以借助一些工具来达到目的。在此过程中，人类不仅创造出更多新的工具，同时手的手法即手的灵活性也在逐渐提高。个人身体的物理、生物属性的差异决定了个人感知能力的关键因素；b. 认知的内容最初是由身体提供的；“从发生和起源的观点看，心智和认知必然以一个在环境中的具体的身体结构和身体活动为基础，因此，最初的心智和认知是基于身体和涉及身体的，心智始终是具(体)身(体)的心智，而最初的认知则始终与具(体)身(体)结构和活动图式内在关联”(李恒威，盛晓明，2006，P_{184})。即人对世界的认知最初来自于人感官对世界的感受(如冷、热、方向等等都是感官体验的结果)，当个体在语言和思维中使用这些储存的信息时，个体仍然在身体的同一感觉通道模拟该事件(“隐喻”的概念就是用一个事物来理解另一个事物，如热火朝天是基于人身感受冷、热才能理解)；c. 认知、身体、环境是一体的，认知存在于大脑，大脑存在于身体，身体存在于环境。因此，具身认知理论强调认知是基于身体的，也是根植于环境的。则“资源整合”应基于环境创设,立于具身体验,使认知、身体和环境处于动态的统一体中,让认知在具体的个体实时(real time)的环境中产生,使储存在记忆里的认知信息并非只是抽象的符号,而是具体、生动的,同身体的特殊感觉通道相联系的具身信息。

(4) 多元智能理论

多元智能理论认为:智能是在某种社会或文化环境的价值标准下,个体用以解决自己遇到的真正难题或生产及创造出有效产品所需要的能力。加德纳认为,支撑多元智能理论的是个体身上相对独立存在着的、与特定的认知领域和知识领域相联系的八种智能:语言智能、数理—逻辑智能、音乐—节奏智能、空间智能、运动智能、自省智能、交流智能和自然观察智能。在多元智能理论看来,个体智能的发展受到环境包括社会环境、自然环境和教育条件的极大影响与制约,其发展方向和程度因环境和教育条件不同而表现出差异。尽管各种环境和教育条件下的人们身上都存在着八种智能,但不同环境和教育条件下人们智能的发展方向和程度有着明显的区别。智能应该强调两个方面的能力:一个方面的能力是解决实际问题的能力,另一个方面的能力是生产及创造出社会需要的有效产品的能力。根据加德纳的分析,传统的智能理论产生于重视言语——语言智能和逻辑——数理智能的现代工业社会,智能被解释为一种以语言能力和数理逻辑能力为核心的整合的能力。承认智能是由同样重要的多种能力而不是由一两种核心能力构成,承认各种智能是多维度地、相对独立地表现出来而不是以整合的方式表现出来,应该是多元智能理论的本质之所在。物理教学资源的整合与应用,可以利用视频、图片把相关资料呈现给学生;根据重要的物理学史,组织学生讨论物理事件的作用和意义;搜集各种材料,然后要求学生动手设计相关物理实验等等,学生为了完成这些任务,将广泛查阅资料,认真思考实践,“在做中学”完成学习目标,这样,在充分调动各项优势智能的基础上,激发了学生学习的动机,满足了不同学生不同智能发展的需求。

(5) 学习进阶理论

学习进阶(learning progressions,简称 LPs)也称学习进程,是近几年的美国科学教育改革中的一个新兴的概念。是对学生在各学段学习同一主题的概念时所遵循的连贯的、典型的学习路径的描述,一般呈现为围绕核心概念展开的一系列由简单到复杂、相互关联的概念序列。

学习进阶这一概念是由美国国家研究理事会(NationalResearchCouncil,简称NRC)在 2006 年率先提出的,学习进阶是一个描述学生在知识学习和实践活动过程中连续地、更加熟练地发展的框架,这个框架的构建需要了解学习者是如何理解知识以及以何种方式理解这些知识的。一般认为,学生的学习过程是从简单到复杂、连续的推理认知发展过程,这个过程会受到课程、学习方式等的影响,对这个过程的探测和了解将有利于促使学生从一个刚入门的“新手”成长为具有实践经验的“专家”,它是“随着时间的不断增加,学生对某一学习主题的思考和认识不断丰富、精致和深入的一种过程”。建构主义是学习进阶的哲学基础,其进阶研究是以学生的学习为研究对象,“进”是以描述学生的认知发展方向，而“阶”则是指发展过程中的关键点也就是建立在进阶变量基础上的、学生认知发展的“脚踏点”，正是一个个连续的“阶”将学习的起点和终点连接起来，形成学生在学习某一主题的概念时，思维所遵循的连贯的、由简单到复杂的、典型的学习路径。这条路径为学生提供学习图景，刻画出学生思维(thinking)的发展过程，所以学习进阶不只是解决学习者认知发展路径问题，他要帮助学习者找到认知发展过程中用于“踏脚”的具体“台阶”，为学习者的认知发展提供支撑。

完整的学习进阶包括四个方面要素：第一，选择“大概念”并给予相关的解释；第二，构建基于学习者视角的、清晰的“阶”；第三，用以区分学生水平层级的测量工具；第四，用以促进学习者进阶的教学元素，例如，学生在学习位移概念时，由于已有的对距离的认知经验，学生通常在想，我们已学过“距离”，为什么还要学“位移”。教学中可以播放《穿越塔克拉玛干沙漠》视频，展示许多穿越塔克拉玛干沙漠(如图 2-3-1 所示)的勇士极易迷路，甚至因此而付出生命的代价。让学生分析激发聚焦(勇士们之所以失败，常常是因为在沙漠中弄不清这样三个)问题：我在哪里？我要去的地方在哪里？选哪条路线最佳？然后展示北斗卫星导航系统，并让学生根据下面的条件，作一份家与学校位置的草图：① 一位同学从家点出发，走了 50 m 后到达学校；② 这位同学从家点出发，向东走了 50 m 后到达学校；③ 这位同学从家点出发，向东沿直线走了 50 m 到达学校。让学生体验理解怎样描述位置变化更有意义。

图 2-3-1 塔克拉玛干沙漠是我国最大的沙漠，远不见边际，抬头不见飞鸟，满目沙丘，仿佛致身于巨流滚滚的大海中，人们把它称为“死亡之海”。

对于完整的学习进阶包括四个方面要素，前三个要素回答的是构建学习进阶的本质问题，最后一个问题则涉及学习进阶的实践价值问题。物理学习中，由于学生在学习新的科学概念之前往往已经对一些物理概念有感性的认识，而这些认识是碎片化、纯经验性的，对科学概念而言仍然有一定的差距。因此，整合物理教学资源的一个很重要的目的就是促进由经验概念向科学概念的转变，这个过程就是学习进阶的过程。利用整合物理教学资源创设新情境来构建学习进阶，一方面可使学生对概念的学习具有连贯性，使之贯穿于整个科学认知的过程中；同时，也为概念学习的过程提供有力的实证数据，以支撑概念学习的完整性。

3. 总结

学习进阶理论为解决当前“有限的学习时间无以应对无限的学习内容”这一难题提供可能。物理教学中实施对多元化物理教学资源整合，依循精心预设的“实验之阶”、激发“问题之阶”，可以快速甚至自发地让学生触景“生情”“生疑”“解惑”，同时为学生科学思维提供素材，为科学探究提供方向、基于学生认知发展围绕大概念(包括核心概念、共通概念)的认知过程构建学习进阶。

物理概念学习除了受到前认知严重影响外,还存在如下学习困因:① 因工作记忆的局限性,需要将物理概念“分块”成可以处理和连接的较小知识单元,这将使大概念形成上带来碎片化的呈现,增加了学生学习的认知负荷;② 将浓缩概念与现实世界联系起来需要某种解包或动态展开,在物理学中,抽象概念的成功组合在很大程度上是基于理论凝练的,因为它必须包括现象的相关特征并排除不相关的表面元素,科学概念表述是高度浓缩后的表达,与学生前认知的经验概念有一定差距。例如“理想模型”是一种抽象的理想客体,原则上只能在思维中才能实现;③ 物理概念的复杂性还表现为:它需要通过使用合适的工具来外化知识(数学语言的表达,理论上,数学方法在知识形成后是减少了认知负荷),即它们通过使用合适的代数或几何工具来外化建模过程,在物理学中使用数学方法(由于数学具有严谨性)也将导致相反的结果并且倾向于增加主体的认知负荷等方面。多元化物理教学资源的整合就是基于系统论、建构主义学习理论、认知理论、多元智能理论和学习进阶理论,根植于皮亚杰的“发生认识论”、布鲁纳的“螺旋式的课程设计”、维果茨基的“最近发展区”和奥苏贝尔的“有意义学习”理论的指引,从建构主义和元认知强调的自我监控出发,系统整合多元化的物理教学资源,建构特殊物理情境,搭建进阶,让学生将前认知中碎片化、纯经验性的,距离科学概念仍然有一定距离的经验概念进行解析、重构,从而构建相对完整的科学概念,为物理学习铺设和优化学习的路径。

第三章　多元化物理教学资源的开发

自己动手做的仪器，永远比买的好，这是一条定理。

——李政道

在物理家丁肇中看来“事实上，自然科学理论不能离开实验的基础。特别是物理学，它是从实验产生的”。“做实验确实非常重要。因为任何理论没有科学实验证明，是没有用的。实验可以推翻理论，理论绝不能推翻实验”。可见，物理学是一门实验科学。在物理学的发展过程中，实验是决定性的因素。发现新的物理现象，寻找物理规律，验证物理定律等等，都只能依靠实验。离开了实验，物理理论就会成为“无源之水，无本之木”，不可能得到发展。物理教学资源的开发为物理实验提供可能和保障。

第一节　多元化物理教学资源的开发原则

物理学是基于观察与实验，建构理想模型，应用数学等工具，通过科学推理和论证，形成系统的理论体系和研究方法的一门自然科学领域的基础学科。物理模型的建构、物理概念的形成、物理规律的构建，都必需建立在能给物理学习认知结构带来重构而提供信息的物理环境的基础上，且物理环境与学生经历过的自然、生活环境越近，越能唤起学生认知感受，激发学生的学习潜能，对学生进入真实学习实践，培养学生学科核心素养，发展学科关键能力、必备品格、价值观念具有关键作用。如在物理规律的探究教学中，基于实验资源创设情境，让学生在情境中发现和提炼问题，对问题的可能答案作出假设（预测），并根据问题情境运用已有知识制订探究计划，选择符合情境要求的实验资源进行实验，获取客观、真实的数据，通过对数据的分析形成关于物理规律的结论。遵从建构主义学习观，知识的创造是一个建构过程，在这个过程中，学生作为我们行为的实体，总是在先验知识的基础上学习，他们拥有大量直接参与学习物理学的知识要素，需要广泛重建他们的直觉知识才能创造出新的系统知识“建筑”。

物理教学资源是创设物理环境的载体，随着现代技术的发展，物理教学资源的呈现日趋多元化，物理教学中除了用好教材提供教学资源外，开发贴近生活和现代科技等更加广泛多元化的资源，将为物理环境创设创造广阔的时空。同时开发的教学资源还是教材资源重要的补充。物理学科专用教室可创设良好的物理学习环境和氛围，具备必要的常用实验设备与仪器，使学生真正进入物理世界进行物理学习，也使教师在物理天地里实施更有“物理味”的课堂教学。

实体教学资源的开发是广泛来源于生产、生活实践及现代科技前沿，能把学生带入真实实践中，让学生在冲突的现实情景中产生问题，并借助观察和实验获取的物理思维素材，使学生能更全面地考察真实问题，多角度地获取感知素材，有利于多方面地联想，抽象概括观察和实验现象的共性，比较判断并揭示现象之间的多种联系，想象事物变化的多种可能，寻找解决问题的多种途径，引导学生在物理情境中将“问题串”变成“知识串”，达到知识的建构，方法的渗透，将物理教学根植于真实实践和实验的“做中学”。让学生思维加工时，能始终做到有理有据，使推理过程环环相扣，合乎逻辑，不以想像代替分析，不以直觉代替推理，培养学生的思维严密性；基于环境现象观察和实验解决问题，使学生能够善于透过纷繁复杂的表象，把握事物的本质，善于进行抽象概括，抓住问题的核心，揭示隐含的生产、生活、实验等情境信息，善于根据事物的初态预见事物的发展，有助于培养学生的深刻思维，深化学生的理性思维。另外开发实体教学资源具有广泛的自由度，往往取材来自于生活中低成本的、随手可取的材料，如一只笔、一张纸、一枚硬币、一个可乐罐、一支蜡烛等，正如朱正元先生、刘炳升教授、陶洪教授所倡导的“坛坛罐罐当仪器，拼拼凑凑做实验”。这种自由的运用日常生活用品做实验不受实验室的限制，在家里也可以做实验，学生也可根据自己的兴趣和知识基础来设计实验，自由地研究、提问、采集和分析数据，验证假设，写实验报告，这也给物理学习拓展了空间和时间，也会使学生感到亲切，真正实现李政道提倡的“自己动手做的仪器，永远比买的好，这是一条定理”。

虚拟教学资源开发可促进信息技术与物理教学的深度融合，信息技术凭借其强大的数据平台，函数计算功能、图形显示功能和动画功能，不仅可向学生提供图形、图像、动画、声音和色彩等丰富的感性的具体形象材料，还可以用二维或三维的图像、实验大数据分析及动画模拟等虚拟资源，以动态方式呈现物理图景的过程，向学生提供多彩的理性的科学抽象素材，为优化教学效果，激发学生思维的主动性，激活学生的创造性思维创设良好的资源环境。当然，依托信息技术开发的虚拟资源，其素材内容固然十分丰富，但它也存在运用误区，如用其模拟实验来替代真实实验，它在情感态度价值观方面就会产生负面的教育效果：学生失去了发现自然规律时的振奋感，更没有误操作损坏器材甚至伤害人身的担心——学生失去的是对自然和自然规律的敬畏！出于这些考虑，教学中真实的物理实验不可用虚拟实验替代。信息技术与物理课程的整合资源的开发，可以从以下四个方面入手：① 辅助搜集和处理实验数据，减少了繁琐的重复性的操作，提高实验效率（如 DIS 实验和 Excel 数据处理）；② 丰富思维素材，展示科学家思维、再现教师思维、唤醒学生思维提供辅助平台（波叠加与干涉思维展示）；③ 重复再现瞬间暂态过程，延迟思维过程，提供物理情境（动态平衡的过程展示）；④ 拓展时间和空间，重复提供尊重事实而不可复制事实情景（如引入共振，提供美国塔柯姆大桥共振被毁录像）及难以实现实验（如太空实验）等方面着手开发优化运用虚拟资源，激发唤醒学生思维。

综前所述，我们看到物理教学资源的开发与应用，对物理课程的落实具有十分重要的意义和非凡的价值。这种开发虽然具有广泛的自由度和方便性，但是它也有一定的规范的原则。

1. 科学性原则

开发的教学资源最基本的目的是为物理学习创设符合学生认知发展的物理环境，让学生更好获取物理思维加工的有效信息，所以开发的教学资源中，无论是实体开发资源，还是媒体的开发资源，都必须是科学的、严谨的、合理的，同时它们所揭示的现象、规律也必需是符合客观事实的。不仅如此，在操作过程和教学过程中也要遵循科学性原则，科学性原则是首要的，不能为了使观察或实验看起来更精确或者更明显、更有趣味性等而违反科学性原则，弄虚作假。

2. 具身性原则

物理教学资源开发是物理学习环境构筑的基础，学习环境为促进学习者的意义建构和认知发展提供了丰富的学习资源，学习呼唤具身学习环境，强调认知的具身性，具身认知认为学习是学习者对环境的感知和用于环境的行为之间互动的结果，认为认知通过身体与环境情景的互动来实现，强调身体、环境持续动态交互生成的过程，使情境性、体验性、参与性、生成性及交互性交叉包容于具身认知中。开发的物理教学资源必需尽量使创设的学习环境能够让学生更多的感知器官参与进来。面部表情、眼神、手势等是知识理解与传递的窗户，及时的感官反馈能够被调入工作记忆进行更深层次的加工，帮助学生实现知识的意义建构和迁移应用。因此在初始学习时，感知环境所使用的感觉形态（如视觉资料、画外音、各种动作等）越丰富，学习者的学习动机越强烈、内容理解越深刻且学习效果越显著。开发的物理教学资源具身性还表现在能让学生直接体验某一物理现象，例如在自感教学中，开发“千人震”的趣味物理小实验（如图 3－1－1 所示），用两节电动势为 1.5 V 的新干电池、几根导线、开关和一个用于日光灯上的镇流器，几位同学手拉手连成一串，另一位同学将电池、镇流器、开关用导线将它们与首、尾两位同学两个空着的手相连做这个实验，通过参加实验同学的身体将其表演出来，有助于提高学生的学习动机、理解程度和学习效果。

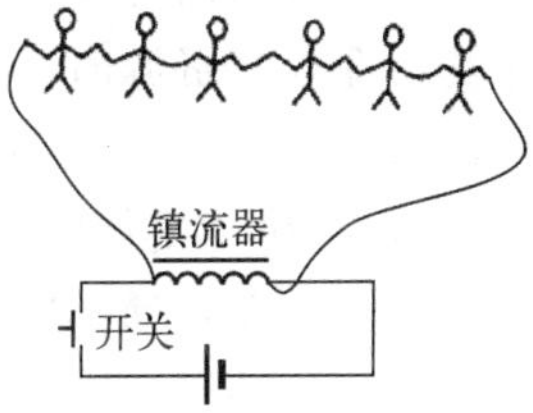

图 3－1－1

日常活动中的大多数知识是隐性、情境的，通过直观、整体、真实的体验式学习建构更能促进迁移和应用，从而使学习者逐渐理解新的抽象概念并建立新的认知图式。让学生建构学习认知图式时，借助具身的身体感知系统、外化行为表现及角色体验，考虑从身体的行为化（将教学内容中适合通过身体感知与行动展现的知识罗列出来，在教学过程中有意识地强化肢体动作发生，使身体的认知体验行为与知识点建立关联）、技术化（借助技术将身体的功能最大化延伸，通过教学媒体与工具促进具身教学的顺利）及社会化（强调学习者参与社会性实践活动，体验学习的发生和发展过程）来实现。

3. 安全性原则

开发的物理教学资源是供师生创景进行科学观察和探究实验的，一定要保证安全性，特别是有学生参与体验的实验，尽量避免明火、高温、易碎易爆及危险品等问题，根据学生的不同情况来安排。特别是分组实验，学生比较多，教师不可能每个都能兼顾到，开发的实体资源应用前要特别提醒学生需要注意的事项，避免事故。当一些不安全的观察和实验因教学不可回避时，可采用演示方法或媒体实验来展现，如在观察高压放电考虑电安全问题时可以采用视频资源；再如探究波干涉时，为激发学生认知需求时，可以开发声音碎杯（如图 3－1－2 所示）或鲁本斯火焰管实验（如图 3－1－3 所示），但又考虑安全因素，可以采用演示（或视频）方法来实现。

图 3－1－2

图 3－1－3

4. 简易性原则

当学习的内容与学生熟悉的生活情景越贴近时，学生自动接纳知识程度就越高。开发物理教学资源时，用身边取材容易，制作简便，材料成本低廉，设计贴近生活，现象明显的情景，引导学生领悟物理“源于生活，又用于生产生活”的道理。实现“坛坛罐罐当仪器，拼拼凑凑做实验，简简单单揭道理”，促进学生见物思理，践行物理教学的本源。可以让学生在生活实际中感知，学会从生活实践中悟出相关的道理，解决有关的物理问题。如进行动量定理教学时，可以用海绵、鸡蛋、砖块、瓦片、书本、锤子来做瓦碎蛋全实验（如图 3－1－4 所示），探究电源电动势和内阻时，可以制作水果电池（如图 3－1－5 所示）等等。再如利用废旧可乐瓶、矿泉水瓶可以开发大量的物理小实验，像水火箭、平抛运动探究、完全失重、沉浮实验、全反射光导、制作电容器（用矿泉水瓶、香烟金箔纸、两根导线，在矿泉水瓶的外面粘上一层金箔纸作为一个导体，然后在水瓢内装上水或食盐水作为另外的一个导体，并分别引出两根导线作为两个电极，中间的矿泉水瓶壁作为绝缘层，制作成一个简单的电容器，可以利用感应起电机对学生自制的电容器进行充电，利用验电器检验电容器是否带电，还可以在保证安全的情况下，让全班同学手拉手站成一圈，让其中两位同学各执电容器的两根导线，让同学亲自体验电容器的放电过程。）等。

图 3－1－4

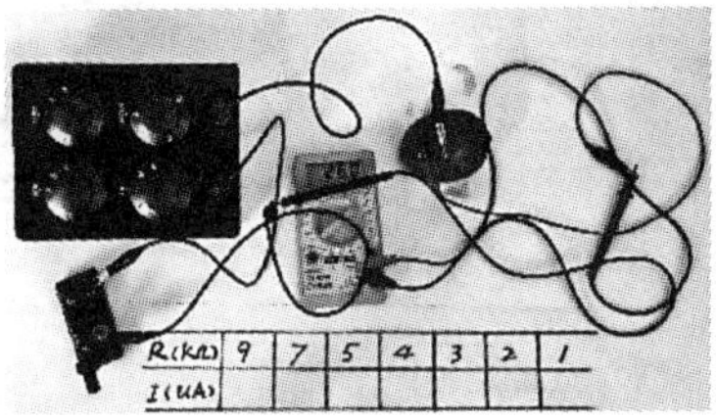

图 3－1－5

5．冲突性原则

物理学是与学生生活及生产实践紧密联系一门科学，学生在建构物理概念、规律之前，总是拥有大量直接参与学习物理学知识的日常前概念（如① 铁球比铝球落下得更快；② 要让箱子保持运动，就得有力不断作用在箱子上；③ 踢出去的足球向前运动，是因为有一个向前的力作用在这个足球上；④ 甲把乙推倒了，说明甲推乙的力比乙推甲的力大；⑤ 冬天在室外摸铁比摸木头凉，这是由于铁比木头的温度低；⑥ 烧水时壶嘴处出现的"白气"是水蒸气等等），但这些往往都是经验性的、零碎的或片面的，需要广泛重建他们的直觉知识才能创造出新的系统知识"建筑"（科学概念、规律）。知识创造是知识的重建，它一定是在一个特定物理问题情境中发生的，开发物理教学资源的一个重要原则就是使学生对某一物理现象的认知结构与真实的物理现象之间的矛盾与冲突，产生问题形成学生探究的内驱力，从而有激发学生的学习兴趣和求知欲。如在进行气体压强教学前可以播放《是真的吗》视频资源中《用几张餐巾纸和高脚玻璃杯可以提起 9 公斤矿泉水瓶》视频（将几张餐巾纸平铺在玻璃板上，并在餐巾纸上洒一些水，将高脚玻璃杯内放点纸燃烧加热，并将其倒扣在餐巾纸上，使高脚玻璃杯、餐巾纸和玻璃板紧密接触，稍冷却后，在玻璃板两侧放上等质量矿泉水瓶，再提起高脚玻璃杯），如图 3－1－6 所示；在进行力平衡教学时，播放《是真的吗》视频资源中《三根火柴棍吊起 9 瓶矿泉水》视频（如图 3－1－7 所示）（这两个实验也可以现场演示，这需要教师要有很强实验技巧）；在学习静电时，用日光灯靠近闪电球，可以看到日光灯不接电也能发光现象（如图 3－1－8 所示）。使学生看到认为不可能的实验成功做成，产生不可思议的认知冲突，从而激起学生"愤""发"。

图 3－1－6

图 3-1-7

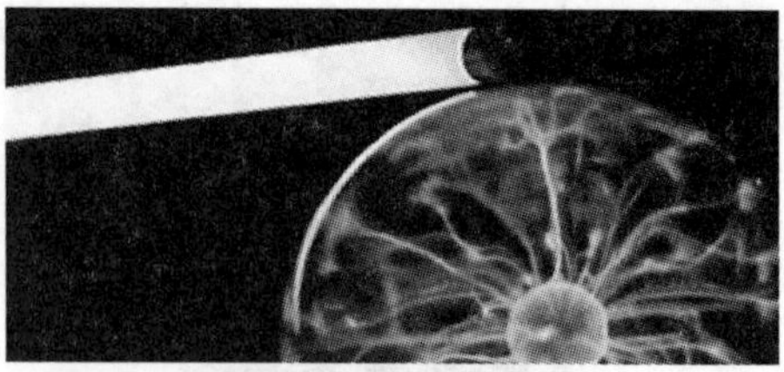

图 3-1-8

6. 具象性原则

在物理学中，物理概念和规律都具有高度的抽象性，概念、规律的成功组合在很大程度上是基于抽象理论提炼的，因为它必须包括现象的相关特征并排除不相关的表面元素，科学概念表述是高度浓缩后的表达，浓缩知识与实际现象间存在很大的差距，与学生前认知的经验也将产生不一致性。物理学中一切理想模型都是一种抽象的理想客体，原则上只能在思维中才能实现（如伽利略的理想实验、质点、点电荷、单摆、理想气体、绝对黑体、纯电阻等），一切理想过程（如自由落体、简谐运动、理想卡诺循环等）都是用理想化方法抽象出来的物理概念（它忽略了所研究的物理事物的次要因素，抓住了影响物理事物的主要矛盾，反映了所研究的物理事物的本质属性）。除了“理想模型”，物理学中还有很多知识具有很强的隐蔽性，难以在物理现象中直觉感知，这都将会严重影响学生对新知识的解构，也深层阻碍对新知识的建构。因此，开发物理教学资源要有一定的具象性（“具象”是指“具体的形象”），运用直观手段，使学生感知形象、鲜明、生动有趣的物理现象，以获取一定的直接经验和感性认知，形成“具象思维”（即指借助具体的物象、具体的形象而展开的思维），引导学生形成过程的清晰表象，丰富他们的感性认知，促使具象与抽象概念相结合，以减少理解抽象概念的困难。例如在最大静摩擦力教学中，由于摩擦力本身的抽象隐蔽性，加上最大静摩擦力的呈现暂态性，会大大地增加学生认知负荷，通过开发图 3-1-9 的静摩擦力演示仪，可以让学生直观观察和感受到静摩擦力和最大静摩擦力的存在。再如学生在学习电动机工作原理时，由于对转换器没有具象感知，通过开发图 3-1-10 对比电动机演示器，可以清楚观察转换器和感知其作用，在观察光现象时开发透明烟雾箱（如图 3-1-11 所示）显示光路，为抽象思维提供具象认知。

图 3-1-9

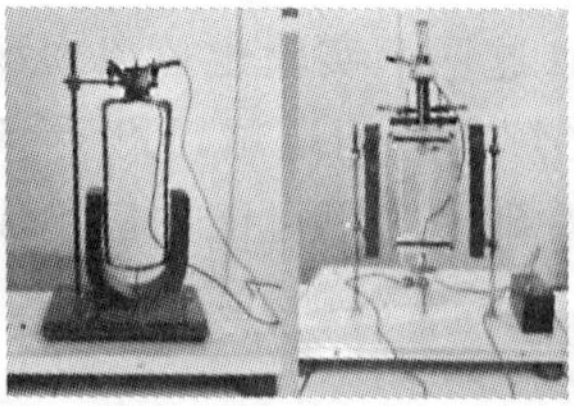

图 3-1-10

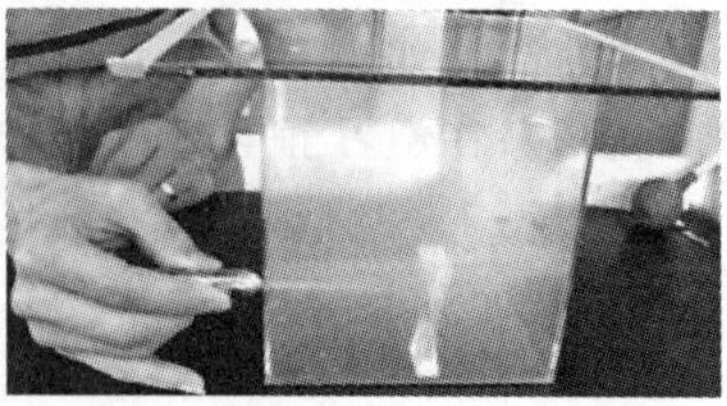

图 3-1-11

7. 节约性原则

开发的物理教学资源要注重节约性原则，通过对教学资源的合理配置、高效和循环利用、有效保护和替代，通过废弃物利用，技术改进、改造使传统教学资源创新升级，尽快淘汰高能耗、高物耗、高污染的落后资源。逐步形成有利于资源持续利用、环境有效保护和节约能源的观念，对培养学生社会责任、能源节约和环境保护意识具有潜移默化作用，这也是物理核心素养的态度与责任等价值观和品格形成的要求。在做静电实验时应从能产生明显静电现象的废旧的旧塑料袋、家电包装泡沫等资源着手开发，如摩擦起电：几乎任何东西跟泡沫塑料摩擦，都可使它带电，用绸布、尼龙、涤纶、塑料薄膜、干净头发等，稍微跟它摩擦一下，即可使它带电，甚至用干燥的手跟它摩擦一下也能使它带电。鉴于它起电容易、带电量又大（尺寸不受条件限制），泡沫塑料板是做“起电盘”盘底的最理想材料之一。还可以用它来做点亮氖气管的实验：手拿氖气管，在带了电的泡沫塑料板上接触，并慢慢移动，在不太暗的地区可看到氖气管闪闪发光，并不时发出“噼噼叭叭”的放电声，将会引起学生极大的兴致；做电学实验时可开发一些节能装置，如水果电池的开发与应用。再如将塑料瓶下侧开一个小孔，瓶中灌入清水，水就从小孔流出。用激光水平射向塑料瓶小孔（图 3-1-12，激光可由激光笔产生），观察光的传播路径，理解光导。

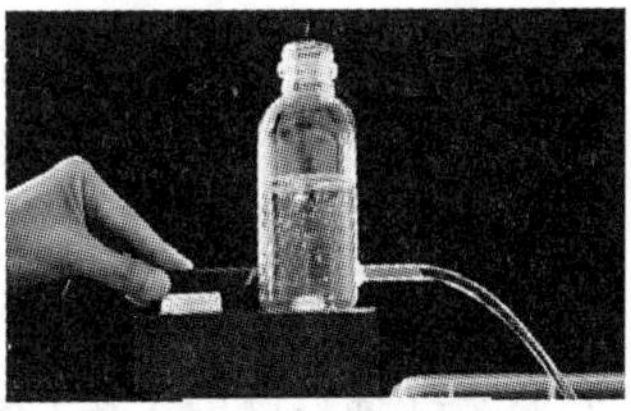

图 3-1-12

8. 工艺性原则

开发的物理教学资源特别是实体教学资源，除了具有上述一些原则外，还要具有一定的工艺性。工艺性是指教学资源要形象生动、色彩鲜明，具有一定的美观感，这样不仅能吸引学生的注意力，还能激发学生对美的追求，提高学生的审美情趣，并且尽量使实体教学资源坚固耐用，可以重复使用下去，帮助培养学生工艺意识，如图 3-1-13 所示，开发的感应线圈制作较为精美。

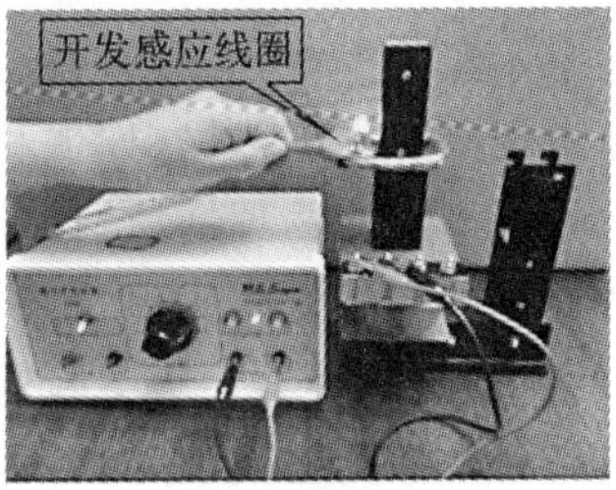

图 3-1-13

9. 工具性原则

物理教学资源不仅是物理认知环境创设的载体，同时还应当是学生认知的工具，开发物理教学资源要体现工具性原则，让教学资源在学生学习时，能帮助学生聚焦、提取有效思维感知信息，及处理信息发挥辅助认知工具作用。如开发传感器资源和挖掘Excel、几何画板等数据处理功能（特别是大数据时代），可以帮助快速采集实验数据信息和处理数据信息，提高问题解决效率。

第二节　多元化物理教学资源的开发途径

多元化物理教学资源是指支持物理教学、创设物理学习环境、为学生提供观察、听讲、阅读等有效输入信息，归纳、分类、演绎、推理、想象……等思维加工素材，解释、交流、评价等输出信息的一切资源组成部分。物理教学资源的开发、整合和利用就是充分利用各种资源（包括实体教学资源和媒体教学资源），保障与提升物理教学的实施质量。物理教学资源的开发存在广阔的空间，为了提高开发的效益、效率和效度，可以遵从以下的途径实施开发。

一、实体教学资源的开发途径

实体教学资源能够创设真实教学环境或学习情境，通过追根溯源还原历史实验，追问物理本源；挖掘器材功能跨界拓展实验，发挥实验器材的效益，创设更多认知情境；分析探究误差根源，改进操作方法，优化实验现象搜集科学信息；具身参与全面感知，丰富感觉、知觉、表象信息素材等开发实体教学资源，可以来弥补学校课程资源、实验室资源和教学环境资源的不足，实现将学生带入真实的探究实践中，让学生经历真实过程，让学习真实发生，培养学生物理关键能力。

（一）追根溯源，还原历史实验

随着技术的发展，物理现象和实验的呈现手段也越来越现代，物理教学往往忽视最原始实验手段和方法，而这些又是科学家们奠基物理学建立过程中，所依靠的最原始观察现象和推理依据（如伽利略斜面实验“冲淡重力”实验），经过重新开发还原历史实验，溯源真实的物理情境，让学生亲身经历一个经典的环节完备的完整的科学探究过程，从而让学生切切实实感受到了伽利略对在科学研究时不怕困难、锲而不舍、执着勇敢的伟大精神，同时学生从实验的设计、操作过程中也体验到了成功的喜悦，让学生真正体验到科学探究之美。对发展学生物理必备品格和关键能力会起到意想不到的效果。

【案例一】

还原滴水计时（水钟）实验

1. 历史溯源

水钟在中国又叫作“刻漏”“漏壶”。根据等时性原理滴水记时有两种方法，一种是利用特殊容器记录把水漏完的时间（泄水型），另一种是底部不开口的容器，记录它用多少时间把水装满（受水型）。中国的水钟，最先是泄水型，后来泄水型与受水型同时并用或两者合一。自公元 85 年左右，浮子上装有漏箭的受水型漏壶逐渐流行，甚至到处使用。

2. 还原水钟

(1) 原理　在一定的装置里，水能保持以相对稳定的速度往下流，容器内的水面随水的流出而下降，根据液面下降的高度就可以测出时间。

(2) 器材　带刻度的细长玻璃管、铁架台、试管夹、橡胶软管、止水夹、玻璃管末端的调节阀，烧杯两个、盛水器皿、红墨水。

(3) 实物图　如图 3－2－1 所示。

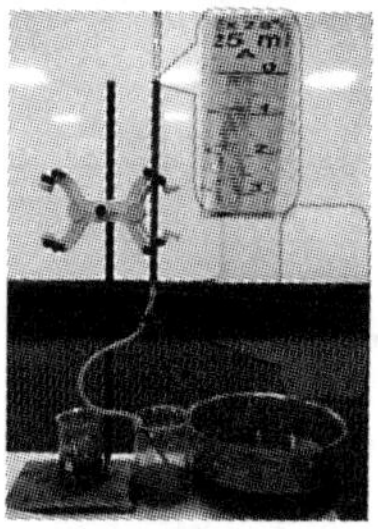

图 3－2－1

(4) 测定　利用秒表持续测定长玻璃管中流失水的体积与所用时间的关系，测量数据如表 3－2－1 所示，作流失水体积与时间的关系图像，如图 3－2－2 所示。

表 3－2－1　流失水的体积与时间的关系

	1	2	3	4
流失水的体积/mL	5	10	15	20
时间/s	2.1	4.6	7.5	10.4
恒定水流理论时间/s	2.1	4.2	6.3	8.4
偏差	0	9%	16%	19%

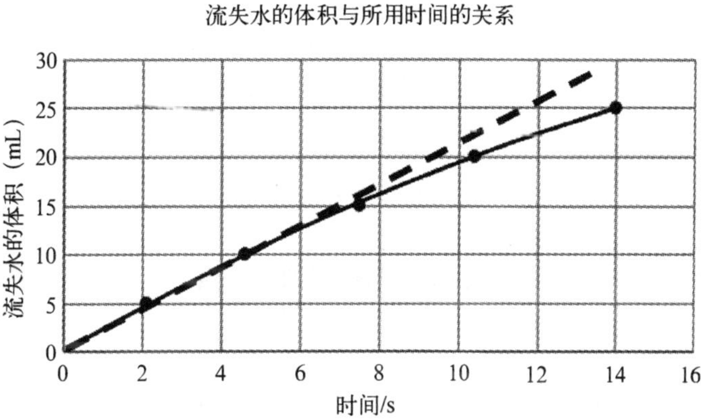

图 3－2－2

由表 3－2－1 和图 3－2－2 可以看出，长直玻璃管流水速度并不是呈线性关系，随着液面下降，压力降低，水流速度变慢，流速与线性关系偏差较大，在进行滴水计时误差较大，所以必须进行纠偏。

(5) 纠偏　每次测量时保持起始液面相同，即每测量一次需要加注水至起始液面。

纠偏后实验结果(如表 3－2－2 和图 3－2－3)表明，若每次测量时都使初始液面保持相同，每次流失水的体积相差不是太悬殊的话，流失水的体积与时间关系可以近似看成线性关系，这样就可以用流失水的体积来表示时间。

表 3-2-2 纠偏后流失水的体积与时间的关系

	1	2	3	4
流失水的体积/mL	5	10	15	20
时间/s	2.0	4.2	6.4	8.6
恒定水流理论时间/s	2.0	4.0	6.0	8.0
偏差	0%	5%	6%	7%

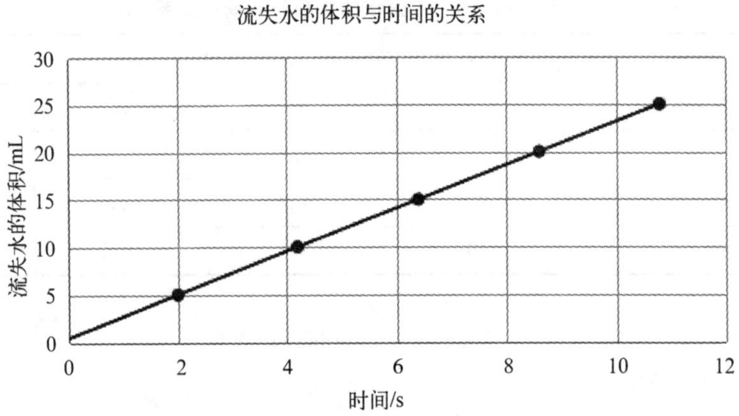

图 3-2-3

【案例二】

还原“冲淡重力”实验

1. 溯源

伽利略在《关于两门新科学的谈话和数学证明》中介绍了斜面装置：“拿一块 12 肘长、半肘宽、3 指厚的木板。靠它的边缘刻一道约略大于一指宽的小槽，把这个槽做到尽可能的直和光滑，里面垫上尽可能光滑的羊皮纸。然后拿一个硬的、光滑的、极圆的铜球，放在槽横内去滚。将这块木板放在倾斜位置，使一端比另一端高一肘或二肘，再将铜球沿槽滚去……”。还原实验：利用 3 m 长铝合金导轨进行冲淡重力实验（如图 3-2-4 所示），邀请三位学生协同

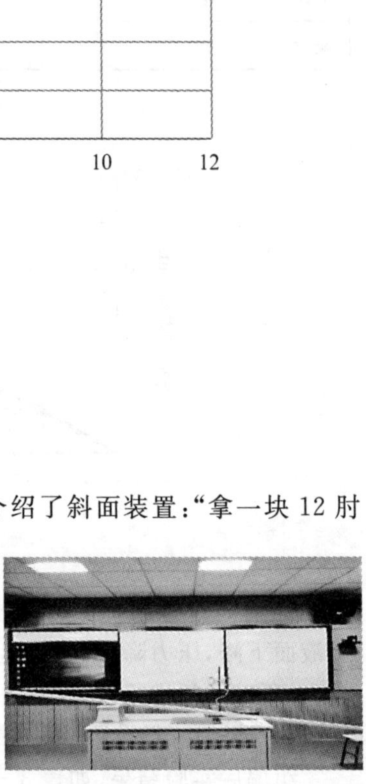

图 3-2-4

完成实验，学生甲负责操作水钟计时，学生乙负责释放小球，学生丙负责发布起止口令，教师负责记录数据。

2. 实验过程

（1）将导轨平放在实验台上，一端垫高，形成一个较小倾角的斜面，学生丙位于2.5 m位置处，发出“开始”指令，同时学生乙将钢质小球从0刻度线处由静止开始释放，学生甲开始水钟计时。当小球运动到2.5 m刻度线稍前位置处时，学生丙发出“停止”口令，同时学生甲停止水钟计时，读出流失水的体积（时间），教师记录在表3－2－3，上述操作重复测量一次，取平均值并进行记录。改变测量长度，分别测量出小球经过2 m，1.5 m时流失水的体积（时间），记录在表3－2－3。

（2）参照上述（1）操作过程，不改变斜面倾角，换一个较大的小球，分别测量出小球经过2.5 m，2 m，1.5 m时流失水的体积（时间），记录在表3－2－4。

表3－2－3　小球在较小倾角下位移与时间关系

位移 x/m	2.5	2.0	1.5
第一次测量 t_1/mL	8.30	7.50	6.30
第二次测量 t_2/mL	8.50	7.20	6.30
平均值 t/mL	8.40	7.35	6.30
$t^2/(\text{mL})^2$	70.56	54.02	39.69
比值$\frac{x}{t^2}$	0.04	0.04	0.04

（3）参照上述（1）操作过程，增加斜面倾角，取较小的小球重复上述实验，记录在表3－2－4。

（4）分别计算出表3－2－3，表3－2－4，表3－2－5中 t^2 与$\frac{x}{t^2}$比值。

3. 实验结论

对比表3－2－3，表3－2－4的$\frac{x}{t^2}$值，在相同的倾角下，不同质量小球的$\frac{x}{t^2}$比值在误差允许范围内相等，从而证明了 $v \propto t$，且不同质量的小球运动速度一样快。

表3－2－4　大球在较小倾角下位移与时间关系

位移 x/m	2.5	2.0	1.5
第一次测量 t_1/mL	8.00	6.90	6.00
第二次测量 t_2/mL	7.90	7.00	6.20
平均值 t/mL	7.95	6.95	6.10
$t^2/(\text{mL})^2$	63.20	48.30	37.21
比值$\frac{x}{t^2}$	0.04	0.04	0.04

表 3-2-5　小球在稍大倾角下位移与时间关系

位移 x/m	2.5	2.0	1.5
第一次测量 t_1/mL	6.90	6.20	5.50
第二次测量 t_2/mL	6.80	6.10	5.30
平均值 t/mL	6.85	6.15	5.40
$t^2/(\text{mL})^2$	46.92	37.82	29.1
比值 $\frac{x}{t^2}$	0.05	0.05	0.05

通过对比表 3-2-4、表 3-2-5 可以看出，当倾角越大时，$\frac{x}{t^2}$ 比值越大，小球运动速度就越快。

点评：该实验是物理学十大最美实验之一，利用最简单的仪器，发现最根本的科学道理，建立最根本的科学概念，回归实验探究的本源。同时伽利略率先采用“用实验检验猜想”的科学方法，也是经典实验之美的体现。

(二) 挖掘功能，跨界拓展开发

实体教学资源开发时，进行相关器材和实验器材本身研究，理解和掌握器材的工作原理，深度挖掘其所有功能，可拓展其应用的新途径，如手机无线充电器、电磁炉、微波炉的工作原理都是电磁感应，可以开发很多兴趣实验，驱动学生学习的认知投入，图 3-2-5 是利用手机无线充电器使二极管发光的实验；游标卡尺是精密的长度测量仪器，由于卡脚可以调成狭缝，利用它可以开发观察光的衍射现象(先将测脚的缝宽调到 0.1 毫米，使尺的背面朝向自己，缝与点亮的日光灯管平行，一只眼从缝处观察灯管，上下移缝的位置，直至观察的衍射条纹最宽、最清晰为止。先观察灯管上方的衍射条纹，明暗相间。看明亮部分，红、橙、黄、绿、蓝、靛、紫的排列顺序是从上至下。而灯管下方的彩色条纹，从红到紫的排列顺序是从下至上。)；开发利用激光教学演示仪发出的激光和平面镜可以放大观察桌面的微小形变(如图 3-2-6 所示)；等等。

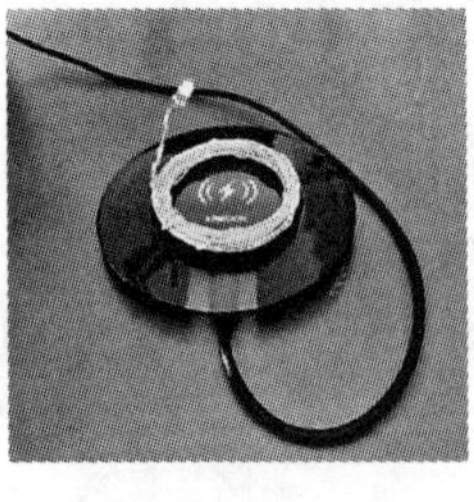

图 3-2-5

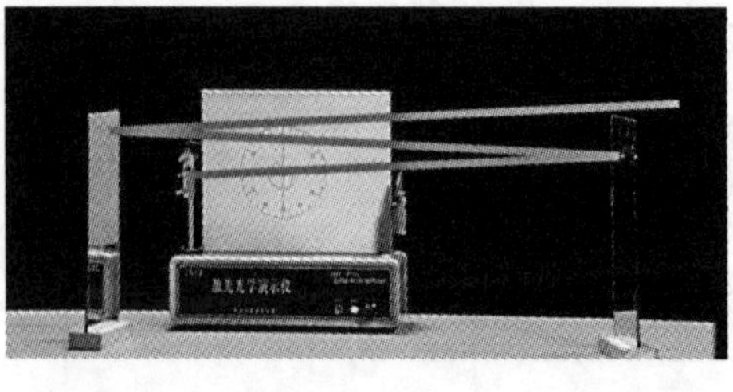

图 3-2-6

【案例三】

用电磁打点计时器做波的干涉实验

传统的《波的干涉》教学是通过发波水槽实验获得的，实验通常存在如下问题：(1) 该实验现象受环境(光线)限制，效果不佳；(2) 该实验只能观察到明暗相间的干涉条纹，很难直接观察到介质中某质点(如加强点或减弱点)的振动(如位移变化)情况；(3) 波的干涉理论的基础实验——波的叠加(绳波)实验(在常规情况下)几乎不可能做成功，而且实验现象转瞬即逝，学生很难观察清楚。针对实验中存在的问题，可以利用电磁打点计时器振动原理开发振源，改进实验来弥补不足之处。

1. 实验原理

受驻波实验的启示(一列波在向前传播的途中遇到障碍物或者两种介质的界面时，行进波和反射波相互叠加就会形成驻波。可以认为驻波是一种特殊的干涉现象)，将反射波改为起振波源(如图 3－2－7 所示)，用两个电磁打点计时器产生相干波，并使两相干波在同一直线弦绳上沿相反方向传播时叠加，将会产生干涉现象。波的干涉理论的基础实验——波的叠加(绳波)实验(在常规情况下)几乎不可能做成功的原因主要是振源能量供给不足及传播绳自身重量太大而造成的，现改用电磁打点计时器和轻质弦绳，将能克服实验几乎不可能做成功的困难。

图 3－2－7

2. 实验器材

电磁打点计时器 2 个、轻质细弦绳(2～3 m)1 根、学生用交流电源 1 台、变频交流电源 1 台、开关 2 个、固定螺旋夹 2 个、导线若干。

3. 实验过程与现象

(1) 将两电磁打点计时器沿一直线固定在课桌边，并将轻质弦绳两端分别拴固在两个电磁打点计时器的振片上(弦绳拴固不能拉紧，稍呈松弛状)；

(2) 将电磁打点计时器按图 3－2－8 所示接入电路；

(3) 合上开关 K_1、断开开关 K_2 时，观察波沿弦绳传播现象(弦绳振动形成单列行波，现象不明显)；

(4) 合上开关 K_1、K_2 时，观察相向传播的相干波相遇叠加产生的干涉现象(波叠加现象明显，如图 3－2－9 所示)。

说明：① 现象虽然同经单列波反射与行进波叠加产生的驻波现象相同，但观察者可与(3)中现象比较，直接感受到的是两个振源产生的波的叠加，而不是由于波反射形成的，便于理解波的干涉现象；② 取弦绳上 A 点，较长时间观察，可看到 A 点为加强点，振幅最大，但位移是变化的；③ 取弦绳上 B 点，较长时间观察，可看到 B 点为减弱点，振幅最小，以达到理解加强与减弱的意义。

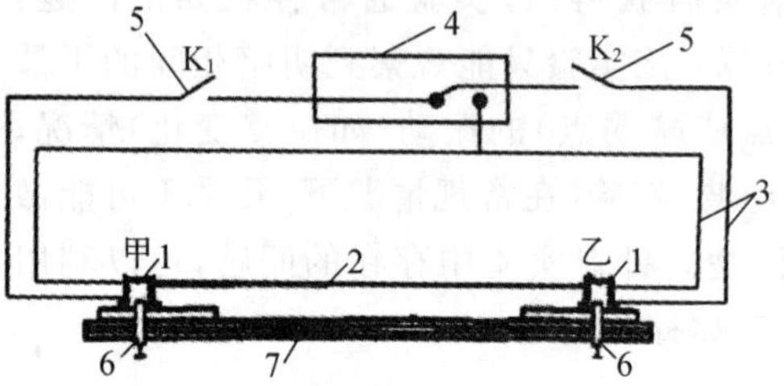

图 3-2-8

1. 打点计时器　2. 轻质弦绳　3. 导线　4. 4～6 V 学生用交流电源　5. 开关　6. 固定螺旋夹　7. 课桌

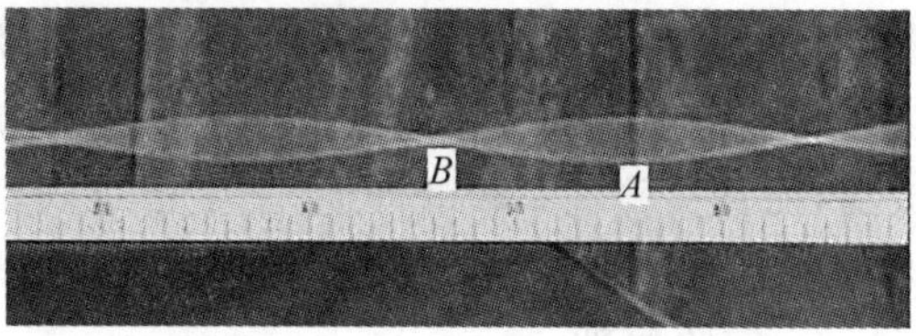

图 3-2-9

(三) 现象和误差探源，改进开发策略

物理实验资源是物理教学资源的重要和主要的组成，开发教学资源目的之一，是用来弥补实验室资源不足，以及改善实验现象不明显及减少实验误差和提高实验信息收集精准度，例如，① 开发利用乒乓球和水杯辅助观察敲击音叉时音叉会振动(弹开悬挂的乒乓球、溅水)现象(如图 3-2-10)，达到放大学生很难看到的微小振动；② 分析利用传感器做玻意耳定律实验探究误差产生的原因是注射器与传感器连接管气体没计入而产生的误差(图 3-2-11)，实验时应开发运用大容积的注射器，在实验过程中，气体的体积不宜压得太小，这样可使那一部分的体积可以忽略不计；③ 在探究碰撞中动量守恒的实验中，由于实验用光电门测量物体碰撞前后的速度时，往往测碰后速度是让物体在轨道上运动一段距离后的测定，由于轨道摩擦的原因而产生误差，开发运用时可以改进光电门安装位置，实现碰撞后立即测量(图 3-2-12)；④ 探究牛顿第二定律实验误差主要来自摩擦和用砂桶及砂子(或托盘和砝码)重力来替代小车拉力而产生的，开发可以通过平衡摩擦和改装直接测(用弹簧测力计或传感器或无线力传感器)拉力(如图 3-2-13 或图 3-2-14 所示)。

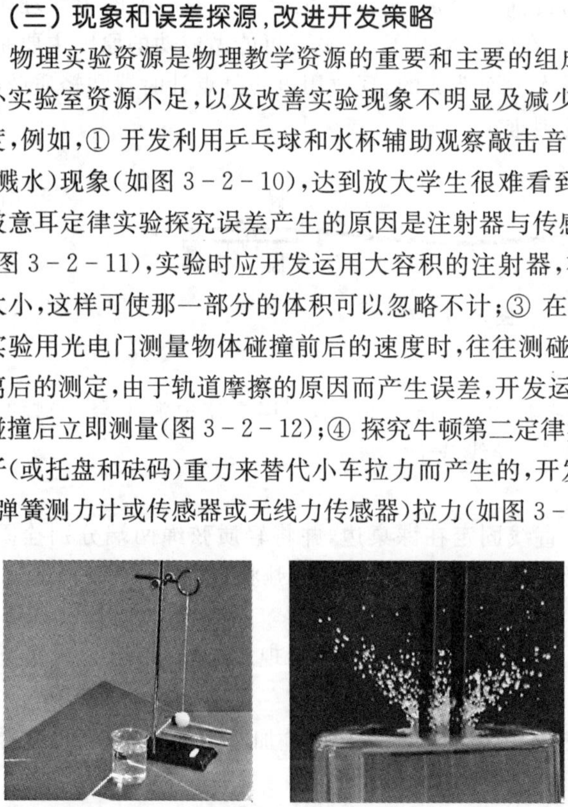

图 3-2-10

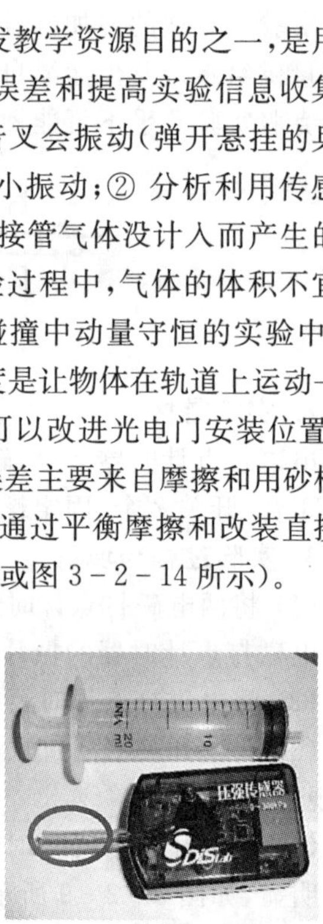

图 3-2-11

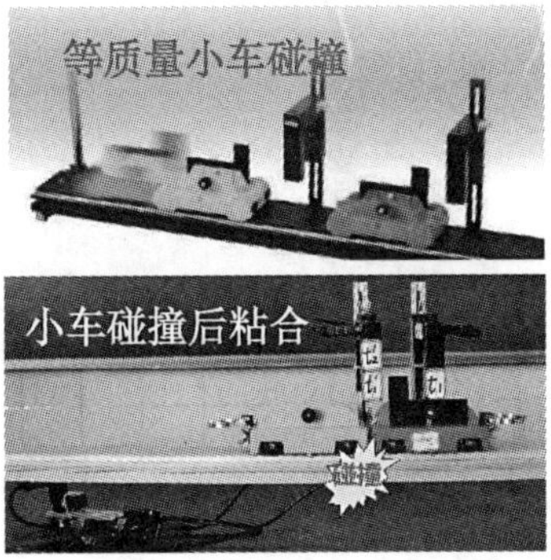

图 3-2-12

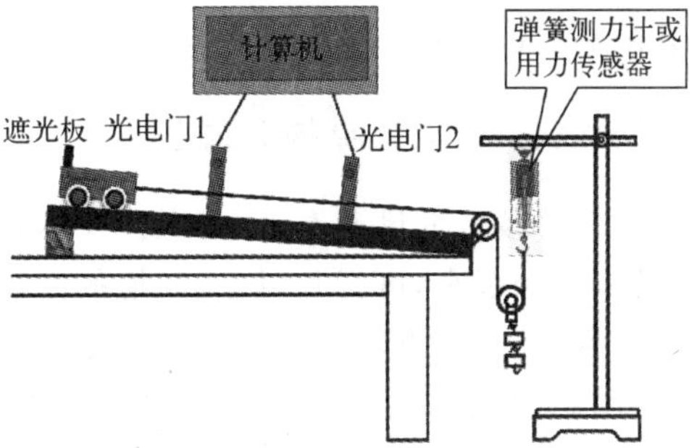

图 3-2-13

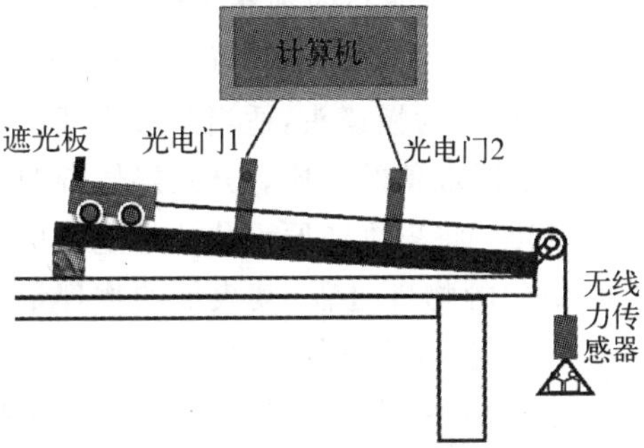

图 3-2-14

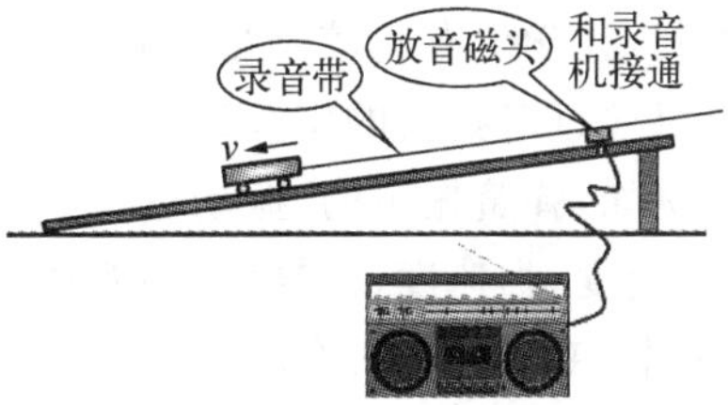

图 3-2-15

(四) 具身分析，改进感知“视角”

具身认知认为，学习是学习者对环境的感知和作用于环境的行为之间互动的结果。认知依赖于环境，知识的意义建构必须在特定学习环境中完成。为有效促进学习者的具身体验，开发教学资源是为构建具有真实世界感官性能的稳定、连贯的学习环境，即要根据人的知觉特点和资源的具身性质合理设计学习环境的视觉空间、听觉空间、嗅觉空间、触感阻力和压力等，让学习者获得更多的“在场”感觉，增进具身认知的参与性，资源开发可从调动学生身体各种器官的感知体验寻找途径。如“加速度”的教学中通常通过实验观察比较分析，联想类比概括定义建构加速度概念，学生对如何描述运动速度变化的快慢体验不深刻，缺乏具身经验，可通过开发听觉感受，如图 3-2-15 所示，通过录有一个固定频率的乐音磁带，在加速小车带动下，改变单调产生听觉刺激，来增加对速度变化的感知。在探究楞次定律时，为深度理解“阻碍”意义，开发铝管落磁实验，通过听和看来比较木块和钕磁块穿越铝管现象，获得感知信息（如图 3-2-16

图 3-2-16

所示)；对声音感知除听的效果外，也可以通过示波器开发看的效果(如图 3-2-17 所示)。

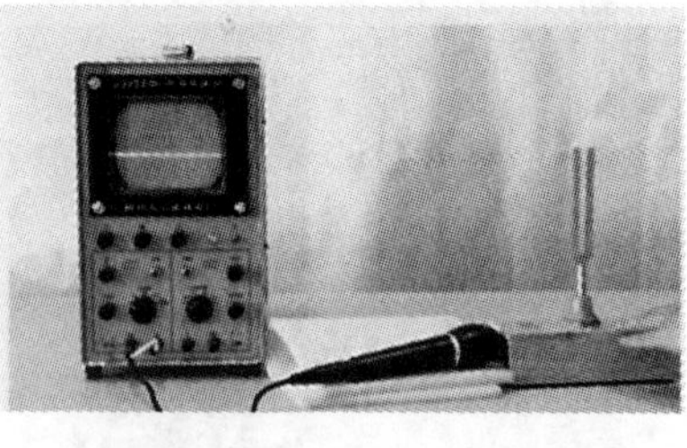

图 3-2-17

二、媒体教学资源的开发途径

随着信息技术的迅速发展，多媒体技术把视频、音频、动画结合起来，可突破时空、环境的限制，把一些难以呈现、甚至一些无法、不易演示的实验(如微观过程、动态过程等)，可通过开发媒体资源实现课堂再现。

(一) 模拟物理实验、实现延迟判断

自然界中，有许多稍纵即逝的物理现象，只有通过极为细心的观察才能把握，经过认真的分析才能理解，然而对于观察能力还不够强的学生来说，却是件很困难的事情，要想在教学中达到良好的效果，就必须把这样的快镜头变为慢镜头，适当延长物理过程的时间，让学生有比较充裕的时间进行观察和分析，掌握现象的本质。开发媒体资源途径可以通过对真实的实验过程进行模拟，实现延迟判断，将思维还原稚化让学生经历过程。例如，弹簧振子的“振动过程”，这是一个瞬时变化的物理过程，其表征的物理量如位移、速度、加速度、回复力、动能和势能等都在不断地变化，比较复杂，使用传统方法把“多因素”变化分解成有时间先后的“单因素”变化进行描述，学生再在自己的头脑中把这些有先后顺序的“单因素”序列还原为同时进行的“多因素”变化的物理图景，这对学生来说都是一个非常困难的表达过程。通过教师的“专家”理解开发设计中，若将矢量的大小、方向用带箭头的线段表示，并可重复选择观察任意一个物理量的周期性变化，也可以同时观察各个物理量的连续变化情况(如图 3-2-18 所示)，必将有利于学生在头脑中建立起简谐运动完整的物理图景。再如，讨论“平抛运动”时，势必要介绍闪光照相，而这一巧妙的物理研究手段在课堂上是难以演示的，开发模拟课件(如图 3-2-19 所示)可有效地解决这个问题。

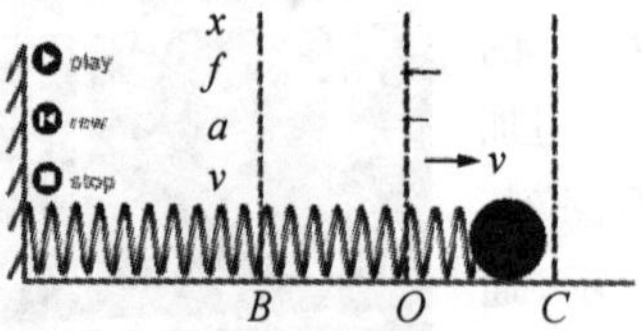

图 3-2-18

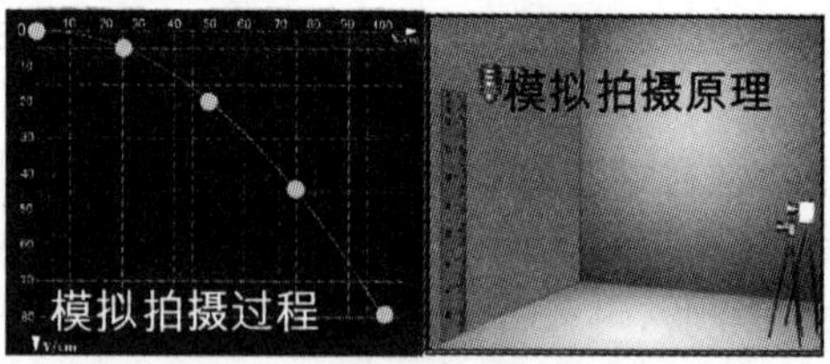

图 3-2-19

还有一些传统的演示实验，有如准确性差、过程模糊、受控因素多等缺点。可以在发挥传统手段优势的基础上，结合多媒体技术手段，开发模拟媒体资源可以达到更好的

效果。如“用砂摆显示简谱运动的图像”实验，成功率往往较低，过程难以控制，通过对实验的真实和开发相近演示媒体模拟实验相结合（如图 3－2－20），会使学生对知识的理解更自然、更真实、更透彻、更深刻。

（二）模拟微观场景、类比宏观呈现

物理学中许多微观结构和微观现象既看不见，又摸不着，演示实验也无法做成。传统教学中，只能靠挂图、板画及教师的语言进行。然而，这样的情景却难以让学生理解。依据“专家”的理解类比开发动画媒体资源，应用物理课件配合教学，这些困难就迎刃而解了。如对气体压强的微观解释可以通过对抽象文字解释意图，先转化用黄豆和电子台秤模拟碰撞产生压强，再转化开发气体分子碰撞虚拟模拟呈现，可给学生形象感知，降低学生认知负荷（图 3－2－21）。再如 α 粒子散射实验、普朗克黑体辐射实验 、光电效应产生机理、原子的核式结构模型、氢原子光谱和玻尔的原子模型、天然放射现象等都可以通过这一路径开发。

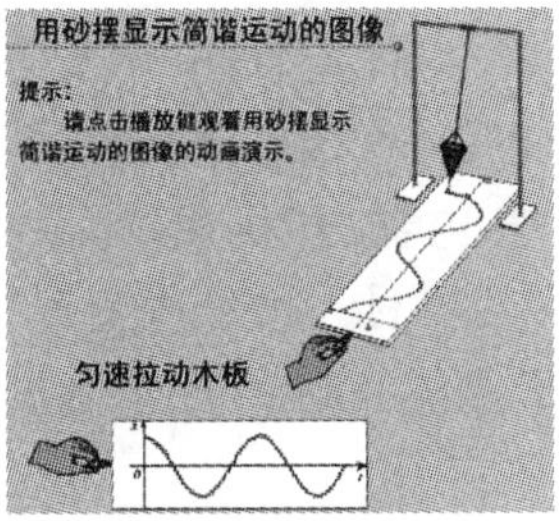

图 3－2－20

图 3－2－21

（三）通过开发视频、拓展教学时空

物理视频资源是重要的物理媒体资源，这类资源开发随着手机相机功能的日益强大，可以对学生参与的社会实践活动、科技体验活动等隐含物理知识随时拍摄，实现媒体资源开发，如跳楼机失重场景拍摄（图 3－2－22）。视频类媒体资源开发途径还有对电视新闻、体育类报道、科技类节目（如央视《加油！向未来》《走近科学》《是真的吗》等）及电影等相关视频剪辑，如航天类视频、太空课堂（图 3－2－23）是万有引力与宇宙航行和超失重教学内容的好资源，《是真的吗》中磁悬浮（图 3－2－24）是电磁现象资源，等等。

图 3－2－22

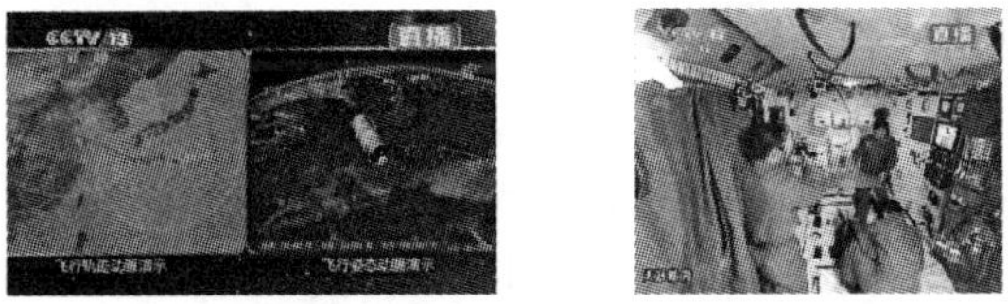

图 3－2－23

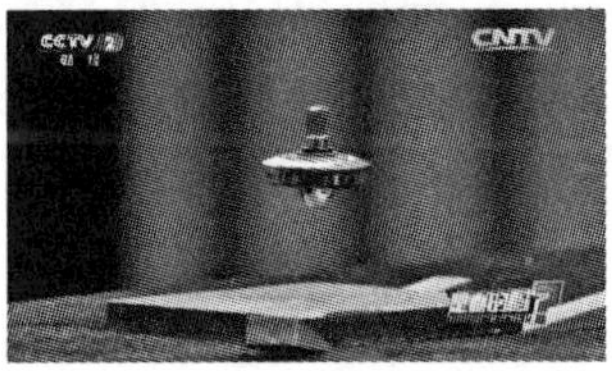

图 3－2－24

(四)挖掘软件功能、开发工具资源

随着大数据时代的到来,强大的数据分析软件毫无疑问也是物理重要的媒体资源,因此,做好挖掘软件功能是开发特色教学工具资源的有效途径,如对Excel、几何画板等功能挖掘,可以实现数据的数形转换,提升学生数据处理分析能力,可以丰富物理规律的表达方式,加深对物理规律的深度理解,进而实现探究物理规律。

第三节 多元化物理教学资源的开发典例

根据多元化教学资源开发的原则和途径,本节列举几个典型开发案例,供大家借鉴和启迪。

一、用简易生活废旧器材开发实体实验

朱正元先生、刘炳升教授、陶洪教授对于物理实验开发都提倡"坛坛罐罐当仪器,拼拼凑凑做实验"。生活中废旧矿泉水瓶、包装用的泡沫塑料、充电器、耳机线均是可以"变废为宝"的材料,手机、音箱、电磁炉、导线均是"唾手可得"的器材。用这些资源"拼拼凑凑"进行实验,不仅增强了师生的环保意识,而且有助于形成正确的科学态度与责任。

(一)用矿泉水瓶开发实验

1. 演示"失重现象"

取一只旧塑料矿泉水瓶,在瓶的一端侧壁上钻几个小孔,用手指堵住小孔,向瓶中装满水(向水中滴几滴红或蓝墨水,便于看得更清楚),松开手指,则水就会喷射出来,这是水的重力产生的压强对瓶壁的作用。如果松开了拿瓶的手,让瓶自由下落,这时可以看到水立即停止喷出,这是因为正在自由下落的水处于完全失重状态,水层之间不再存在压力,故水不会从孔中流出,这就验证了水的失重现象(如图3-3-1)。

2. 演示"反冲现象"

实验器材:矿泉水瓶、气筒、自行车气门、铁丝、橡皮塞、水等。如图3-3-2所示,在瓶中装适量的水,塞好瓶塞后放在发射架上。用气筒向瓶内打气,瓶内上方气体压强达到一定程度,高压气体将水和橡皮塞从瓶口压出,利用水的反冲作用把瓶推向高空,可演示反冲现象(在牛顿第三定律和动量守恒教学中运用)。

3. 光导演示器

取一旧矿泉水瓶,用电烙铁在靠近底部附近开一小孔,并取一小段塑料吸管用玻璃胶水平焊接在小孔处,用激光笔对准小孔发光,在矿泉水瓶注满水时,让水沿小孔处流出,会清楚看到光导现象(如图3-3-3所示),为光的全反射和光导纤维教学提供情境素材。

图 3-3-1

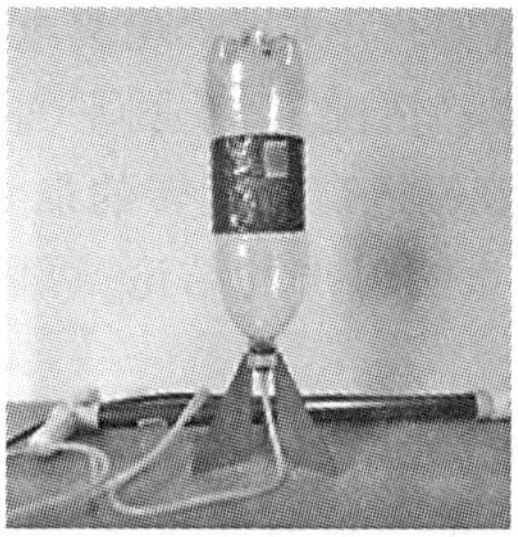

图 3-3-2

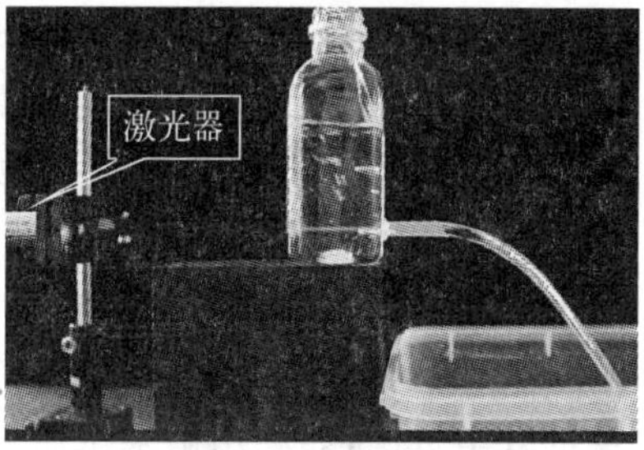

图 3-3-3

4. 简易验电器

将干净矿泉水瓶用吹风机吹干，将塑料吸管穿过橡胶瓶塞，再把铜丝穿过吸管，铜丝在瓶子里的一端弯成钩状，钩子上放上烟盒内锡箔纸剪成的细条（长约 5 cm，宽约 1.5 cm）。为了保持干燥，防止静电释放，瓶子里还需要放些干燥剂，这样利用密封干燥的矿泉水瓶就制成了简易的验电器。实验时，将带电体接触验电器外露的铜丝一端，可以看见铜丝下端的两片锡箔张开，可以检测到静电的存在（如图 3-3-4 所示）。

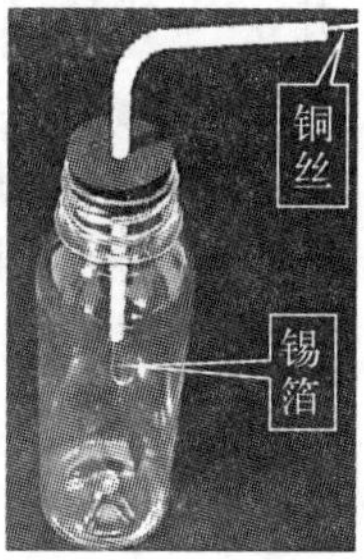

图 3-3-4

5. 演示探究"法拉第电磁感应定律"

"法拉第电磁感应定律"课堂教学中，需要演示感应电动势与磁通量变化量、感应电动势与磁通量变化快慢之间的定性关系。传统方法是用教材中"楞次定律"的实验重做演示实验。实验时发现无法准确控制磁通量变化量一定和变化时间一定，而且随意性的实验演示缺乏规范性，在此基础上的推理缺乏严谨性。可用拆卸变压器线圈 1 只、教师用木制三角板、上端剪去开口有底的透明矿泉水瓶、条形磁铁、宽透明胶带、灵敏电流计、导线 2 根开发实验实施改进。如图 3-3-5 所示，用宽透明胶带把线圈固定在三角板的直角端点处，用导线把灵敏电流计与线圈连接好，把三角板的另一端搭在铁架台支架上即可。实验时：(1) 用胶带把包装盒固定在三角板的长直角边上，条形磁铁放在有底的透明矿泉水瓶内，控制磁铁每次在瓶内下滑的起点不变（保证磁通量变化一定），改变三角板与桌面之间的角度（倾角越大，下滑越快，时间越短），观察电流计偏转的最大角度，发现：三角板与桌面之间角度越大，磁铁下滑越快，感应电流越大；(2) 三角板与桌面之间的角度固定不变（下滑时间固定，磁铁与线圈间的作用力变化的影响可忽略不计），改变矿泉水瓶相对线圈的位置，控制磁铁每次在盒内下滑的起点不变，从而改变磁通量变化的大小（如图 3-3-6 所示，选取条形磁铁磁感线轴向分布

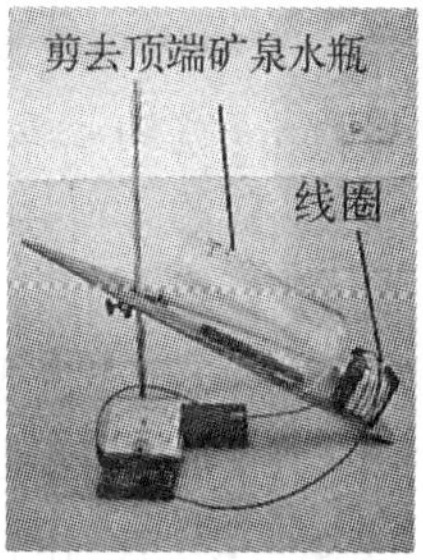

图 3-3-5

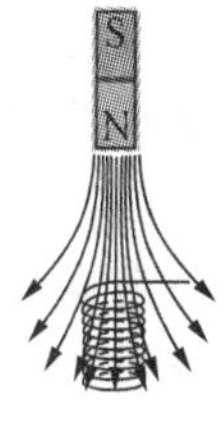

图 3-3-6

的不同阶段的相同距离，线圈中磁通量变化不同）。观察电流计偏转的最大角度，发现包装盒离线圈越近时，磁铁运动相同位移情况下，线圈平面内磁通量变化越大，感应电流越大；(3) 仅改变线圈的接入匝数，观察电流计偏转的最大角度，发现接入匝数越多，感应电流越大。总结以上三个控制变量法得出的结论，可以定性得出感应电动势与磁通量变化率及匝数之间的关系。

小结：矿泉水瓶是随手可得的材料，利用它可开发众多的演示初、高中物理实验现象的教学资源，如利用矿泉水瓶可以开发演示惯性现象、影响压力作用效果的因素、大气压强的存在、液体内部压强与深度有关、浮力产生的原因、物体的浮沉条件、光的折射、声音传播、静电现象、物态变化等等，只要用心开发，会有不同惊喜。

（二）用矿泉水小桶开发大磁场空间

电磁学中由于实验器材产生磁场空间小的局限性，很多电磁实验很难完成，如“探究感应电流产生的条件”实验中，闭合回路的部分导体“切割磁感线”而磁通量不变，不利于说明面积的改变这一因素。为解决这些问题，可用矿泉水桶（桶直径约 27 cm）2 只、漆包线（直径 0.71 mm）约 700 m、装修用塑料板 50 cm（可用木板代替）、滑动变阻器（50 Ω）、电动自行车充电器（36 V，提供较高电压直流电，增强匀强磁场强度）或直流稳压电源、两片细木板、螺丝钉 8 只、宽透明胶带、软质线圈、灵敏电流计、开关、导线若干等开发大空间磁场空间。

用钢锯把两只桶从适当处锯开获得如图 3－3－7 所示两段，用锉刀把锯口打磨平整以免实验操作时伤手，再利用两段桶的凹槽部分（宽约 8.5 cm）按照同一方向缠绕漆包线，每一只桶分别缠绕四层（约 400 匝），为了保护漆层，每层漆包线外用宽透明胶带缠绕一层. 把绕制好的两只大螺线管导线串联起来，并用两条细木板通过螺丝钉连接固定如图 3－3－7 所示。两段桶间留一定的距离（约 15 cm）以保证一只手方便操作为宜，塑料板铺放在其间充当线圈运动的操作台。漆包线线头均用细沙纸除去漆层。用带鳄鱼夹的导线把电动自行车充电器或直流稳压电源正负极与图 3－3－7 中两接线头相连。如在“探究感应电流产生的条件”实验时做如下操作。

图 3－3－7

1. 把电动自行车充电器（或稳压直流电源）、开关、滑动变阻器、自制大螺线管连接成回路，软质线圈与灵敏电流计组成另一回路。

2. 接通电源，闭合开关，仅把软质线圈沿着操作台平移进磁场区域过程中，发现有感应电流产生，学生认为此现象可以用“切割”理论解释。线圈继续进入匀强磁场区域移动，没有感应电流产生，切割理论解释碰到困难，发生认知冲突！激发学生猜想：感应电流的产生与磁场变化有关。然后再断开、闭合开关或者改变滑动变阻器阻值来验证猜想。

3. 闭合开关,保持自制大螺线管中电流不变,则匀强磁场磁感应强度不变,只改变软质线圈面积,发现也会有感应电流,得到结论:闭合线圈的面积变化也可以引起感应电流。进而转动线圈实现线圈平面与磁场之间角度的改变,也有感应电流产生。对其他需要大空间磁场的实验同样可以运用。

图 3-3-8

(三) 用旧泡沫塑料开发实验资源

泡沫塑料是包装用材(大多由聚苯乙烯泡沫塑料组成,如图 3-3-8 所示),泡沫塑料是起电、绝缘、绝热、塑型、防震等方面的好材料。

1. 开发起电材料:泡沫塑料有良好的起电性能,几乎任何东西跟泡沫塑料摩擦都可起电,用绸布、化纤布、尼龙、涤纶、塑料薄膜、毛皮、干净头发、甚至干燥的手等,稍微跟它摩擦即可带电(聚苯乙烯泡沫塑料均带负电)。且起电电压很高,能在距指针验电器的金属杆 30 cm 处就开始放电,使验电器的金属杆带上跟泡沫塑料上所带电荷相同的电荷,而张开一个角度,接触时张开的角度可大于 60°角。用摩擦过的泡沫塑料吸引纸屑,可在 30 cm 的距离之间产生纸屑跳舞现象。

2. 做绝缘底座和绝缘塞:泡沫塑料的绝缘性能很好,可以用它来做静电仪器的绝缘部件,或用来做绝缘垫板。在演示平行板电容器的电容跟介电常数的关系时,取泡沫塑料板为介质,在把它插入和取出时,跟带电平行板连接的静电计会有较明显的反应。正是由于泡沫塑料具有很好起电和绝缘性能,用它甚至在空气比较潮湿的情况下,用泡沫塑料起电仍能得到理想的效果(其性能远优于硬橡胶棒的起电效果),可一定程度上克服因天气潮湿不能静电实验的困难。在演示电场线和演示光电效应的实验中,用泡沫塑料作绝缘材料都能得到理想的实验效果。

3. 开发塑型实验资源:泡沫塑料包装板具有极易裁剪的可塑型性能,可为实验开发所需不同形状轨道、模具等提供方便,如在探究圆周运动中力学关系时,辅助台秤观察小车过凸、凹桥压力变化实验,可以用泡沫塑料制作凸、凹桥(如图 3-3-9 所示)。

图 3-3-9

利用泡沫塑料的绝热、防震等性能,还可以开发热学及减震资源等等。可使氖管产生辉光。

(四)用旧家电开发演示实验

家电是根据物理原理应用而制造的,家电的每一零部件都包含一定物理原理,合理开发废旧的家电为物理创设资源,一会变废为宝节约资源,提高学生责任意识;二会增加学生的亲近感,激发学习兴趣。

1. 利用扬声器开发振动源

利用旧录音机、收音机等废旧家电上拆下的扬声器演示声音是发声体振动产生的:将扬声器接到信号源上并平放在桌面上,然后在扬声器上放一张纸,撒上若干泡沫颗粒或在扬声器内放一些谷物;接通扬声器,就可以发现泡沫颗粒(或谷物)会随着扬声器发出"扑扑"声响而"跳舞"(如图 3-3-10 所示),这一实验现象就证明了"声音是由物体振动产生的"。

图 3-3-10

利用动圈式扬声器发声时产生振动的原理制作振动台,其制作方法如下:为了便于安装带动振动的物体时,先制作一个圆环和杯状圆柱体,一端是空心,另一端的中心打一个小孔,直径 5 mm,再用 M6 丝攻,攻一个 6 mm 的螺丝孔,如图 3-3-11 所示;将圆环和圆柱体(空心一头,对准中心)用胶水粘在一体,如图 3-3-12 所示;把扬声器的防尘罩用小刀去除,再将图 3-3-12 放在扬声器的中心,用胶水粘住,如图 3-3-13 所示;再将图3-3-13用螺丝固定在合适塑料盒子里,这样一个振动台就做成了,使用时只要将需要的器材固定在螺丝孔内就可以在扬声器发声振动下带动振动。

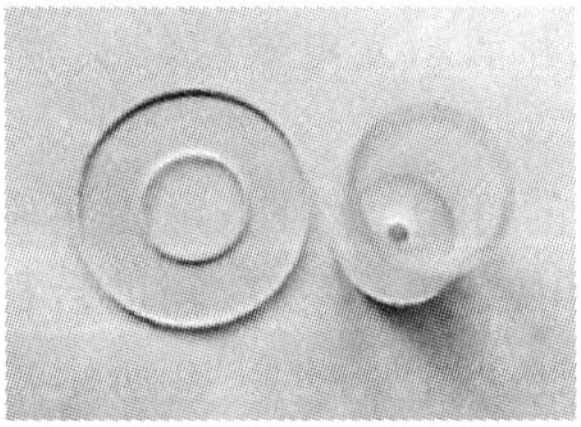

图 3-3-11

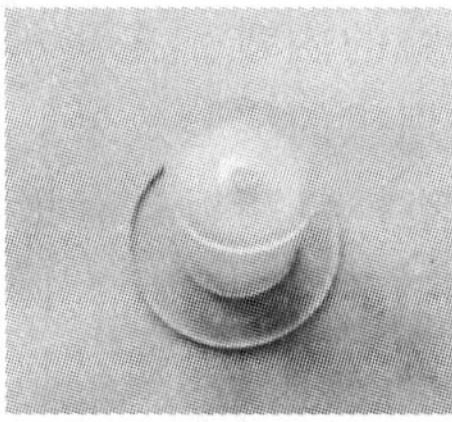

图 3-3-12

图 3-3-13

2. 利用旧日光灯开发电阻热效应实验

在演示导体的电阻率随温度变化这个实验时,选择日光灯管的灯丝来演示效果好,取一端灯丝好的旧日光灯管一只,打碎取灯丝好的一端,并把管脚边上的玻璃剔除干净(注意小心,不能造成伤害)。将灯丝连在电路中(如图 3-3-14 所示),接通电路,把灯丝放在酒精灯上加热,电路中小灯珠变暗,灯丝离开火焰,随着温度的降低,电路中小灯珠变亮,从而清楚地演示了金属导体的电阻率随温度变化而变化。也可以用废旧日光灯来检验摩擦起电,如图 3-3-15 所示,用摩擦带电的橡胶棒与日光灯管接触可以观察到灯管发光现象。

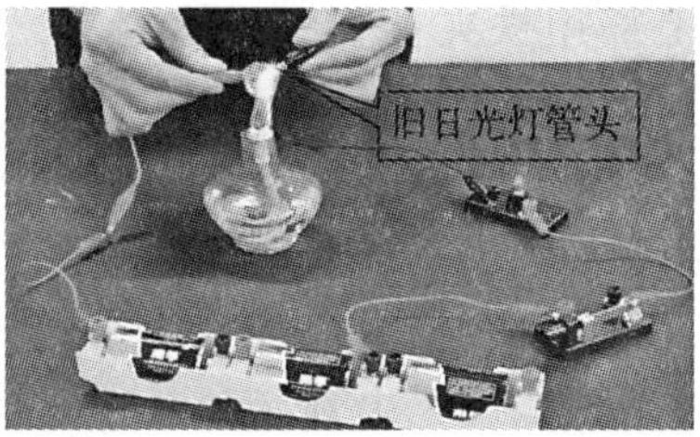

图 3-3-14

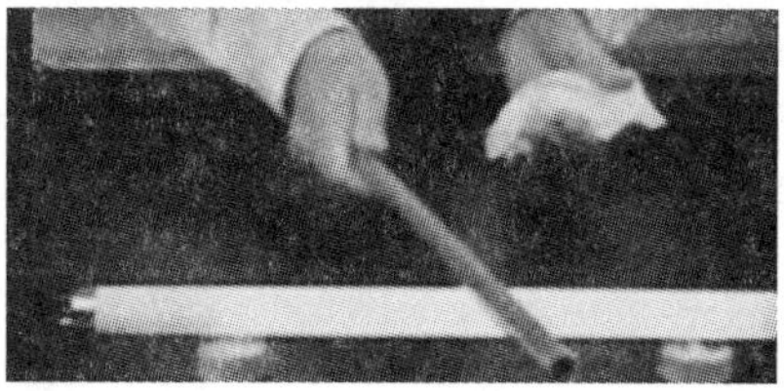
图 3-3-15

小结：废旧手机、音箱、电磁炉、微波炉、冰箱等均是蕴含物理原理的器材，认真探究其中奥妙并进行开发，会得到意想不到的收获。

二、用生活、生产用品开发实体实验

除了废旧材料，生活、生产用品也是开发物理教学资源的重要资源，这些资源中更加蕴藏物理现象和规律，开发应用可以帮助物理探究和揭秘。

（一）利用日常学习用品开发实验

学生的学习用品如铅笔、塑料直尺、课本等都是随手可取的资源，利用它可开发许多实验。

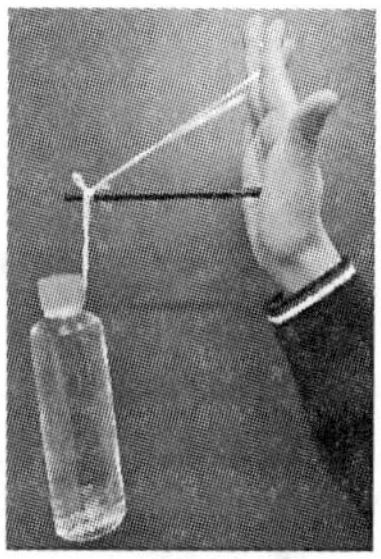
图 3-3-16

1. 用铅笔开发力的分解体验实验，如图 3-3-16 所示。

2. 研究铅笔芯电阻与温度的关系，把铅笔芯和小灯泡一起串联在电路中，调节铅笔芯接入电路中的长度，使小灯泡发较暗的光，然后用打火机给铅笔芯加热，可观察到小灯泡变亮了，说明温度越高，铅笔芯的电阻越小。

3. 制作滑动变阻器，将铅笔从中剖成两半，用有笔芯的一半做滑动变阻器的电阻丝，与小灯泡一起串联，即可控制小灯泡的亮度。

4. 用课本、铅笔、纸条开发体验相对运动及静摩擦力实验，如图 3-3-17 所示。

5. 用两本课本逐页叠放做拉不开的课本实验，如图 3-3-18 所示。

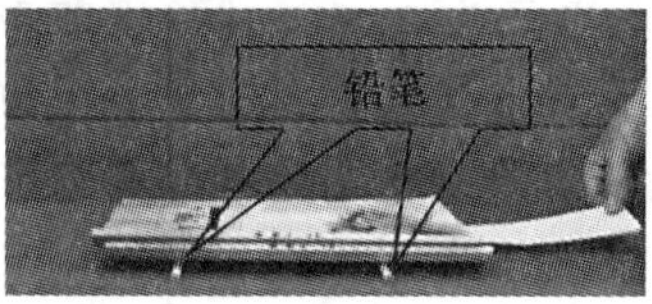

图 3-3-17

图 3-3-18

6. 演示发生形变的物体具有弹性势能，用一根结实的与直尺等长的线将直尺两端拴住，做成简单的弓箭，用其可将铅笔弹出几米远，表明形变的直尺具有弹性势能。

7. 制作横波演示器，在置于桌上的铁架台上部用铁夹夹住一根水平放置的塑料直尺，在直尺的另一端悬挂一根彩绸带，使其下端和地面接触后还余 1 米多，让直尺振动起来，可看到直尺的振动沿毛线自上而下传播开来，调整直尺的夹持位置，寻找合适的频率，可使演示达到满意的效果。

8. 塑料直尺测反应时间，研究自由落体规律，如图 3 - 3 - 19 所示。

9. 用餐巾纸、小钢球探究影响落体下落因素，如图 3 - 3 - 20 所示。

充分利用学习用品自身的特点和性能，以及它的替代作用可开发更多的实验资源，“没有做不到，只有想不到”。

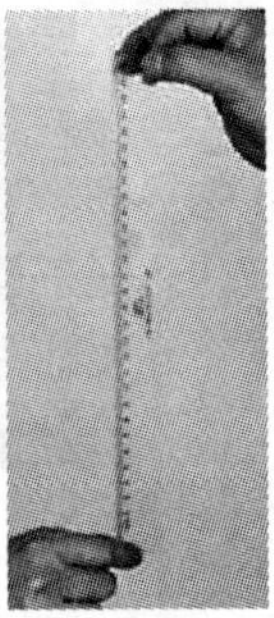

图 3 - 3 - 19

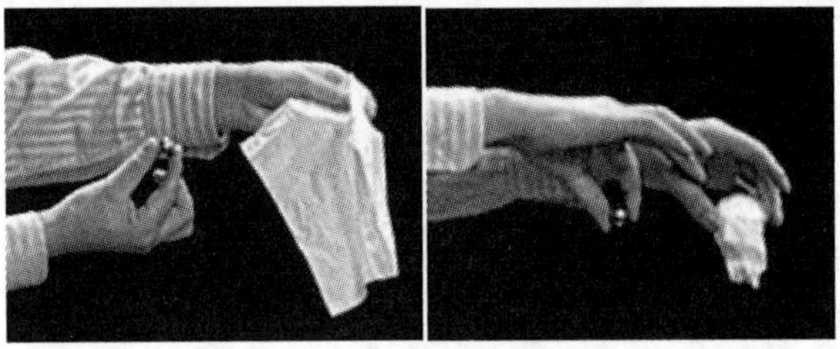

图 3 - 3 - 20

(二) 用塑料包书皮与文件夹开发曲线运动实验器材

学习曲线运动时关键是要探究速度的方向。要解决曲线运动速度方向的确定问题，不是通过教材上列举的几个实例而武断得出结论，而是要让学生从生活经验和体验出发，在归纳现象基础上的符合逻辑推理而得出的，借助于塑料文件夹和透明塑料抽杆夹(如图 3 - 3 - 21 所示)，硬纸板、牙签、圆规、刻度尺、彩色笔、墨水、滴管、剪刀、旧款鼠标中的小球(吸水性较好)等可开发有效教学资源。

图 3 - 3 - 21

1. 圆周运动的速度方向

制作实验器材：用圆规在蓝色塑料文件夹画一个半径为 4 cm 的圆；用剪刀把圆剪下来，并用圆规的脚上的针在圆心打个孔；把牙签穿过圆心的孔，留下适当的长度；用圆规在塑料抽杆夹上画同样的圆，用彩色笔描出来，画上圆的切线；在平整的硬纸板上贴上白纸作为演示用的底板。实验方法：把陀螺放在硬纸板做的底板上，让它旋转起来，平稳后，在陀螺的边缘用滴管一滴一滴滴上红墨水，注意不能太急太多，可以看到在白纸上留下了甩出的墨水运动轨迹如图 3 - 3 - 22 所示；把抽杆夹上的圆形覆盖在轨迹上，如图 3 - 3 - 23 所示，可以发现，圆的切线和墨水飞出的轨迹基本是重合的。通过这个实验说明，圆周运动的速度方向是沿该点的切线方向。

图 3 - 3 - 22

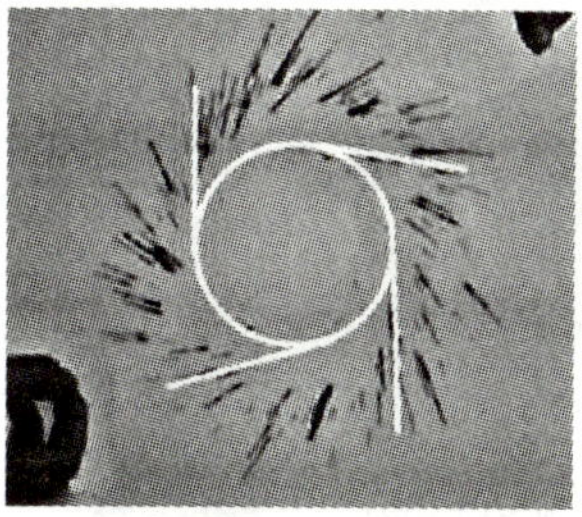

图 3 - 3 - 23

2. 一般曲线运动的速度方向确定

制作实验轨道：在 80 cm×80 cm 的平整的硬纸板上贴上白纸作为底板；用铅笔画上一根任意曲线，并用美工刀沿着曲线开槽；把上面剩余的蓝色文件夹用美工刀裁出 3 条 3 cm×30 cm 的矩形，并插进开好的槽中，这样轨道就制作成了；在轨道的一端固定一个与之相切的倾斜轨道，用来提供小球做曲线运动的初速度。实验方法：把浸在墨水中的小球取出，沿倾斜轨道滑下，在水平曲线轨道的束缚下做曲线运动，并留下轨迹如图 3 - 3 - 24 所示；抽掉最后一个矩形塑料轨道，把浸在墨水中的小球取出，沿倾斜轨道滑下，再一次在水平曲线轨道的束缚下做曲线运动，并留下轨迹如图 3 - 3 - 25 所示。当然还可以再抽掉一节轨道重复以上实验。从以上实验现象中，可以发现小球做曲线运动过程中的多个位置的速度方向都沿切线方向。

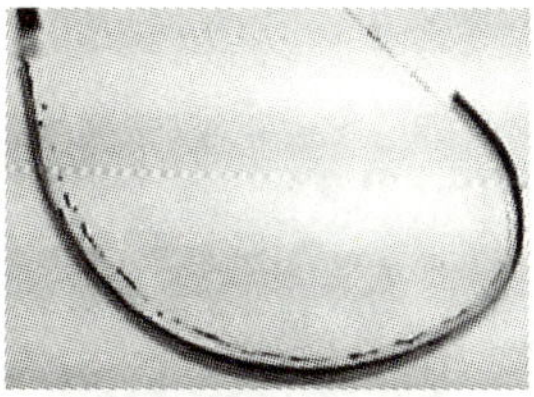

图 3 - 3 - 24

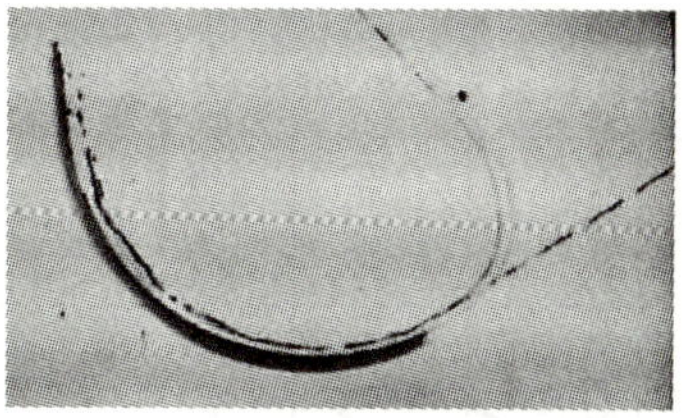

图 3 - 3 - 25

(三) 用铝塑板定量探究平行板电容器电容与正对面积的关系

建材市场购买的铝塑板，是精工加工的铝金属板与绝缘塑料压缩而成的建筑材料，它的结构如图 3 - 3 - 26 所示，本身就构成电容器，用一块铝塑板将一面(规定为正面)将其面积分别按 1、$\frac{1}{2}$、$\frac{1}{4}$、$\frac{1}{8}$、$\frac{1}{16}$……比例分割(如图 3 - 3 - 27 所示)(即其正对面积分别是 1、$\frac{1}{2}$、$\frac{1}{4}$、$\frac{1}{8}$、$\frac{1}{16}$……)，铝塑板背面不必分割，再从铝塑板背面和每一分割正面做出一个引线(如图 3 - 3 - 28 所示)，用数字电容表测出电容(如图 3 - 3 - 29 所示)，进行数据处理，得出结论，如表 3 - 3 - 1 某次测量数据，图 3 - 3 - 30 是处理数据图像。

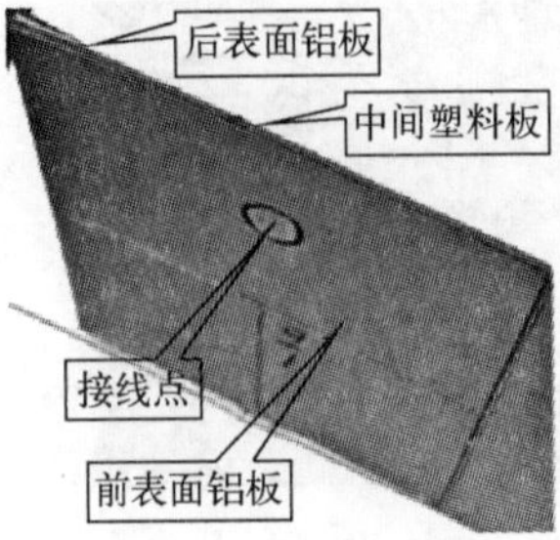

图 3-3-26

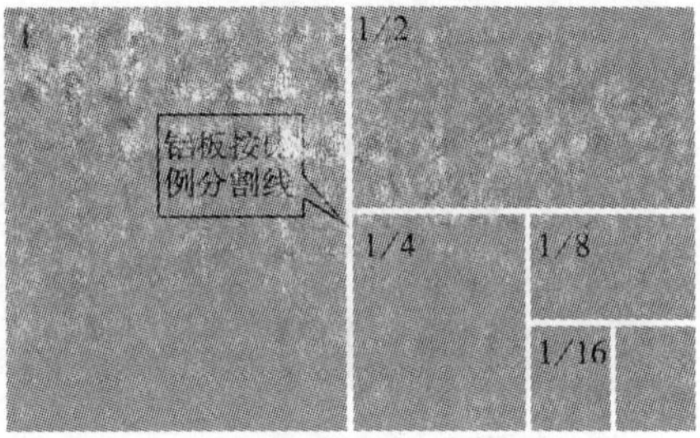

图 3-3-27

表 3-3-1 探究电容 C 与正对面积 S 的关系

正对面积 S	1	1/2	1/4	1/8	1/16
电容 C/nF	4.44	2.20	1.18	0.59	0.32

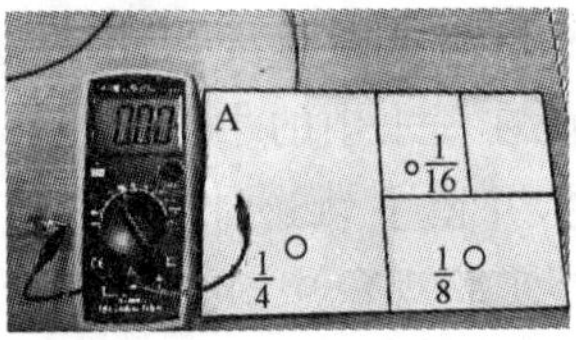

图 3-2-28

图 3-3-29

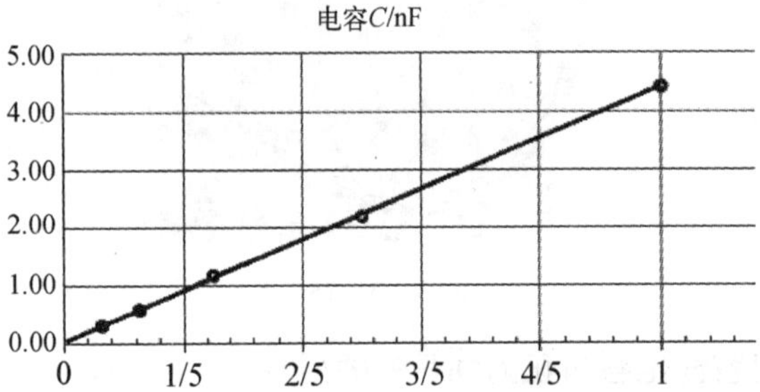

图 3-3-30

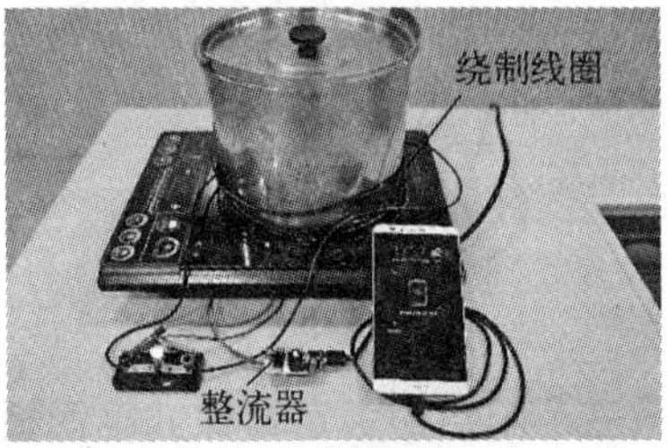

图 3-3-31 自制无线充电装置

(四) 用电磁炉开发电磁类实验器材

取电磁炉 1 台、不锈钢汤锅 1 只、手机 1 只、手机充电线 1 根、废旧的手机充电器内部线路板 1 只、带有小灯泡的灯座 1 只、长导线 1 根(约 3 m)、一端带有鳄鱼夹的导线两根(如图 3-3-31 所示)。将长导线两端接入灯座两个接线柱形成闭合回路,打开手机充电器外壳取出手机充电器内部线路板如图 3-3-32 所示,挑断线路板上变压器

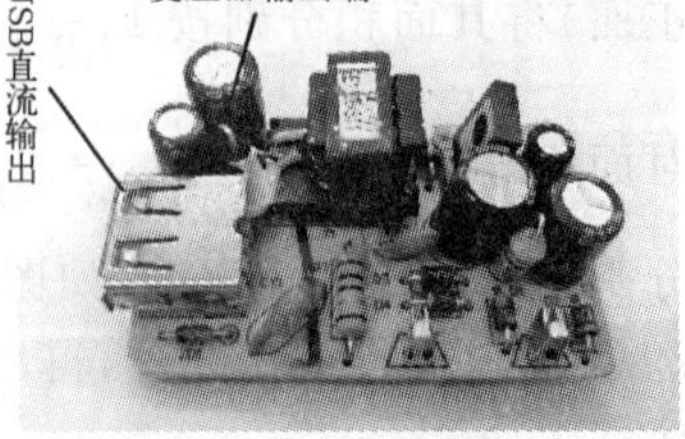

图 3-3-32

输出端导线，在线路板的变压器输出端两个针脚处焊接两根另一端带有鳄鱼夹的导线，从而制作出交流电变直流电的整流器。实验操作及应用：① 把装有水的不锈钢汤锅放在电磁炉黑晶板上，打开电源，用长导线围着锅体下半部分绕 5 圈左右（根据具体情况而定），发现小灯泡随着导线绕制匝数的增多明显变亮。本实验可在教学中三处使用，其一，可作为“感应电流产生条件”的引入实验，电磁炉产生变化磁场引起绕制线圈回路中磁通量变化，从而产生感应电流；其二，可作为“法拉第电磁感应定律”的探究实验，随着绕制线圈匝数变化、电磁炉加热挡位（磁场变化的频率）变化，小灯泡亮度发生明显改变，从而得出线圈中感应电动势与匝数、磁通量变化快慢的定性关系；其三，可作为“变压器”的引入实验，电磁炉中加热线圈即可视为变压器原线圈，绕制线圈即可视为变压器副线圈，汤锅即可视为变压器中的铁芯，电磁炉点亮小灯泡，同时实现了降压，从而引入变压器概念，开始逐步构建理想变压器模型得到变压规律，最后还可回归这个“非理想变压器”进行变压规律的应用条件解读。② 把制作好的整流器通过两根带有鳄鱼夹的导线并联在小灯泡两端，通过手机充电线接入手机，即可实现手机充电，实现无线充电功能，模仿了当下热门的手机无线充电技术模型。实验可作为“变压器”知识的迁移应用，即可作为课堂演示实验，又可留作学生课后兴趣制作，实践表明会引发学生的积极学科情感。

现代家电都是依据电磁学原理及规律制造的，反观如充分利用家电，如电磁炉、微波炉、电冰箱、电视机等家电开发呈现物理现象和规律的实验，会使学生感到即接地气又物理味十足，为将来学生运用物理知识来植入情景。

三、变频电源的创新开发

依据物理教学资源开发及途径，除了利用现有资源整合开发和简易废旧资源的利用外，还可发根据大学物理实验资源及普通物理原理，进行创新开发中学物理实验资源。如本章第二节中用电磁打点计时器做波的干涉实验就是受驻波实验的启示，用两个电磁打点计时器呈现波源，让学生“看得见”两个波源产生相同频率，并沿同一直线弦绳上相反方向传播的相干波的干涉现象。但是基于现实交流电只有 50 Hz，实验仍有一定局限性，不能实现其他频率的干涉实验，也不能实现对不同频率振动而产生绳波的叠加现象观察实验，要解决这一问题就要开发变频电源。苏州市第十中学房庆安、王辉等老师就根据大学物理电工学知识，创新开发了变频电源（如图 3－3－33所示，功能为① 直流电压表；② 交流电压表；③ 频率表；④、⑥直流电压输出端；⑤ R_V直流电压输出调整旋钮；⑦ OFF 电源关按钮；⑧、⑩ 交流电压输出端；⑨ R_V交流电压输出调整旋钮；⑪ ON 电源开按钮；⑫ 频率挡位选择旋钮；⑬、⑮、⑰ 分别是正弦波、三角波、

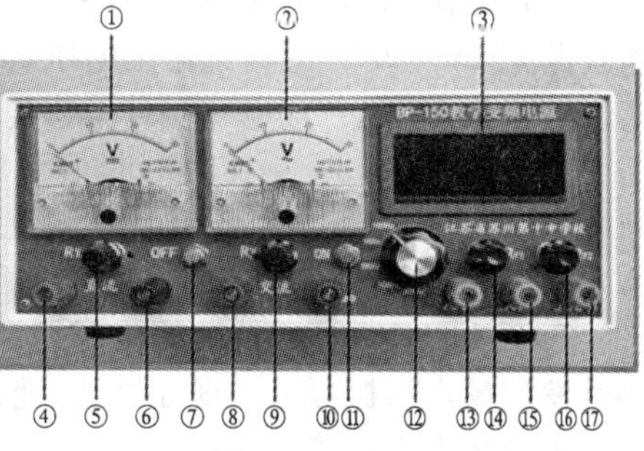

图 3－3－33

方波输出端;⑭ R_{f1}频率选择初调旋钮;⑯ R_{f2}频率选择细调旋钮)。

开发原理:如图 3-3-34 所示,编号为①的电路是整个变频电源的控制电路,当开(ON)键按下时,电源接通,继电器工作,常开触点闭合(自锁),当松开 ON 键时电路仍然正常工作,由 J_1、J_2两个干簧管,L_1、L_2两组线圈和 T_1、T_2两个三极管以及电阻电容等元器件组成一个过载保护电路,该电源设计输出电流 2 A,当电流超过 2 A 时,流过线圈的电流所产生的磁场将 J_1或 J_2闭合导通,导致 T_1、T_2导通,从而继电器两端短路,停止工作,常开触点分离,电源断开,从而达到自动保护电源的目的。当按下关(OFF)键时,电源关闭。图3-3-34 中编号为②的电路是一个可以改变频率的多种信号发生电路。由 IC_2、IC_3和电阻电容以及电位器等元器件组成,IC_2主要是为 IC_3提供稳定的电压,减少频率的漂移,IC_3是一个单片函数发生器,是一个只要少量外围元器件就能产生高精度正弦波、三角波、方波、锯齿波和脉冲波的单片集成电路。它有两种工作方式,即输出函数信号的频率调节电压可以由内部提供,也可以由外部供给。笔者采用的是后者,通过 RP_2 10 kΩ 精密电位器及外围元器件,可以控制 8 端电压的调节范围 $\frac{2}{3}$Vcc 到 Vcc,从而达到改变频率的目的。由 2、3、9 端分别输出频率可连续调节的正弦波、三角波、方波信号。图 3-3-34 中编号为③的电路是一个信号放大电路,是将图 3-3-34 中的编号为②的电路中获得的变频信号(正弦波)输入到 IC_4中进行功率放大,输出电压的大小由输入信号的强弱决定,也就是说,只要改变 RP_5和 RP_2的大小,就可以获得大小频率高低连续可调的输出电压。该电路设计的输出电压为交流 0~30 V,电流 2 A,频率 10 Hz~10 kHz。图 3-3-34 中编号为④的电路是一个普通的直流电压连续可调电路,由 IC_1及外围元器件组成,IC_1是一个三端可调稳压集成电路,只要改变 RP_5的大小,就能获得 1.25~30 V 的直流输出电压,为了获得较大的电流输出,将 2 块 IC_1并联,输出电流达到 2~3 A。(该电源设计输出电流为 2 A)根据以上原理,设计制作了一款教学用变频电源,如图 3-3-33 所示,既可以当普通的交直流电源使用,也可以当作交流变频电源使用,还可以作为低频信号源使用,它能输出 10 Hz~10 kHz(还可以设计得更高)的正弦波、三角波、方波。

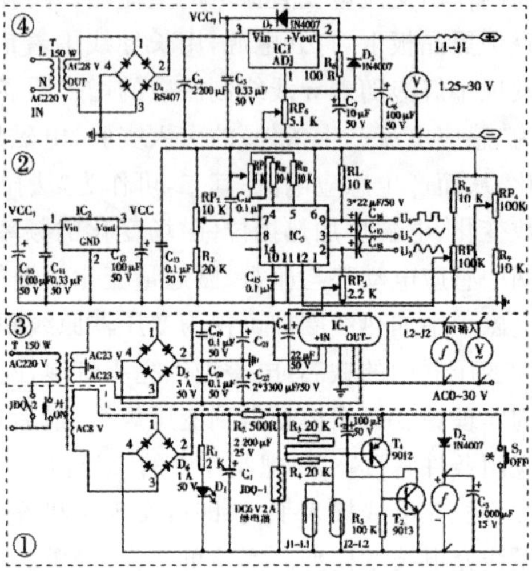

图 3-3-34

开发的变频电源成功地解决了振源的振动频率的问题,配合电磁打点计时器或上述开发的扬声器振源可实现如声波、绳波等机械波共振、干涉、叠加等若干问题,为学生学习机械波提供环境。

第四章　多元化物理教学资源的整合策略及范式

科学教育不应该传授给孩子支离破碎、脱离生活的抽象理论和事实，而是应当慎重选择一些重要的科学观念，用恰当、生动的方法，帮助孩子们建立一个完整的对世界的理解。

——周光召

物理学习的认知过程，是学生个体的物理认知结构与物理环境相互作用的过程，“物理环境”是以教学或学习形式呈现给学生的物理客观环境；相互作用是指包括了物理环境对学生的刺激以及学生对物理环境所作出的反应，其作用的结果是学生经过一定的物理教育后形成的适应社会与个人生活所必需的物理关键能力和必备品格，使得学生在将来遇见新的物理任务情境时能表现出的个人的适应性行为和做人的品格、做事的能力。多元化物理教学资源整合策略及范式将为物理学习的认知过程提供有效的学习路径。

第一节　多元化物理教学资源的整合目标

物理教学资源是创设物理环境的载体，如果创设的物理环境对学生的刺激，而学生作不出相应的反应的话，就没有发生真正意义上的物理学习。进一步说，物理学习应该是一种具有巨大效益的行为，通过学习，学生应该获得认识世界和改造世界的本领。如果学生对物理环境作出外显反应和潜在行为变化的总量小于物理环境给予学生的刺激总量的话，即使学生也能作出少量的反应，那么这也不是真正意义上的学习。因此，物理教学资源整合目标就应该追寻找出依托资源创设最优化的课堂教学或学习的物理环境，为完成教学目标提供支撑，整合目标应基于物理核心素养课程目标指向落实“物理观念、科学思维、实验探究、科学态度与责任”的教学目标，用整合创设真实情境，内化形成物理观念；用整合引导思维进阶，深化发展科学思维；用整合铺设探究路径，深度感悟科学探究；用整合引领价值观念，优化培养必备品格。让教学能刻画出学生在接受物理教育过程中逐步形成的适应个人终身发展和社会需要的必备品格和关键能力的发展路径，凸显物理课程的育人功能。

一、用整合创设真实情境，内化形成物理观念

“物理观念”是从物理学视角形成的关于物质、运动与相互作用、能量等的基本认

识，是物理概念和规律等在头脑中的提炼和升华后让所形成的具有稳定心理特征的优化的认知结构，当物理观念达成后，这种结构化认知可以让学生能正确理解物理概念、规律，并对物理概念、规律深信不疑，懂得用物理的方法对概念、规律进行迁移和应用，对实际问题的解决进行迅速匹配路径、方法，是从物理视角解释自然现象和解决实际问题的基础。这种观念只有在真实情境中解决问题时才能表现出来，因此，在物理观念素养中，特别强调应用这些观念解决实际问题。物理教学中，重视真实教学情境的创设，让学生经历科学探究和思维加工，保证物理概念和规律的内化，形成物理观念；重视将物理观念用于解决实际问题，发展学生提出问题、分析问题和解决问题的能力，是培养学生物理关键能力的必然路径。

【教学片段一】

曲线运动的速度方向

1. 真实创境，形成问题

问题 做曲线运动的物体运动速度是沿什么方向？

视频观察（视频资源应用） （1）旋转砂轮上的火星、观察火星颗粒飞出（如图4－1－1所示）；（2）链球运动，观察链球飞出方向（如图4－1－2所示）。

图 4－1－1

图 4－1－2

演示实验（自制传统实验资源应用） 向旋转陀螺顶上滴红墨水（如图4－1－3甲所示），观察墨水飞出方向并描画墨水飞出轨迹（如图4－1－3乙所示）（为猜想提供依据）。

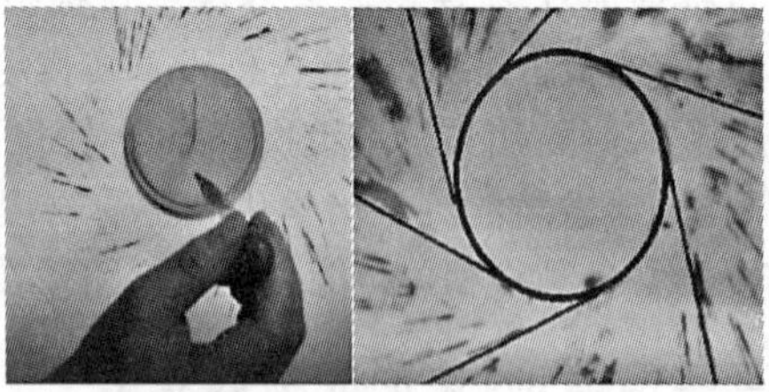

甲　　　　乙

图 4－1－3

提出猜想:曲线运动的速度方向可能沿曲线的切线方向。

2. 分析论证,得出结论

实验探究(自制传统实验资源应用)　设计可以任意改变长短的磁性塑条,实验时可不断改变磁性塑条长短,来改变沿磁性塑条做曲线运动的鼠标滚球出口位置,保留的磁性塑条位置不动,每次在鼠标滚球上涂上红墨水来记录滚球运动径迹和速度方向(如图 4-1-4 所示)。(学生根据记录,验证猜想的正确性。)

逻辑推理(借助媒体资源展示)　让学生根据平均速度方向,推理从 A 到 B 做曲线运动平均速度方向,当 B_0 向 B_1,B_2,…,B_n 逐渐靠近 A,推理速度方向(如图 4-1-5 所示)。

得出结论　质点在某一点的速度方向,沿曲线在这一点的切线方向。

图 4-1-4

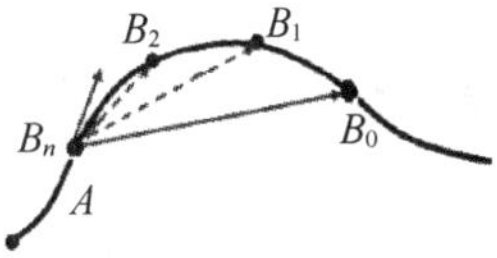

图 4-1-5

3. 联系实际,实例应用

视频创境(视频资源应用)　播放新闻视频,雨天骑行无挡泥板的自行车行人背上留下泥水痕迹(如图 4-1-6 所示)。让学生从物理视角分析解释挡泥板的作用及设计原理。

图 4-1-6

运用多元物理教学资源整合,把跟学生生活联系密切的问题、社会热点中的物理问题、现代科技成果等有实践情境的教学内容引进物理课堂;用生活中的器具做物理实验,加强物理知识与生活的联系;创设真实情境、并通过对真实情境的思维加工来建立物理概念;让学生亲历物理过程,联系真实情境发现和提炼问题,用物理规律分析和解决真实情境中的问题;让学生在活动中真切感受到科学探究过程,通过内化科学描述和解释自然现象来形成物理观念,升华对科学本质的认识;教学设计及教学实践中,更要着眼于让学生体验把情境中的一段经历转化为一个物理过程,进而把情境的故事情节转化为某种物理现象,并把描述情境的文字转化为具体的物理量,把情境中需要完成的工作转化为相应的物理问题要求,把问题中的实际情境转化为解决问题的物理条件,提高解决实际问题能力,这样基于创设真实情境,才能内化形成稳定的物理观念。

二、用整合引导思维进阶,深化发展科学思维

观察、实验与科学思维相结合,是物理学科的基本特征,物理学科核心素养的"科学

思维”,是从物理学视角对客观事物的本质属性,内在规律及相互关系的认识方式,是物理学习与探究所需要的建构理想模型的抽象概括过程;分析综合、推理论证等方法的内化;质疑、批判和创新等能力和品质。因此,物理教学就是基于学生认知思维发展过程的“进阶”特点(“进”是以描述学生的认知发展方向,而“阶”则是指发展过程中的关键点,也就是建立在进阶变量基础上的、学生认知发展的“脚踏点”,正是一个个连续的“阶”将学习的起点和终点连接起来,形成学生在学习某一主题的概念时,思维所遵循的连贯的、由简单到复杂的、典型的学习路径。)构建课堂学习内容中与模型抽象、分析综合、推理论证、质疑创新等的相匹配思维(问题、实验等)载体,为学生提供学习图景,让学生在不同实际情境过程中的思考与应用,刻画出学生思维(thinking)的发展过程,为教学铺设清晰思维的路径,以进阶为路径实施教学,依循精心预设的“问题、实验之阶”,可以快速甚至自发地让学生触景“生情”“生疑”“解惑”,提高了学生思维加工的效率,实现了学生思维方式的精致化发展,即实现学习的有效进阶,深化发展科学思维。

【教学片段二】

探究电磁感应强度的大小

1. 分析归纳,抽象建模

问题 1 请大家回顾一下我们认识磁场时所做的实验,并说明怎样来证明某空间有磁场存在?[通过对磁现象实验、奥斯特实验和磁体对通电导线归纳,可以通过磁场对磁体或对通电导体的作用(力现象)来证明。确定学生思维起点,引领分析综合、推理论证并为构建电流元模型作铺垫。]

问题 2 在描述电场强弱时,我们引入试探电荷来构建电场强度概念,而磁场与电场一样看不见摸不着,要来研究场的强弱,我们是否也需要引入一个试探对象?[依据磁场对磁体和通电导体有力的作用,通过对“试探磁极”(N 极不能单独存在及无法量化)和“试探电流元”(可以量化)的质疑比较,推理磁场强弱需定量论证,抽象出电流元模型(物理学中将很短一段通电导线中的电流 I 和导线长度 L 的乘积 IL 叫作电流元),思维过程:场→元→段。]

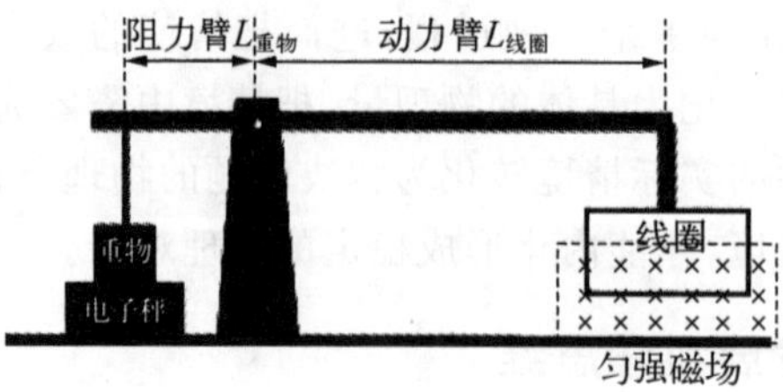

图 4-1-7 实验装置示意图

图 4-1-8 实验装置实物图

2. 分析综合，推理论证

演示实验 1(运用传统实验资源)　感受电流元，选取一小段通电直导线作为试探物放入某磁铁的磁场中，发现其受到力的作用，进而明确目标直接用其受力的大小来判断磁场的强弱，引导学生先作定性认知。

表 4-1-1　测量数据(F 通过电子秤示数 $F_{磁}=F_{电}L_{电}/L_{磁}$ 换算得出)

强磁场	长度 L/m	0.2	0.4	0.2	0.4	0.6
	电流/A	1	1	2	2	3
	电子秤示数/g	16.0	32.0	32.05	64.10	145.01
	磁场力 F/N	0.16	0.32	0.32	0.64	1.45
	比值(F/IL)	***0.80***	***0.80***	***0.80***	***0.80***	***0.81***
弱磁场	长度 L/m	0.1	0.3	0.1	0.3	0.5
	电流/A	3	3	2	2	1
	电子秤示数/g	18.0	54.0	12.0	36.0	30.0
	磁场力 F/N	0.18	0.54	0.12	0.36	0.30
	比值$\left(\frac{F}{IL}\right)$	***0.60***	***0.60***	***0.60***	***0.60***	***0.60***
$L_{电}=5\ \text{cm}$，$L_{磁}=49\ \text{cm}$						

问题 3　如何进行定量测量来寻找关系呢？

设计方案　从定量描述视角进行科学推理，类比电场强度比值定义法，引导运用分析、综合、概括出要定量测量出 F、I、L。引导学生进一步分析，通电导线与磁场方向平行时，不受力；让学生在质疑批判中得出，将“试探电流元”与磁场方向的关系设定在“垂直”情况时，力最大，从而可以保证“试探”最为充分，能够“试探”到磁场力特性的底线。

实验方案　实验选用多块规格相同的马蹄形磁铁来提供匀强磁场，先使导线处于磁场中的长度为一定值将长直导线水平置于一马蹄形磁铁中，依据实验原理图如图 4-1-7所示(原理：杠杆平衡原理。利用电子秤减小的质量，按照杠杆平衡原理计算出磁场力。$F_{磁}=0$ 时，电子秤清零，系统处于一个平衡态，电子秤示数$_{电}=0$；$F_{磁}>0$ 时，$F_{磁}=\frac{F_{电}L_{电}}{L_{磁}}$，达到放大磁场的作用力)，设计实验如图 4-1-8 所示(使得较小的磁场力便于测量)，让学生触景“生情”“生疑”“解惑”，发展创新思维。

3. 质疑批判，归纳结论

演示实验 2(自制传统实验资源应用)　直接比较两段通电导线在磁场中的受力，设计谬误，引发质疑：在强磁场中通电直导线受力小，而在弱磁场中通电直导线受力大。

例如，在强磁场中，一长为0.2 m，通电1 A的直导线受磁场力为0.16 N，而在弱磁场中，一长为0.1 m，通电3 A的直导线受磁场力为0.18 N。试探结果引发学生质疑，这种比较对探究无意义。引发学生质疑反思，调动学生分析综合、推理论证、质疑批判等思维方式，得出原因：这是由于通电导线 I、L 值的不同，从而导致比较时选取的标准不同，为解决这一矛盾，就需要确定一个相同的标准，如何最简单地做到这一点，那就是用力 F 去除电流强度 I 与导线长度 L，即比较 $\frac{F}{IL}$ 的大小。学生抽象印证，虽然还是比较通电导线的受力大小，但已经将标准变成一样了，促进理解比值定义法的内涵。

演示实验3(自制传统实验资源应用) 当选取相同标准之后比较两通电导线的受力时，改变磁场中通电导线长度 L 及通电电流 I，测量 F、L、I 数据(如表4-1-1所示)。

归纳结论：学生们会发现一个意外的结果，即此时不能比较通电导线的受力 F 了，因为 $\frac{F}{IL}$ 的比值已经与 F 无关，它已经变成了一个常量。例如，不论是长度为0.2 m，通以电流1 A的直导线，还是长度为0.4 m，通以电流2 A的直导线，它们的"$\frac{F}{IL}$"都是一个确定值，强磁场的"$\frac{F}{IL}$"等于0.80，弱磁场的"$\frac{F}{IL}$"等于0.60，因此，这一比值可以用来表示两磁场的强弱。

由于学生在学习新的物理概念之前往往已经对一些物理概念有感性的认识，而这些认识是碎片化、纯经验性的，距离科学概念仍然有一定的距离，在特殊物理情境下学生需要将这些碎片知识解析、重构从而构建相对完整的科学概念，而这些重构过程又使得勾勒出学生学习路径成为可能。利用多元化物理教学资源整合设计实验"阶"的引领，学生在实验情景中，不断地受到冲突，使教学在学生自发形成问题和教师引领问题的问题"阶"中，层层递进，不断深化对问题的追问，通过观察、比较、分析、综合、抽象、概括、判断、推理、类比、归纳等物理思维方法，实施对实验"阶"引发冲突的问题"阶"的思考，从而引领学生主动思维，促进学生灵感生成，培养科学思维。教学设计将知识融入实验"阶"的情景，情景隐含问题"阶"，通过有效的设疑与引思，展开求知的生动过程，将"情景串"变成"问题串"，用一个个连续的实验和问题"阶"将学习的起点和终点连接起来，用问题"阶"启发学生思考的方向，在真实问题情景中(做中学)激活学生的思维，用问题"阶"帮助学生妙悟知识的真谛，用问题"阶"对教与学进行及时诊断与反馈，基于物理学科特点，用实验"阶"激发"问题"，用问题"阶"引领思维，做到物理教学植于"做中学"，思维发展源于"问题阶"。

三、用整合铺设探究路径，深度感悟科学探究

"科学探究"是指对一个现象进行研究的能力，是一种研究问题的程序与过程。如提出问题和假说、设计验证方案、依据证据来验证假说、得出符合逻辑与证据的结论等。

教学设计是搭建指向问题、证据、解释与交流等探究活动的平台，使教学能体现探究程序与过程。物理学习中实验往往是产生问题和解决问题的载体，是科学探究的土壤和助推剂，物理教学中，基于实验铺设探究路径，合理设置有思维含量的问题链，激起学生的探究欲望，充分利用实验资源创设真实的教学情境，让学生体验感悟科学探究，引发学生思维进阶，使学生能够运用物理实验提供的丰富物理表象，通过逻辑思维、形象思维、灵感思维等来揭示知识关键、化解学习难点，并促进物理探究教学高效的实施。

【教学片段三】

库仑定律教学

1. 问题生成，建模探究

问题 1　影响带电体间相互作用力的因素有哪些？

演示实验：探究影响带电体间相互作用力的因素。通过演示如图 4－1－9 所示实验，引领学生确定猜想方向（分别改变 q_1 带电量和带电体间距离 r，引领学生观察悬挂带电 q_2 的带电体偏离竖直方向的偏角。类比万有引力定律，猜想：带电体之间的相互作用力，跟带电体间的距离 r、带电量 q_1、q_2 有关。）。

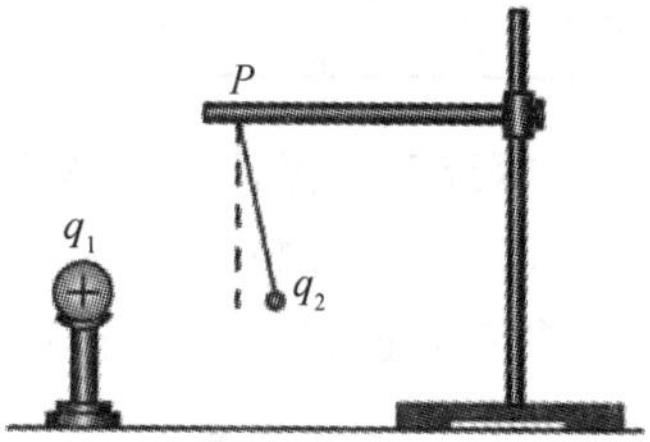

图 4－1－9

问题 2　除了大家猜想的因素外，看来带电体之间的相互作用力的问题还很复杂，它不仅跟带电体间的距离 r、带电量 q_1、q_2 有关，还会受到带电体自身的形状和大小、电荷分布等因素影响。怎样简化一下这些因素，方便我们进行定量的实验研究呢？（引领类比万有引力定律的建立，学生建构“点电荷”模型：当带电体间的距离比它们自身的尺寸大得多，以致带电体的形状、大小、电荷分布等对它们之间的作用力的影响可以忽略时，这样的带电体就可以看做带电的点，叫作点电荷。）

2. 实验设计，获取证据

问题 3　通过问题简化，我们引入了点电荷的理想模型来研究。为了进一步实现定量研究，探究规律，实验要测量哪些物理参量？（引领学生思考、推理得出：实验主要测量改变电荷量或点电荷间距离而对应的电荷间相互作用力。）

问题 4　利用什么工具去测出电荷间的相互作用力 F 的大小？（引领交流、质疑、评价测量方案，根据测量原理改进测量方法，利用电子天平如图 4－1－10 所示，测量微小量，提高测量精度，实施有效测量。）

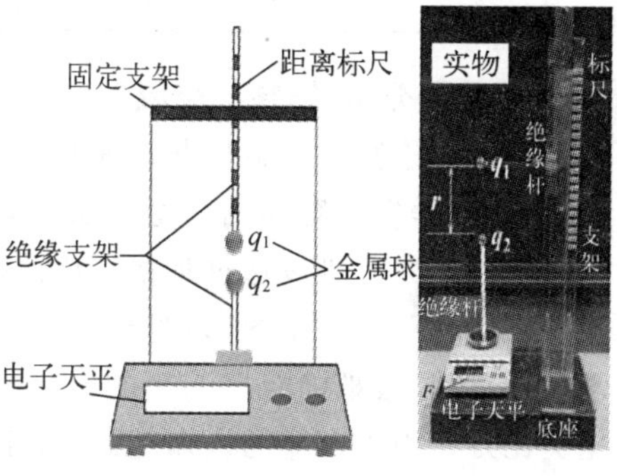

图 4－1－10

问题 5 如何来改变带电体的电荷量？[分析电荷量难以定量测量，推理采用二分法(即一个带电量为 Q 的小金属球与一个完全一样的不带电的小金属相互接触分开后，小金属带电量变为 $Q/2$)，通过平分电荷量来改变带电体的电荷量。]

实验探究：学生分组实验探究，引领学生设计记录实验数据，通过控制变量完成如下实验探究：

探究一 保持两球带电量 q_1、q_2 不变，探究相互作用力 F 与球心距 r 之间的关系(如表 4-1-2 为某次实验记录的参考数据)。

表 4-1-2 电荷量 q_1、q_2 不变，球心距 r 变化数据表

r/m	0.09	0.12	0.14	0.16	0.18	0.20
$F/(\times10^{-5}$ N)	74	42	31	24	18	15

探究二 保持两球球心距 r 不变，探究相互作用力 F 与两球带电量 q_1、q_2 的关系。

① q_1、q_2 保持其中之一电荷量不变，另一电荷量按二分法变化，例如 q_1 不变，q_2 变化，参考数据如表 4-1-3。

② q_1、q_2 电荷量同步按二分法变化，参考数据如表 4-1-4。

表 4-1-3 r、q_1 电荷量不变，q_2 变化数据表

q_2	Q	$Q/2$	$Q/4$	$Q/8$	…
$F/(\times10^{-5}$ N)	84	42	21	10.5	…

表 4-1-4 r 不变，q_1、q_2 变化数据记录表

q_1	Q	$Q/2$	$Q/4$	…
q_2	Q	$Q/2$	$Q/4$	…
$F/(\times10^{-5}$ N)	92	23	5.8	…

3. 数据分析、解释与交流

学生讨论交流实验数据处理方法：观察法、比值法、作图法等方法，让学生选择方法处理数据，学生很容易用比值方法发现，由表 4-1-3、表 4-1-4 中数据可得出 $F\propto q_1q_2$，表 4-1-2 难以通过观察和比值得出结论，学生质疑反思，引领学生利用图像直观性特点，作 $F-r$ 关系图(如图 4-1-11 所示)，质疑批判，$F-r$ 关系图曲线(根据中学数学基础)还是很难确定 F 与 r 的定量关系。引领学生交流讨论，解释各自观点，学生根据类比万有引力定律的认知基础，或根据 Excel 软件处理物理实验数据图像曲线公式显示功能(图 4-1-11 中公式 $F=0.5897r^{-2.011}$)，学生根据推理分析进一步转化数据

(如表 4-1-5),作 $F-\frac{1}{r^2}$ 关系图(如图 4-1-12 所示),得出 $F\propto\frac{1}{r^2}$。

表 4-1-5　电量 q_1、q_2 不变,球心距 r 变化数据表

r/m	0.09	0.12	0.14	0.16	0.18	0.2
$1/r^2$/(m^{-2})	123.5	69.4	51.0	39.1	30.9	25
F/($\times10^{-5}$ N)	74	42	31	24	18	15

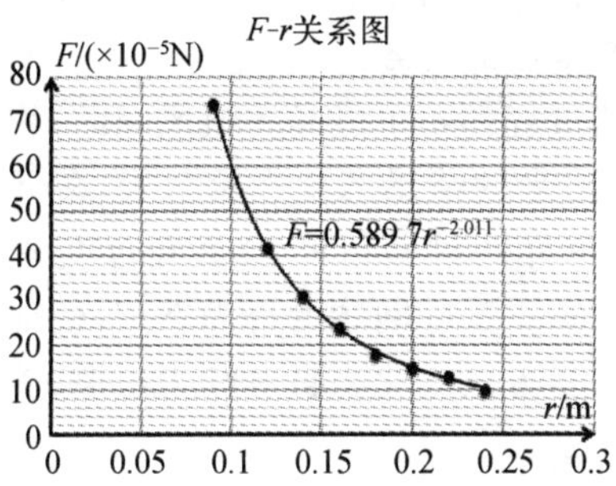

图 4-1-11

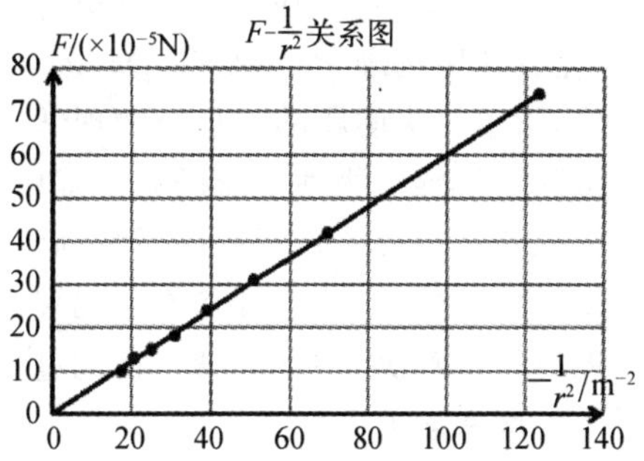

图 4-1-12

小结:科学探究是人们探索和了解自然,获得科学知识的主要方法,是提出科学问题,形成猜想和假设,获取和处理信息,基于证据得出结论并做出解释,以及对科学探究过程和结果进行交流、评估、反思的能力,是学生学习科学的主要方式之一,是一种综合的、关键的科学能力和素养。物理学是一门实验科学,物理实验在培养探究能力方面具有特殊的地位。教学设计和实施,结合物理实验创设具体情境,让学生在观察和体验后有所发现、有所联想,萌发出科学问题,形成猜测和假设,设计方案进行实验,观察和收集那些与预期结果相矛盾的信息,处理信息时,尊重物理事实运用逻辑推理确立物理量之间的关系,发展依据证据、运用逻辑和现有知识进行科学论证和解释。让学生在完成任务中运用科学思维,自己提炼出应探究的科学问题,寻求解决科学问题的方法。教学实施中,铺设实验探究路径,使学生亲身经历科学探究活动的过程,让学生严肃认真对待实验,尊重实验结果与事实,杜绝编造和修改实验数据,在真实发展中深度感悟科学探究的魅力,亲自总结出规律,才能够真正懂得、理解、明白其中的道理,发生自发的认知转变,才能达到培养科学探究的关键能力。

四、用整合引领价值观念,优化培养必备品格

"科学态度与责任"是指在学习探究科学的过程中,对科学本质等的基本认识态度和社会责任感,是学科教育后遗忘掉所学的具体知识和内容,所剩下来的影响学生适应

个人终身发展和未来社会发展所需要的必备品格。它的内化过程又是与核心素养的其他三个维度是紧密相联的，如物理观念会影响科学思维方式和科学探究的思想与方法，科学思维会影响科学探究，而科学观念的形成、科学思维的方式和科学探究的经验过程都会影响科学态度与责任，科学态度与责任也会对其他三个维度产生影响。因此，教学设计还应基于价值观念引领，将科学态度与责任融于观念形成、思维发展和探究过程之中。让教学从学生已有认识入手展开循序渐进的过程；创设能给学生提供支撑性的事实经验的真实情境，让学生通过建模、论证、探究等活动，经历概念建构或探索规律的完整过程，基于学习路径设置进阶节点即关键能力的发展点，发展学生的相关关键能力；让学生在解决真实的物理问题中，认识物理学的价值及其与生活、社会、科技、环境之间的联系，充分利用物理学史和 STEM 资源，优化培养必备品格。

总之，学生解决问题的过程与物理学家研究的过程都不可能是一帆风顺的，物理教学应该帮助学生感悟物理学家研究过程中所表现出来的情感态度和价值观，多元化物理教学资源整合创设实际问题情境帮助学生体验这样的科学精神，帮助学生把蕴含在知识发现过程中的情感、态度和价值观转化为自身解决实际问题的行为准则，使他们能够正确地对待和解决未知的问题，在此过程中将科学方法内化为自身行为习惯，养成良好的科学态度和素养。

第二节　多元化物理教学资源的整合原则与策略

多元化实验教学资源的“整合”目标是指向落实“物理观念、科学思维、实验探究、科学态度与责任”教学目标的，用整合创设真实情境，内化形成物理观念；用整合引导思维进阶，深化发展科学思维；用整合铺设探究路径，深度感悟科学探究；用整合引领价值观念，优化培养必备品格。整合不是随意的，它必须遵循一定的行为规范和学生认知规范，整合必需关注教学核心要素，从教学资源（物质基础）整合指向教学情境（教学环境），立于聚焦问题（任务驱动）引导行动参与（达成目标），做到基于情境、设计任务，促进反思、走向深度学习。这必将使“整合”要符合一定规范的整合原则和整合策略来实施。

一、多元化物理教学资源的整合原则

多元化实验教学资源的“整合”不是资源的“简单堆砌（机械组合）”，更不是资源的“混搭（无序相加）”。整合应保证物理实验的基础地位和基本功能不变，整合的目标是为了实现多元化物理教学资源的优化融合，整合的意义是为了更好发挥多元化实验教学资源的教育教学功能，创设为学生认知学习提供最优化的物理环境。

（一）真实性原则

物理教学是基于实验的，实验的精髓在于求真，物理教学资源自身更应体现真实性

的原则，决不允许做假实验或假做实验。真实性体现在两个方面：其一，尽可能真实地呈现实验的过程，优先选取能够现场做的实体实验教学资源，退而求其次选取视频实验教学资源，最后再考虑模拟实验教学资源；其二，不回避失败的实验教学资源，失败应是真实实验过程的常态，实验的失败好比学生犯错，错误是课堂教学鲜活的生成性教学资源，失败可以在态度与责任方面让学生体验挫折、培养质疑精神，助力学生尊重事实的品格形成，课堂上只呈现实验成功的一面，也会给学生形成“实验原来这么容易，一做就成功”的错觉，或培养学生失真的崇拜和过度的不自信而迷信成功验证（如教师课堂只提供经无数次失败后的成功演示实验而隐去所有失败的经历）。

【教学片段一】

探究玻意耳定律

1. 观察现象，提出问题

分析生活中的物理现象　教师通过情景模拟首先提出问题：在炎热的夏天，给自行车胎打气应注意什么？让学生进行讨论得到解释。并要求学生列举生活中类似的实例。如夏天的啤酒瓶易爆碎，氧气罐不宜在强烈的太阳光下，……

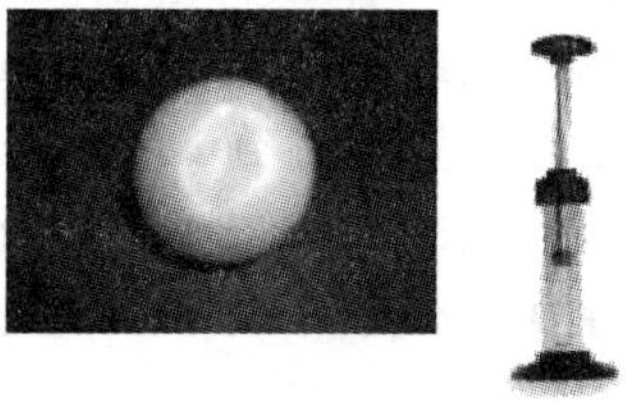

甲　　乙

图 4－2－1

课堂活动　活动 1. 展示一个有凹陷的乒乓球，如图 4－2－1 甲所示。提出问题：用什么方法可以使其恢复原状？学生实验、解释。活动 2. 活塞内封存一定质量的气体与火柴头（如图 4－2－1 乙所示），快速压缩活塞（学生在教师的指导下上讲台操作）。

现象　火柴头点燃，学生解释其现象。定性得出一定量气体的温度、压强、体积三者依存关系。

引发学生提出问题　一定质量气体的温度、压强、体积之间将存在着一个什么定量关系？学生联系以前熟悉的探究方法讨论，得出要研究三个量之间的关系，一般是用探究变量的方法。本课在控制温度不变的情况下，探究压强与体积的关系。一定要注意，气体的质量不变。

提出猜想与假设　通过对实验现象的观察或根据自己的生活经验，提出自己的想法，即在温度不变的情况下，气体的压强与体积可能存在着什么关系？（学生猜想）

2. 实验设计

实验原理　将一定质量的气体，封闭在容器中，在保持温度不变的情况下，改变气体的体积，测定对应的压强，测出多组数据，对数据进行分析与研究。

实验器材　注射器、压强传感器、数据采集器、计算机，实验装置如图 4－2－2 所示。

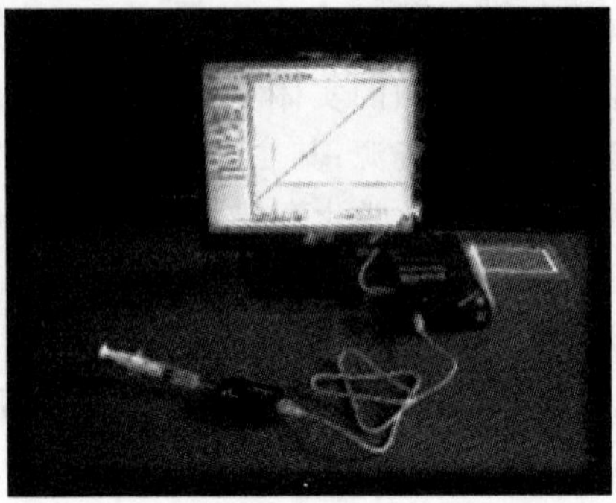

图 4-2-2

3. 实验步骤与数据采集

(1) 将压强传感器与数据采集器相连接；(2) 打开 Excel 数字平台(表 4-2-1)，在表格中设定压强、体积两个量；(3) 将注射器活塞开始置于 10 mL 位置，并与压强传感器相连接；(4) 在表格体积列中输入体积为 18 mL、20 mL、22 mL、24 mL、26 mL、28 mL、30 mL、32 mL、34 mL、36 mL、38 mL、40 mL；(5) 将注射器分别调到 18 mL、20 mL、22 mL、24 mL、26 mL、28 mL、30 mL、32 mL、34 mL、36 mL、38 mL、40 mL；测出对应的压强值(填入表 4-2-1)，注意：为了保持温度不变，在体积变化过程中，要求缓慢。

表 4-2-1

测量次数	体积 V/mL	压强 p/($\times 10^3$ Pa)
1	18	161.7
2	20	146.2
3	22	135.1
4	24	124.3
5	26	117.2
6	28	107.3
7	30	100.9
8	32	94.5
9	34	89.78
10	36	84.22
11	38	80.25
12	40	76.67

4. 数据处理与分析

用 Excel 平台的绘图功能画出 $p-V$ 图像(学生用坐标纸作图),将得到如图 4-2-3曲线图,从图中不能说明压强与体积之间的函数关系(学生讨论猜测,初步得出结论是:因为我们无法判断它是什么样的函数曲线,因此不能说压强与体积是反比关系。此曲线可能是抛物线的某一段,也可能是椭圆的某一段,也可能是双曲线,只有后者才能得到 p、V 成反比关系)。

如何通过数据证明我们的猜测?即如果它们成反比,压强与体积的倒数成正比。因此在表格中加一列$\frac{1}{V}$(表 4-2-2),并通过 Excel 计算,作出 $p-\frac{1}{V}$图像(学生分小组用坐标纸作图)(如图 4-2-4 所示)。

表 4-2-2

测量次数	体积 V/mL	$\frac{1}{V}$	压强 $p/(\times 10^3$ Pa)
1	18	0.055 6	161.7
2	20	0.05	146.2
3	22	0.045 5	135.1
4	24	0.041 7	124.3
5	26	0.038 5	117.2
6	28	0.035 7	107.3
7	30	0.033 3	100.9
8	32	0.031 3	94.5
9	34	0.029 4	89.78
10	36	0.027 8	84.22
11	38	0.026 3	80.25
12	40	0.025	76.67

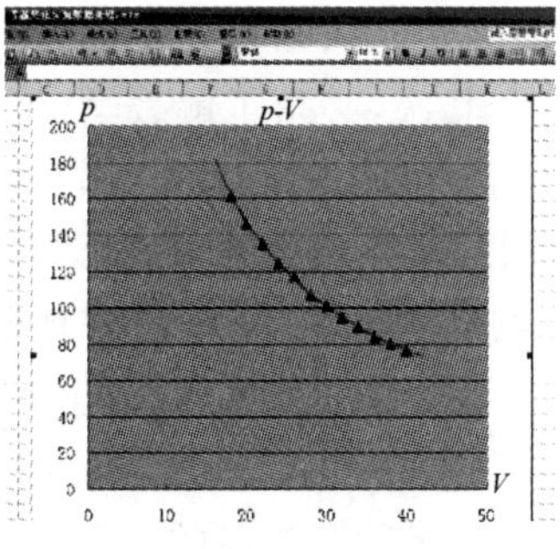

图 4-2-3

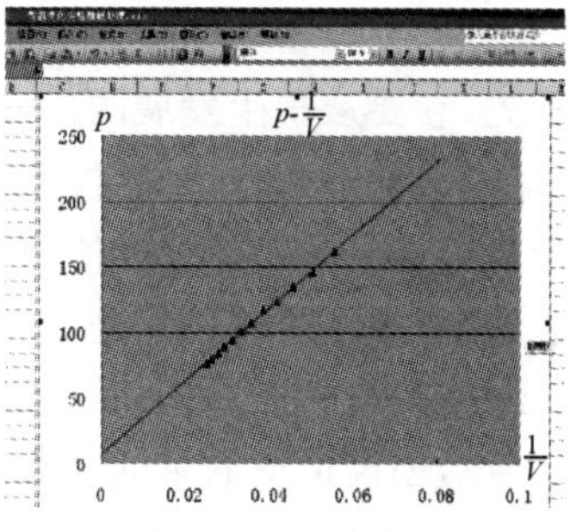

图 4-2-4

比较不同实验小组的 $p-\frac{1}{V}$图像，$p-\frac{1}{V}$函数图像均为直线，但均不通过坐标原点。

学生产生质疑：不通过原点是说明压强与体积的倒数是一次函数关系，但不是正比关系。这与师生期望有偏差，学生产生冲突并期待合理解释，教师引导学生回顾实验过程是真实的，学生可能产生误差的想法：所引起直线不通过坐标原点的原因可能是该实验中存在误差，此时尊重真实实验，引导学生从误差理论理性分析误差（当下教学中很多的教师遇到这一问题时，会告诉学生这是误差的原因，这样做会培养学生无依据认定误差，会给学生造成未来实验中只要有偏差，甚至是实验错误，即只要实验结果不准确，其原因都会归结为误差，会培养出学生虚假臆想的品格）。让学生理性分析：在气体的体积为无穷大时，$\frac{1}{V}=0$，气体为近似真空，压强应该为零，所以直线不通过原点说明是实验误差。引导学生观察（图 4－2－5）分析实验器材，寻找误差的来源是注射器与传感器相连部分的体积没有考虑（让学生估测该部分气体体积，并用 Excel 图表功能作图验证，如图 4－2－6）。减小误差的方法：应用容积较大的注射器，在实验过程中，气体的体积不宜压得太小，这样使那一部分的体积可以忽略不计。让学生真实感受误差，也让学生领悟到误差分析的方法，对培养学生科学精神、态度及责任非常有益。

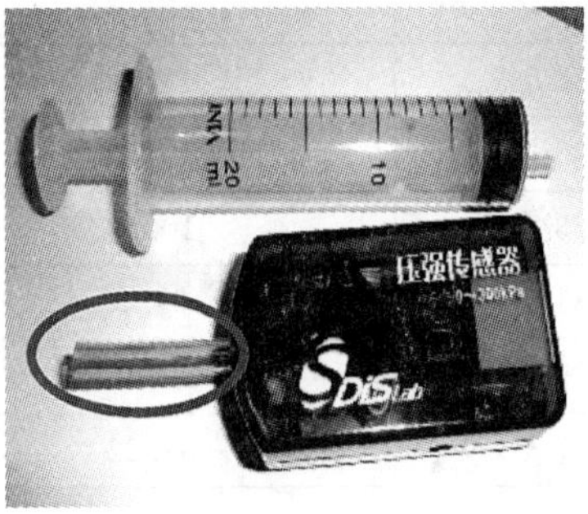

图 4－2－5

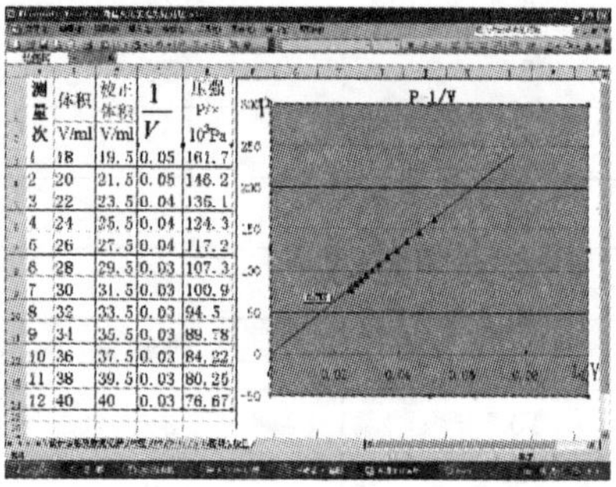

测量次	体积 V/ml	校正体积 V/ml	$\frac{1}{V}$	压强 P/×10^3Pa
1	18	19.5	0.05	161.7
2	20	21.5	0.05	146.2
3	22	23.5	0.04	136.1
4	24	25.5	0.04	124.3
5	26	27.5	0.04	117.2
6	28	29.5	0.03	107.3
7	30	31.5	0.03	100.9
8	32	33.5	0.03	94.5
9	34	35.5	0.03	89.78
10	36	37.5	0.03	84.22
11	38	39.5	0.03	80.25
12	40	40	0.03	76.67

图 4－2－6

（二）兴趣性原则

整合教学资源创设物理情境，引发学生认知动机和元认知投入是促进学生物理学习的引擎，首先，它要从学生发展的内在需求出发。其次，必须了解教学资源的整合所创设的情境能否起到下列作用：即能否科学地引导学生解决问题；能否引导学生体验学习过程；能否促进学生认知能力的协调发展；能否引起学生的认知冲突。第三是教学资源的整合创设情境的目的是要促进学生自然形成物理观念，使学生更好地体验教学内容中的科学态度与责任，使原来枯燥无味的、抽象难懂的物理知识变得生动形象、饶有趣味。也就是说，创设情境的目的是为了能激发学生的内在学习兴趣，调动学生的学习积极性和主动性。爱因斯坦曾经说过：“兴趣是最好的老师”，浓厚的兴趣可以激起学生强大的学习内驱力，为实现学习目标而不懈努力。

从心理学角度分析可知，中学生具有探求“未知世界”的好奇心理，对那些司空见惯的事并没有多大的兴趣，而对那些他们想来应该是这样的，但实际上却是那样的物理事件感兴趣。因此，只有当学生用已有的知识和经验无法解决新问题而产生认知冲突时，才能真正调动学生学习的积极性，启迪其智力与潜能并使之处于最活跃的状态。因此，教学资源的整合创设的情境需要考虑能否引起学生的认知兴趣。

教学资源的整合创设情境使学生产生认知兴趣可以有多种方式和不同的途径。譬如，可以通过实验展示实验现象，使现象与学生原有的认识不一致；也可以通过一些生活中似是而非的选择产生疑问；还可以通过推理引出相关矛盾等。

案例一　某位老师在上《闭合电路的欧姆定律》新课时，用两个电源，其中一个是两节新的1号干电池构成的电源，另一个是仪表上用过的旧叠层电池。让学生用多用电表测一下两电源的电压，前一个电源3 V，后一个电源9 V，然后提出一个问题，要学生猜想：小灯泡接在哪个电源上更亮一些？因为在这以前学生学的是部分电路欧姆定律，知道的是电压越高，电流越强，灯泡越亮。因此学生几乎会异口同声地回答，接在第二个电源上的灯泡亮。实际上这是老师设置的一个“知识陷阱”，然后把实验一做，结果与学生预想的相反，学生目瞪口呆，掉入了“陷阱”，使学生产生了认知冲突，从而产生挖掘现象本质的兴趣。当学生掉入陷阱后就要认知驱动，这时候，不是老师要他学，而是他自己要学。这种情境创设，真正激发了学生的学习兴趣，调动了学生的学习积极性和主动性，取得了很好的效果。

（三）适切性原则

实验教学资源首先要适合课堂教学时间、空间等客观环境需求，须安全、可行、可靠；实验教学资源要符合时代特色，注重现代科技的运用，体现资源的多样性，注重实验的创新；实验还要符合学生的认知规律，麦克斯韦曾说过：“一项演示实验使用的材料越简单，学生就越熟悉，就越想彻底地获得所验证的结果，这种实验的教育价值往往与仪器复杂程度成反比”；实验教学资源选材和方式还要考虑学生的心理因素，注意激发学生学习的积极情感，让学生学习从“无意注意”向“有意注意”转变，让学生在实验中不仅要动眼、动手、动脑还要动情，培养良好的学科情感。

【教学片段二】

探究力的分解

1. 实验体验，思维定向

设置身边的实验情境，找到并看到“效果”，看效果而不提效果。

学生体验1　亲身体验重力产生的两个效果，随着书本的增加，手托书的力感觉越来越大，同时书本下滑，使学生对书本中（如图 4-2-7 所示）重力的分解方向有认识。

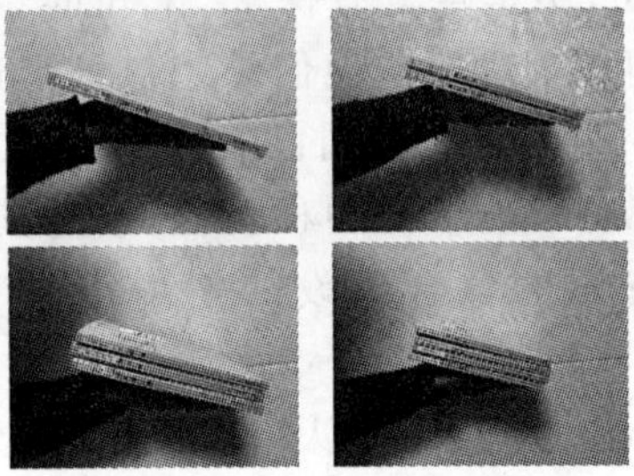

图 4-2-7

演示实验 1　演示如图 4-2-8 所示实验，进一步用实验让学生体验。并引导学生完成对静止书本的受力分析。

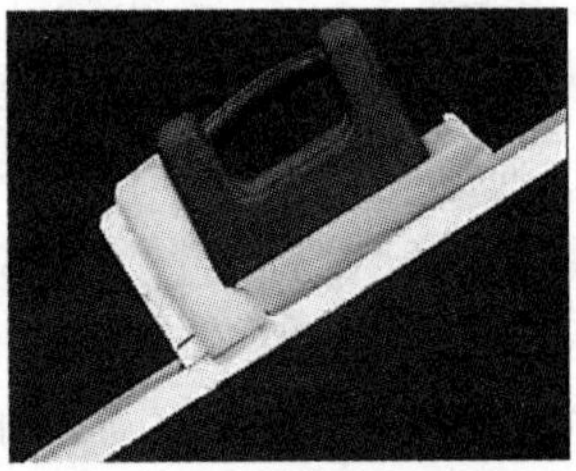

图 4-2-8

2. 问题引领，深度思维

问题 1　书本保持静止，请同学们回忆物体保持静止的条件？（回顾初中对静止状态的认识——某一方向上受力平衡。）

问题 2　书本受三个力不在同一方向上，仍然静止，为什么？（对原有认知平衡条件的再认识、思考，重新构建对平衡状态的认识。把书本中重力分解的两个方向画到图中，体会为何这样分解。）

问题 3　书的受力个数有没有变化？（力的分解没有改变物体受力的个数。）

问题 4　对照分解处理后的图再思考，书本为何能保持静止？（回归原认知，构建平衡条件的新认知，思维提升。）

问题 5　你能计算出书受到的支持力和摩擦力的大小吗？（根据对平衡条件的新认识，学生可以想到两个方向的平衡，即可得到两个等式求出支持力和摩擦力。）

问题 6　为何可以这样列出等式？（同一方向的力可以相互加、减。呼应合成实验。）

问题 7　不在同一方向的力如何运算呢？（引导学生回顾课前实验——力的合成。再让学生观察受力分析图及对重力的分解图，F_1 和 F_2 是分解得到的，而 $F_1=f$，$F_2=$

F_N，则可以理解为 f 和 F_N 的合力为 G。合成与分解是互逆的，矢量运算遵循平行四边形定则。学而知用，瞻前顾后，思维在进阶中连贯。）

演示实验 2　设计用 A、B 弹簧测力计等效替代支持力和摩擦力，如图 4－2－9 所示，并用定量测量与理论计算进行对比，来验证结论。

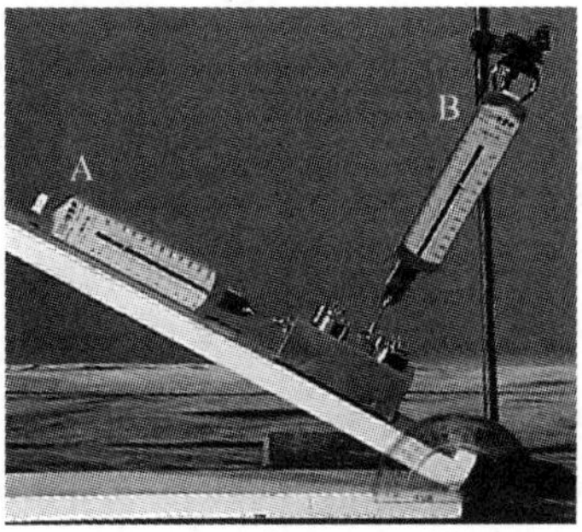

图 4－2－9

学生体验 2　做图 4－2－10 所示实验，进一步体验实验，感知现象，分析所有实验共性，得出力的分解方法。

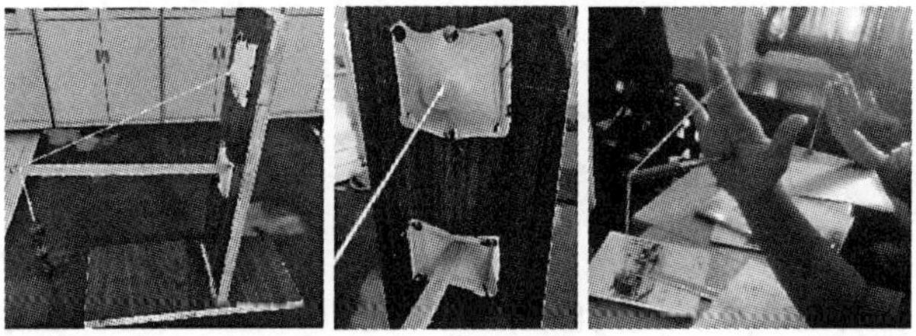

图 4－2－10

(四) 过程性原则

教学实验和科学实验有着很大的不同，科学实验更多注重结果，结果务必准确，而教学实验更多关注过程，提倡学生在做中学。过程性是学生参与的过程性（显性），学生在过程中动手操作、动眼观察、动脑思考、动口交流甚至动了学科情感；过程性是学习进阶的过程性（隐性），方案建立、器材选取、数据处理及误差分析等环节均可选择性地深入探究，锻炼学生的高阶思维进阶。

传感器实验教学资源一直被学界诟病其测量原理学生不够清楚，特别有的实验从数据测量到数据处理全部由计算机包办。笔者认为随着各种传感器在生活中广泛应用及教材对传感器原理的重视，学生对测量原理的了解不再是个问题，至于数据处理的过程可以鼓励学生运用 Excel 数据表格进行现场实验数据处理。

【教学片段三】

伏安法测量电阻

1. 亲历体验,设计方案

问题引入:同学们,实验台上有两个定值电阻,你能说出它们的阻值吗?(给出两个电阻:一个从铭牌上可以看出是10 Ω,另一个在铭牌上找不到,教师知道是10 kΩ)。

问题1 一个电阻找不到铭牌时,你怎样才能知道它的阻值呢?(学生:测量)

问题2 我们这节课的任务就是测量电阻。如何设计电路?(可以通过测量电阻两端的电压U和通过电阻的电流I实现,电压表与电阻R_x并联,电流表与R_x串联,如图4-2-11甲所示。)

问题3 大家想想,电压表、电流表、电阻R_x还有其他联接方式吗?(目的引导内接法)

问题4 (如图4-2-11甲)测量电压和电流有什么不足?(只能得到一组U和I)

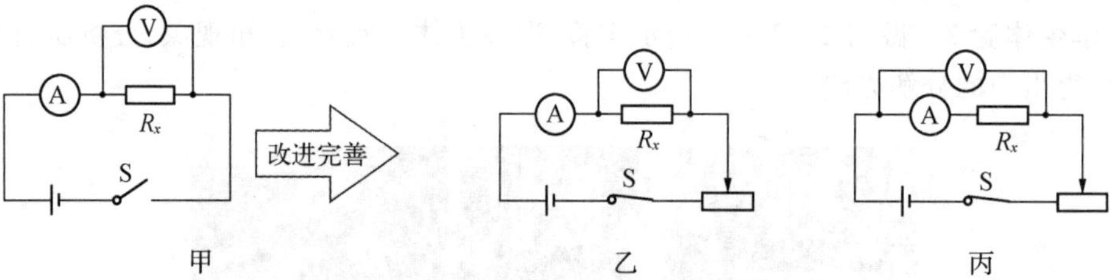

图4-2-11

问题5 测一组数据对结果有什么影响?怎样改进?(测一组数据误差较大。改进方法:在电路中加一只滑动变阻器。这样可以通过调节滑动变阻器接入电路的阻值,来改变电路中的总电阻,从而得到几组不同的U、I值。师生共同改进完善方案,得出图4-2-11乙、丙两方案。)

2. 实验测量,激发问题

问题6 (基于分组实验:引导学生分别用乙、丙两种方案来测量定值电阻10 Ω、10 kΩ,使学生面向真实的原始问题,待完成后。)大家可以合作交流一下,看看谁测得更准确呢?(学生前后组交流,发现两种方案测量结果差距很大,如表4-2-3所示。)

表4-2-3

定值电阻值	乙测量值	丙测量值
10 Ω	10 Ω	14 Ω
10 kΩ	5.5 kΩ	10 kΩ

问题 7　测量结果相同吗？（也可由学生提出问题）为什么相差如此悬殊？（学生在完成教师布置的任务过程中，发现两种方案测量有很大差异，面对原始问题，前认知无法解释，从而引发认知冲突。）

3. 分析讨论，创新思维

问题 8　请大家思考一下：如果是理想情况，即 $R_A \to 0$，$R_V \to \infty$时，两电路测量的数值是否相同？（相同）

问题 9　现差异原因何在？两种测量方法测出来的数值与实际值有什么偏差，是偏大还是偏小？（引导学生分析得出伏安法的内接法和外接法测量电阻的结论，如表 4－2－4。）

表 4－2－4

	外接法	内接法
电路连接	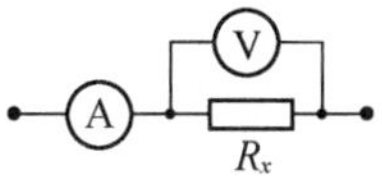	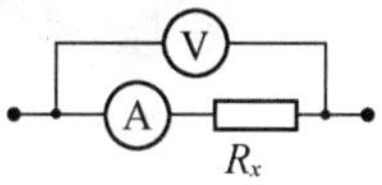
误差分析	由于 V 表的分流作用 $I_{测}>I_{真}$，$R_{测}<R_{真}$	由于 A 表的分压作用 $U_{测}>U_{真}$，$R_{测}>R_{真}$
适用情况	$R_V \gg R_x$	$R_A \ll R_x$

传统教学设计是以定论的形式呈现学习内容的教学（如伏安法的内接法和外接法测量电阻的结论），看似逻辑清晰、快捷高效，但它不是以物理现象与事实为背景，没有学习过程，远离了学生的原认知经验，缺乏认知的挑战性。遵照整合的过程性原则，设置探究过程，让学生亲历物理问题的解决过程，不知不觉地培养了解决实际问题的能力和思维能力，训练学生运用多方面知识和经验从多角度、多层次、全方位考虑问题的思维品质，有助于加深学生对基本物理思想、观念的感受与物理创新思维的理解，拓展创新思维的广度。

（五）系统性原则

系统论的核心思想是系统的整体观念，课堂系统是由各种课程资源整合而成，实验教学资源又是自然科学课程资源的重要组成部分，各种实验教学资源须协同工作，应形成“整体大于部分之和（1＋1＞2）”的整合效应。整体性注重各种资源间的互补性，实验教学资源各具“特质”：传统实验室教学资源的基础性、自制实验教学资源的创新性、传感器实验教学资源的智能性、视频实验教学资源的可视性、模拟实验教学资源的具象性，媒体实验教学资源应扮演好实体实验教学资源的辅助角色；整体性还应注重资源间的逻辑性，设计螺旋进阶的实验教学资源序列，构成一个不可分割的教学资源整体，可以依据学科知识发展逻辑关系组织资源，也可以依据学生认知规律及心理情感因素进行资源序列建构。

【教学片段四】

波的形成

1. 视频引入,聚集问题

播放关于波的若干视频 水波、飘扬的旗帜形成波浪、体操彩带表演时彩带上的波、地震波等等(如图 4-2-12 所示),让学生观察进行具身回忆,生活中的波现象也很常见,如水面上翻滚的水波……

水波

飘扬旗帜的波浪

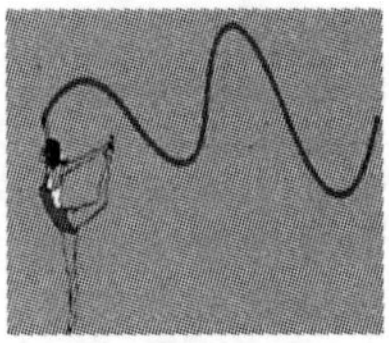

带操

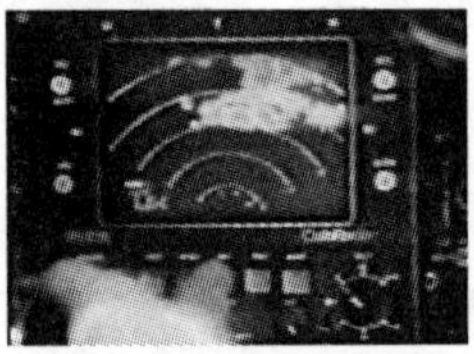

地震波

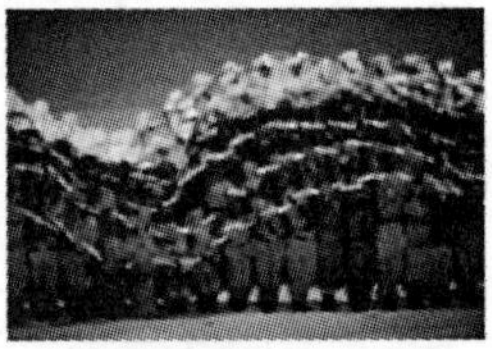

团体操表演波浪

图 4-2-12

聚焦探究问题 波动是一种常见的机械运动,是如何产生的?如何传播的?

2. 转换建模,确定研究对象

课堂体验活动 教师介绍地上有一根长绳(如图 4-2-13 所示),请一位同学抓住长绳一端,在这根长绳上产生出一列波,学生活动,抓住绳子一端用力抖动,在绳子上形成一列波。(注意:学生最好是上下抖动,学生描述观察现象。)手抓住绳子的一端上下抖动,在绳子上就出现了一列凸起的波,波在向前移动,并且幅度逐渐变弱,得出波源、波的介质概念。

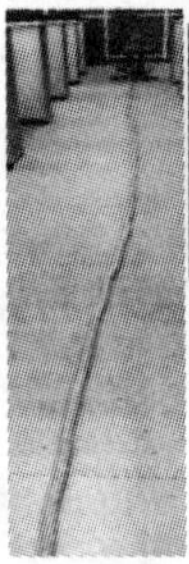

上下抖动现象

图 4-2-13

自制实验演示1　是将一系列的轻塑料棒按序连接到两根张紧的细绳上，在塑料棒的端点安上了轻质的乒乓球。用手将最下端的小球左右快速抖动，这个小球也就构成为波源了，请大家仔细观察现象（图4－2－14）。

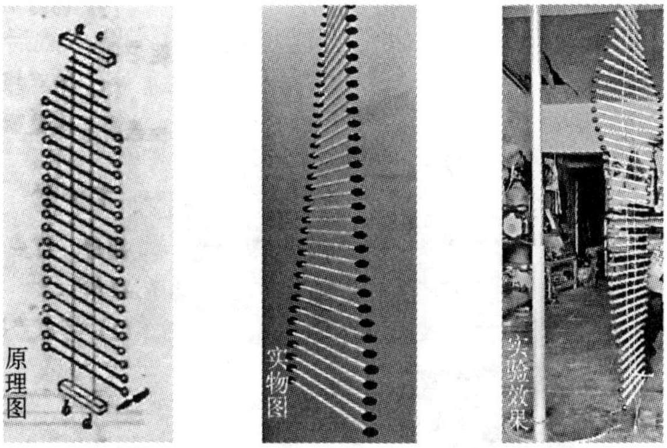

图4－2－14

讨论建模：

问题1　如果让你在上面两个实验中选择一个来研究波，你选哪个？为什么？（学生观点：选第二个，因为第二个形态更好，波形更丰富，有凹陷、有凸起。绳子上的波向前传播的时候波形只有凸起，而且传播过程中幅度很快在减小。）

演示实验　优化绳波的实验，将手的抖动方向改为水平，减小地面与绳子的摩擦。接着，老师再演示粗绳子在光滑油脂塑料地板上产生左右凹凸波的实验（图4－2－15）。

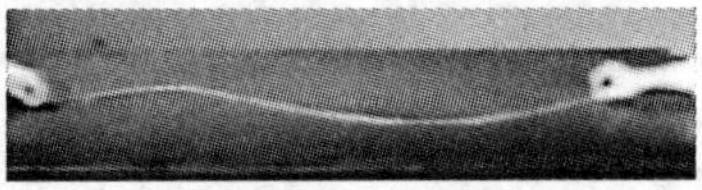

图4－2－15

问题2　现在你认为哪个更好呢？（学生观点：还是觉得第二个好，如图4－2－14所示，因为第二个实验中波的各部分观察得更清楚，这里学生潜在意识中感觉到将波动与质点运动应联系起来，对质点研究更方便，图4－2－14实验似乎有质点存在。）

问题3　是什么原因让你觉得更清楚的呢？（学生观点：因为波是由一个一个的小球所显示的，感觉更能具体观察，而绳子是连续的，不知道看什么地方。）

问题4　传播波的介质总是连续的，如绳子、水面、空气等等，从上面的实验中你有没有收到启发：研究连续介质上的波的时候，应该如何对连续介质进行研究对象的建模？（可以将它们设想成一个一个连续的“小球”，通过观察这些“小球”的情况，就能研究连续介质中的波了。)

自制实验演示 2 (将完全相同的小球用轻弹簧悬挂横梁下,使小球处于一条直线上,用一根弹性绳将这些小球串联起来,两端固定在支架上。为显示小球的位置规律,我们选择了六种不同颜色的小球形成规律性排列,如图 4-2-16 所示。)抓住端点的第一个小球左右抖动一下,演示一列波,以说明这套装置的效果。然后让电动机带动产生波源,观察连续波动现象。

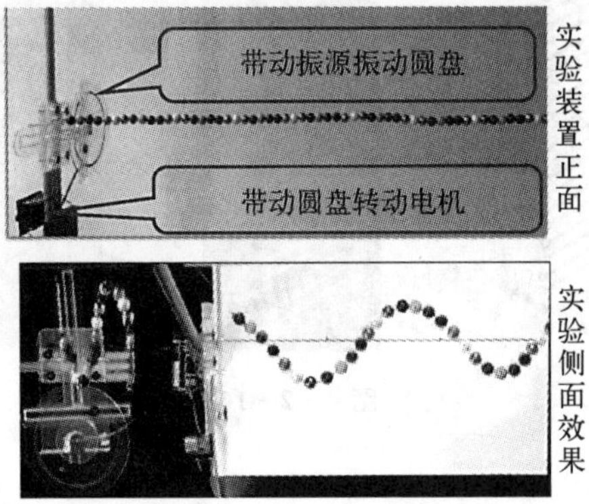

图 4-2-16

转换建模:① 通过系列实验,学生感悟优化实验优点建模绳波研究或若干质点反映波动规律;② 由于波动情况的运动状态暂留时间短,转瞬即逝不便分析,通过对自制实验 2 录像过渡转化制作课件如图 4-2-17 所示,引导学生先感知单质点运动,再逐渐观察更多质点,到群质点探究传播规律,实现转换探究。

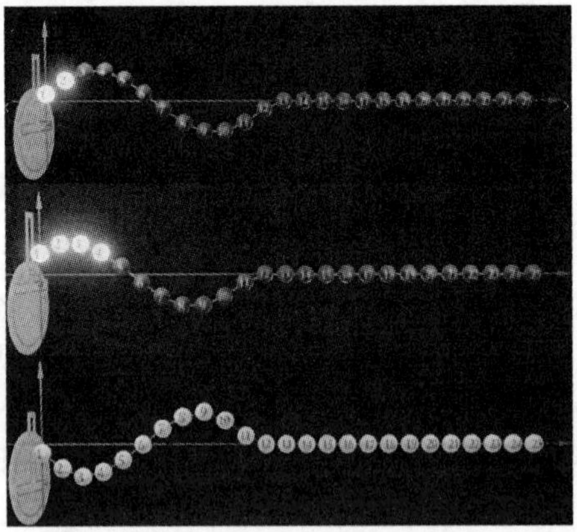

图 4-2-17

二、多元化物理教学资源的整合策略

物理教学资源的质量及资源间的结构形态决定着课堂教学系统的教学品质和效度。经过长期课堂观察和对比实践研究，有以下几种整合策略。

(一) 开发策略

在备课环节中，如何突出教学重点和突破教学难点一直是教师重点思考的问题，其中不乏开发实验教学资源的教学手段，往往会得到“千言万语说不清，一做实验就分明”的课堂实效。这种开发是资源从无到有的创生，是零碎资源的重整或者资源功能新的迁移应用等。

案例二　在“波的干涉”教学中，用直投式发波水槽呈现水波干涉图样，直接让学生观察水波干涉图样的特征来分析其形成机理较为困难，课题组老师开发了“用电磁打点计时器演示绳波的干涉实验(如图 4－2－18 所示)”，填补了无法运用绳波有效演示二维平面上波的干涉图样的空白，使干涉概念从最简单最特殊的二维绳波干涉开始进阶。

案例三　在“探究感应电流产生的条件”教学中，直接从导体切割、磁铁在线圈中插拔、模仿法拉第等实验中总结出“磁通量变化是闭合导体回路中产生感应电流的本质条件”，不仅思维进阶难度(跨度)较大而且实验事实依据过于单薄，课题组老师自制“感应电流演示仪”(如图 4－2－19 所示)，使这一本质结论得到全面透彻地探究、验证，大大降低了思维进阶的难度，有力提升了结论的信度。

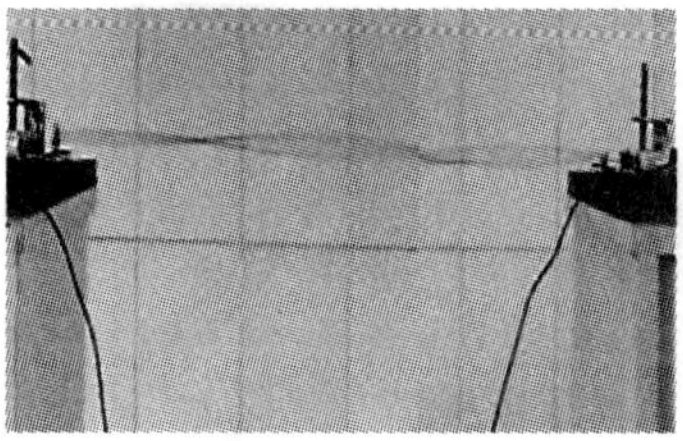

图 4－2－18

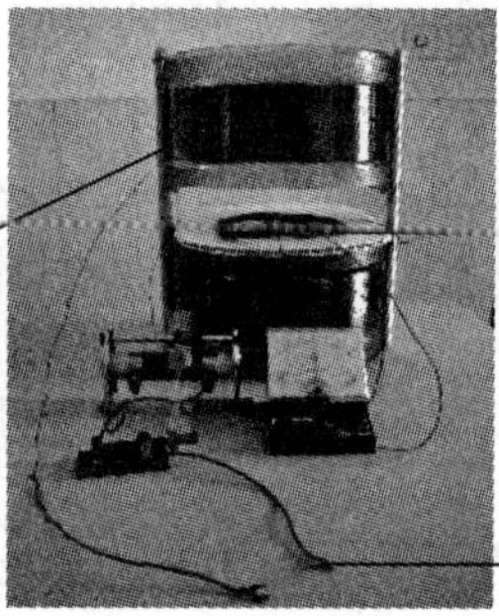

图 4－2－19

(二) 改进策略

实验的改进和品质提升一直是物理人永恒的价值追求。这里的改进是狭义层面的改进，有别于其他整合策略所带来的改进效应，特指技术层面上使实验现象更为直观的改进、定性观察到定量探究的改进、实验更为稳定可靠的改进等。

案例四　在“手摇发电机的电流变化规律”教学中，实验效果显示器由小灯泡、发光二极管直到换成电流传感器，显示效果逐渐由现象逼向规律本质(现象更为直观的改进)；法拉第电磁感应定律定量分析实验和安培力相关因素定量分析实验(定性到定量的改进)；静电实验设计中，使用浴霸暖灯照射创造干燥的实验环境，实验效果明显得到提升(实验稳定性的改进)。

(三) 替代策略

随着科技的进步，新的实验仪器不断涌现，新的实验方法不断创生，传统的仪器或方法会被新的仪器和方法替代，有的是局部替代，有的是整体替代。这种替代不是一味地追新，而是自然筛选的“优胜劣汰”，是教师对实验教学资源应用“优”的推动。特别近些年传感器测量仪器、数码相机等数字化产品的性能提升和普及，引发了新一轮的实验仪器及方法的替代革命。

案例五　数字秒表(智能手机)替代指针式秒表，在牛顿第三定律实验中用力传感器替代传统的弹簧测力计，在牛顿第二定律实验中用光电门传感器替代传统的打点计时器，在自由落体运动实验中运用数码相机辅助的视频分析法替代传统的打点计时器测量的纸带分析法等。

有时由于个性化教学的需求，实验室器材不足，在不影响实验效果的基础上也可通过自制器材替代原有器材，会收到一举多得的教学效果。

案例六　在“楞次定律”教学中，用易拉罐自制“来拒去留实验(如图 4 - 2 - 20 所示)”替代实验室厂制仪器进行分组实验；在“电荷及其守恒定律”展示课中，运用自制的静电感应实验器材(如图 4 - 2 - 21 所示)替代实验室厂制仪器完成分组实验，课堂上学生探究兴趣浓厚，实验效果很好。实践均表明，这种替代不仅达到原有演示实验的教学效果，还把实验教学过程往前延伸，锻炼了学生的动手能力，激发了学生的学科积极情感。

图 4 - 2 - 20

图 4 - 2 - 21

有时由于安全、天气等客观因素限制，实体实验无法正常进行，也会采取媒体实验教学资源替代实体实验的权宜之策。

(四) 嫁接策略

嫁接，植物的人工营养繁殖方法之一，即把一种植物的枝或芽，嫁接到另一种植物的茎或根上，使接在一起的两个部分长成一个完整的植株。在物理教学资源整合中，课题组受到植物嫁接技术的启发，把现代的实验方法(视频分析法等)或资源(传感器实验教学资源等)嫁接到传统实验教学资源上，形成完整不可分割的整体，通过“嫁接”实现传统实验资源品质的“改良”，使传统实验教学资源焕发新的生命力。

案例七　把视频分析法嫁接到平抛运动演示实验上实现了平抛运动的逐帧对比观察，突破因运动过快肉眼难以直接观察的局限；把视频分析法嫁接到弹簧振子运动实验上实现简谐运动规律 $x-t$ 图线的描绘，从运动学特征角度对弹簧振子进行定量描述；利用插棒法（用三根不同颜色的细棒代表磁场方向、运动方向及安培力方向）嫁接到安培力方向探究实验上实现左手定则的顺利归纳，把磁传感器嫁接到洛伦兹力演示实验中实现洛伦兹力公式的实验验证；把电流传感器嫁接到自感演示实验上实现通电自感及断电自感 $i-t$ 图线的描绘，实现自感现象电流瞬态变化的精准研究。

（五）串接策略

串接策略也可称作资源的垂直整合，这种策略曾经较多应用在“问题化”教学“问题串”的生成上，也可把这种策略迁移到实验教学资源整合中来，形成有序的“实验教学资源串（以下简称实验串）”或“实验教学资源组合（以下简称实验组合）”，“实验串”“实验组合”讲究实验教学资源的知识、技能、思维及情感等的逻辑性、进阶性，通过有序实验教学资源的串接搭建出基于学生视角的、清晰的“阶”，实现学习的有效进阶。这种资源组织模式具有节奏明快、步步为营的特性，特别适合于某个教学重点或难点的教学片段上。

模拟实验教学资源具有“具象性”的特质，单独应用有失实验“真实性”原则，把其串接在实体实验教学资源上，演变后形成优势互补型的“实验组合”，便于学生思维从现象到本质的有效进阶从而降低学生的认知负荷。如在“波的干涉”教学中，把水波干涉的模拟动画资源串接在发波水槽干涉实验后实现干涉图样剖面定态定点分析；在“带电粒子在匀强磁场中运动”的教学中，把带电粒子在磁场中典型运动情况的模拟动画资源串接在洛伦兹力演示实验之后实现空间运动模型的直观分析。

案例八　在“自由落体运动模型”构建的教学片段中运用了游戏、视频、纸片、史实等资源，串接成进阶型的“实验串”，使理想模型随着实验之阶水落石出；在“探究碰撞中不变量”的猜想教学环节中运用不同形式的碰撞实验串接成对比型的“实验串”，实现科学猜想的建构和论证；在“探究感应电流产生的条件”教学中，运用导体切割、磁铁在线圈中插拔、模仿法拉第等实验串接成矛盾型的“实验串”，实现规律本质的层层进阶。

（六）并行策略

随着课程资源日益多样化的发展趋势，在课堂上同时呈现多种课程资源也日渐成为一种有效的课堂组织模式。在实验探究活动中，把学生提出的多样化的实验方案，转化为可以同时进行的分组实验，再通过小组汇报和组间评价，分享现象得出结论。

案例九　在“探究单摆周期与摆长关系”的实验教学中，学生提出运用传感器和秒表测量单摆周期的两种测量方案，把这两种方案分组同步实验，不仅可以从不同方案中得到同样的实验规律还可以对传统与现代的实验方法进行横向对比研究。

第三节　多元化物理教学资源的整合范式及教学模式

物理教学强调培养学生的物理学科核心素养，核心素养是经过一定的教育后形成的适应社会与个人生活所必需的必备品格和关键能力。必备品格是人的基本素养，是个人回应人生处境的方式，其要素包括自律（人与自我控制关系）、尊重（人与他人合作相处关系）和认真（人与事情态度关系）。能力是在任务情境中表现出的个人的适应性行为，心理学角度看，能力属于个性心理特征，是保证人们成功进行实际活动的一系列稳固心理特征的综合。狭义的能力指认知能力或智力。从基础教育性质和学生心理发展规律来看，其核心是认知能力，特别是思维能力。能力具有三个特点，即是剩下的东西（遗忘掉所学的具体知识和内容，而剩下来的就是所谓的能力和素质）、带得走的东西（让学生掌握学习活动所不可缺少的、最基本的技能和技巧，如阅读、书写、观察、思考和表达能力）、可再生的东西（能力能增值，能力能产生和创造其他知识、技能和能力，如举一反三，闻一知十等）。从学习过程角度，关键能力包括阅读能力（广义上讲就是通过听、读、看获取信息的能力）、思考能力（归纳、分类、演绎、推理、想象等思维加工能力）、表达能力（说、写、做的信息输出能力）三个维度。物理教育中培养和发展物理关键能力和必备品格也是基于关键能力的三个维度和品格的三个要素为出发点。

1. 从物理认知学习的模式追寻物理教学资源整合的出发点

组成关键能力的阅读能力、思考能力、表达能力三个方面中，思考能力是关键能力的核心部分，在物理学习的认知过程中，物理环境所提供的思维素材，只有通过以事实、数据和已证实的知识为依据，进行周到、系统、有逻辑的思维和推理，才能直抵事物本质，实现信息加工和自我转换，重构认知结构达到学会。而物理学习中的思维加工过程是一个十分复杂的过程，它包括感知物理现象、形成概念和掌握规律、解决物理问题三个认知阶段，构成的物理认知学习模式可用图 4－3－1 来呈现。

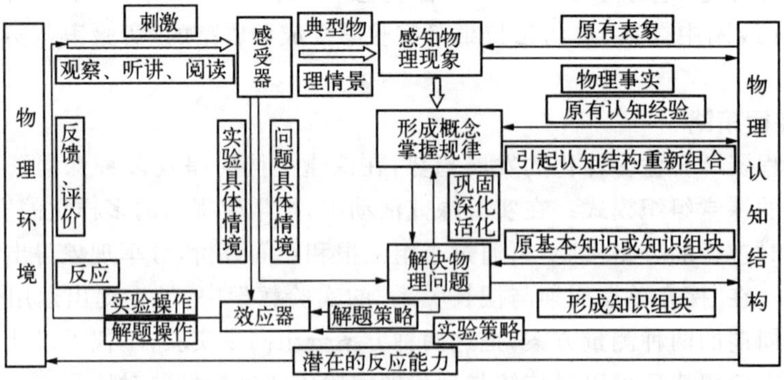

图 4－3－1

从物理认知学习模式图的分析可知，物理学习始于物理学习环境对学生的刺激，物理环境是以教学形式展现的物理客观环境，它包括要观察的自然现象、由实验显示的物理现象、以文字或语言表述的物理现象和过程、具体的实验任务、具体要解决的问题，以及多元化物理教学资源所呈现出的现象和过程等等，随着现代信息技术的迅速发展，通过对教学资源的有效整合，会更加生动、直观、形象的创设出真实的物理学习情境，学生通过观察、听讲、阅读等形式接受物理环境的刺激，以眼、耳、鼻、舌、身等具身认知，获取提供思维加工的素材。学生认知结构中的原有物理表象将参与感知，并把新现象同自己认知结构中已存在的物理事实进行比较和区分，辨别出新现象的特征，同时把新感知的某些物理现象作为物理事实被纳入学生的认知结构之中，为现象、概念和规律提供生动的事例，经历感觉、知觉、表象过程，对物理事实、物理现象和物理过程形成清晰而明确的印象、并积累了一定的生动、具体的感性知识和数据，激发出有待探究的问题，为进一步的思维活动提供了思考的线索和依据，达到完成感知物理现象阶段。随后思维加工进入认知定向、归纳找出共同特征、比较抽象出本质属性，认识事物的本质特征和事物间的联系及变化趋势，认识由感性上升为理性、由具体变为抽象，形成概念和掌握规律，最后通过物理问题的实景应用，有效地巩固、深化、活化概念和规律，达成对物理环境作出可观察到的反应，灵活地解决物理问题，思维就从抽象上升为具体，知识就从“弄懂”到了“会用”，在这一过程中，整合的物理资源创设的物理情境，将引发学生认知同化或顺应使物理认知结构发生扩展、更新或重建，将新认知的物理概念和规律纳入形成新的认知结构，即获取新知识，当遇见新的任务情境，解决新的物理问题时，认知结构将自动参与，向解题活动提供必要的基本知识和方法，或直接提供解决该类型问题的物理知识组块，同时解题过程中基本知识的组合和应用，有可能形成新的知识组块而被储存在物理认知结构之中。

物理认知学习模式图的分析，如果学生对物理环境作出外显反应和潜在行为变化的总量小于物理环境给予学生的刺激总量的话，即使学生也能作出少量的反应，那么这也不是真正意义上的学习。在解决物理问题中，问题的环境刺激经过感受器转变成问题具体情境的信息，它以一个支线的形式直接进入解决物理问题的阶段之中，问题的具体情境与认知结构中提供的基本知识或知识组块相互作用，形成解题策略，推动效应器工作，使口或手按一定的顺序和时间完成解题操作。解题操作实现了学生对物理环境的可观察到的反应，使原来物理环境中未知或不完整的具体问题变成已知或完整的命题，这样学生就利用了资源整合提供的环境信息，通过自己的努力改变了物理环境，使反应的量大于刺激的量，从而完成了学习。

在实验教学中，实验资源的整合将提供开展科学探究的物理环境，学生通过具身体验实验具体情境信息，在认知结构提供的实验策略的指引下，推动学生元认知工作，协调语言、身躯或手等各部分肌肉的动作，按一定的顺序和时间完成一系列的实验操作。实验操作也是学生对物理环境作出反应的一种方式，它同样是可以被观察到的。实验操作使学生经过主动探究的努力创造了新的学习情境，实验资源的整合组合效能远远超出了分立仪器的功用，同样也完成了反应量大于刺激量的学习过程。学生具有物理关键能力的表现，除了可观察到的解题能力和实验操作能力，还应包括潜在的反应能力，这种潜力不一定要在学习的当时表现出来，它可以在今后的学习、工作和生活中，由适当的物理环境所引发，而对物理环境作出自动的反应。从物理认知学习的模式分析，可清晰寻找到物理教学资源整合的出发点（如图 4-3-2 所示），为建构物理教学资源整合范式提供依据。

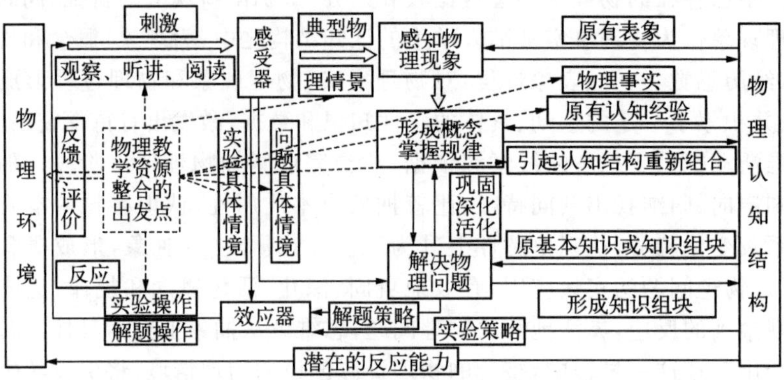

图 4-3-2

2. 物理教学资源整合范式

"范式"（原文是 paradigm），来自希腊文，原意是"一个接一个的展示"，含有"共同显示"的意思，由此引出模式、模型、范例等含义。1962 年库恩在《科学革命的结构》中赋予它"在一定时期内可以向研究者群体提供的典范性问题及解法的普遍公认的科学业绩"的意思，这时的"范式"有严格限定的专业术语。比较通用的定义是：范式指体系或范例，它是指在一个时代里人们对事物具有支配地位的看法，特别是指在某个时代人们公认的处理科学问题的前提，有系统的思想体系。具体而言，范式也可以被看作是人们看待与处理特定领域内的一种现象或一系列问题的基本原理。在当代教育研究的上位概念中，范式一词通常用来描述教育研究方法论的基本类型和研究问题与研究方法的归属。在当代课程与教学理论研究中，范式一词也已得到了广泛的使用，比如人们所说的课程研究范式、课程编制范式、课程开发范式以及教学范式等。范式一词不仅是指人们概括事物的方法，而且包含了人们认识事物的价值、态度以及与之相适应的实践活动。在教学应用中通常所讲的教学范式（teaching paradigm）是指人们对教育领域教学这一特殊现象和复杂活动的最基本的理解或基本看法。简单地说，就是人们对教学所作的最基本的界定或基本的解释。教学范式通常有两类即"模仿范式"和"变革范式"，佐藤学认为"模仿范式"的学习是以行为主义的学习理论为基础的，对于行为主义心理学来说，所谓“学习”就是“行为的变化”。“变革范式”的学习是建筑在以建构主义为基础的认知心理学的基础之上的，所谓“学习”就是“认知结构的变化”。这里我们所提出的多元化物理教学资源整合范式是对教学范式中物理教学资源整合与运用这一特殊现象和复杂活动的最基本的理解或基本看法，学习将引起行为和认知结构的双重变化。

在物理教学时，针对某一教学内容我们通常要思考这样的问题：物理教学应该试图达到什么样的教学目标（这是由教材内容和学生认知水平所决定的）？提供什么教学资源或教育经验最有可能达到这些目标（资源的筛选）？怎样有效整合组织这样的教学资源或教育经验（资源的整合与应用）？我们如何确定这些目标正在得以实现（应用评价与反思）？由于现代教育技术和信息技术的迅猛发展，近年物理实验教学资源越趋呈现多元化的特征，我们主张构建了“确定目标、收集资源、特质分析、优化融合”的整合范式。

（1）确定目标

这里所讲的目标确定有两层意思，一是整合资源目标（这在本章第一节中已经阐述），二是确定教学目标（这是由教材内容和学生认知水平所决定的），整合目标必需指向教学目标，整合目标是为实现教学目标服务的，物理教学资源整合目标就是追寻找出依托资源创设最优化的课堂教学或学习的物理环境，为完成教学目标提供支撑，整合目标应基于物理核心素养课程目标指向，落实“物理观念、科学思维、实验探究、科学态度与责任”的具体分级核心素养水平要求的教学目标（如表 4-3-1 所示）。

表 4-3-1　物理核心素养的水平划分

分级指标		物理核心素养的水平划分描述				
一级	二级	水平 1	水平 2	水平 3	水平 4	水平 5
物理观念	形成观念	能从物理学的视角观察自然现象	形成初步的物理观念	具有物理观念	具有清晰的物理观念	具有清晰、系统的物理观念
	解释现象	具有将物理学与实际相联系的意识	能从物理学的视角解释一些自然现象	能从物理学的视角描述和解释自然现象	能从物理学的视角正确描述和解释自然现象	能从物理学的视角正确描述和解释自然现象
	解决问题		能应用物理知识解决一些实际问题	能应用物理知识解决实际问题	能综合应用物理知识解决实际问题，能指导工作和生活实践	能灵活应用所学的物理知识解决实际问题，能有效指导工作和生活实践

续表

分级指标		物理核心素养的水平划分描述				
一级	二级	水平 1	水平 2	水平 3	水平 4	水平 5
科学思维	模型建构	能说出一些简单的物理模型	能在熟悉的问题情境中应用常见的物理模型	能在熟悉的问题情境中根据需要选用恰当的模型解决简单的物理问题	能将实际问题中的对象和过程转换成物理模型	能将较复杂的实际问题中的对象和过程转换成物理模型
	科学推理	能对常见的物理现象进行简单的分析	能对比较简单的物理现象进行分析和推理，获得结论	能对常见的物理现象进行分析和推理，获得结论并作出解释	能对综合性物理问题进行分析和推理，获得结论并作出解释	能在新的情景中对综合性物理问题进行分析和推理，获得正确结论并作出解释
	科学论证	能区别观点和证据	能使用简单和直接的证据表达自己的观点	能恰当使用证据表达自己的观点	能恰当使用证据证明物理结论	能考虑证据的可靠性、合理使用证据
	质疑创新	知道质疑和创新的重要性	具有质疑和创新的意识	能对已有的观点提出质疑，从不同角度思考物理问题	能对已有结论提出有依据的质疑，采用不同方式分析解决物理问题	能从多个视角审视检验结论，解决物理问题具有一定的新颖性
科学探究	问题	具有问题意识	能观察物理现象，提出物理问题	能分析物理现象，提出可探究的物理问题，作出初步的假设	能分析相关事实或结论，提出并准确表述可探究的物理问题，作出有依据的假设	能面对真实情境，从不同角度提出并准确表述可探究的物理问题，作出科学假设
	证据	能在他人指导下使用简单的器材收集数据	能根据已有的科学探究方案，使用基本的器材获得数据	能在他人帮助下制订科学探究方案，使用基本的器材获得数据	能制订科学探究方案，选用合适的器材获得数据	能制订有一定新意的科学探究方案，灵活选用合适的器材获得数据

续表

分级指标		物理核心素养的水平划分描述				
一级	二级	水平 1	水平 2	水平 3	水平 4	水平 5
科学探究	解释	能对数据进行初步整理	能对数据进行整理，得到初步的结论	能分析数据，发现特点，形成结论，尝试用已有的物理知识进行解释	能分析数据，发现其中规律，形成合理的结论，用已有的物理知识进行解释	能用多种方法分析数据，发现规律，形成合理的结论，用已有的物理知识进行科学解释
	交流	具有与他人交流成果、讨论问题的意识	能撰写简单的报告，陈述科学探究过程和结果	能撰写实验报告，用学过的物理术语、图表等交流科学探究过程和结果	能撰写完整的实验报告，对科学探究过程与结果进行交流和反思	能撰写完整规范的科学探究报告，交流、反思科学探究过程与结果
科学态度与责任	科学本质	认识到物理学是对自然现象的描述与解释	认识到物理学是基于人类有意识的探究而形成的对自然现象的描述与解释，并需要接受实践的检验	认识到物理研究是建立在观察和实验基础上的一项创造性工作	认识到物理研究是一种对自然现象进行抽象的创造性的工作	认识到物理学是人类认识自然的方式之一，是不断发展的，具有相对持久性和普适性，但同时也存在局限性
	社会责任	对自然界有好奇心，知道学习物理需要实事求是，有与他人合作的意愿	有学习物理的兴趣，具有实事求是的态度，能与他人合作	有较强的学习和研究物理的兴趣，能做到实事求是，在合作中能尊重他人	有学习和研究物理的内在动机，坚持实事求是，在合作中既能坚持观点又能修正错误	有较强的学习和研究物理的内在动机，能自觉抵制违反实事求是的行为，在合作中既能主动参与又能发挥团队作用
	科学态度	知道“科学·技术·社会·环境”存在相互联系	认识到物理研究与应用会涉及道德与规范问题，了解“科学·技术·社会·环境”的关系	认识到物理研究与应用应考虑道德与规范的要求，认识到人类在保护环境和促进可持续发展方面的责任	能依据普遍接受的道德与规范认识和评价物理研究与应用，具有保护环境、节约资源、促进可持续发展的责任感	在进行物理研究和应用物理成果时，能自觉遵守普遍接受的道德与规范，养成保护环境、节约资源、促进可持续发展的良好习惯

教学目标是教学的首要环节，是落实宏观层面的教育目标学科具体化的体现，是中观层面的课程目标的微观层面表述，是课堂教学活动实施的方向和预期达成的结果。更是对经过一定的教学程序后学生所获得的关键能力与必备品格的状态的描述，而状态的描述必需是基于物理核心素养与学业质量水平标准的，是对教学行为、学习行为的表达，即指向物理核心素养的教学目标应基于对核心素养维度与学业质量水平标准的分析，实现单元目标和课时目标的整合与重构，通过行为主体、行为动词、行为条件和表现程度的呈现方式，来表达学生经过一定的教学程序后所获得的关键能力、必备品格和价值观念。

基于物理核心素养的教学目标确定，必需深刻理解“物理观念”“科学思维”“科学探究”和“科学态度与责任”是对物理教学的纲领性要求，并从这四个维度的核心素养来描述课堂教学目标。“物理观念”是对物理现象的基本认识，是学习物理概念与规律后形成的具有稳定心理特征的认知结构，这种结构化认知可以对实际问题的解决进行迅速匹配。当物理观念教学目标达成后，学生能正确理解物理规律，会对规律深信不疑，懂得用物理的方法对规律进行迁移和应用；“科学思维”是物理学习与探究所需要的模型抽象、分析综合、推理论证、质疑批判等认识方式或思维方式，其教学目标是构建课堂学习内容中与模型抽象、分析综合、推理论证、质疑批判等四大思维相匹配的（问题、实验等）载体，为教学铺设清晰思维的路径，让学生在不同实际情境过程中的思考与应用；“科学探究”是指对一个现象进行研究的能力，是一种研究问题的程序与过程，如提出问题和假说，设计验证方案，依据证据来验证假说，得出符合逻辑与证据的结论等，教学目标是搭建指向问题、证据、解释与交流等探究活动平台，使教学能体现探究程序与过程；“科学态度与责任”是指在学习探究科学的过程中，对科学本质等的基本认识态度和社会责任感是必备品格，教学目标应该以与科学相关的科学态度与责任和价值观为基础，结合教学内容激发学习动机与兴趣、学习态度与习惯，关注学生对事物的认知、判断与价值选择能力的培养。物理教学资源整合目标是为了达成核心素养的四个维度教学目标而确定物理教学资源整合的应用策略与教学行为。

如表 4-3-2 所示，以“牛顿第三定律”为例，是课堂教学的目标和物理教学资源整合目标表达范例，这只为教师提供确定教学目标和资源整合目标的一条可供参考的分析方法和路径，并不是一种规定的呈现方式，教学目标和整合目标的呈现方式不应拘泥于某种固定模式，只是从教学和资源整合视角，从行为主体、行为动词、行为条件和行为方式方面，来对学生经过一定的教学程序后所获得的关键能力、必备品格和价值观念及教学资源有效整合组织表达。

表 4-3-2　牛顿第三定律课时教学目标和物理教学资源整合目标设计

<table>
<tr><th>核心素养</th><th>教学目标描述</th><th>物理教学资源整合目标</th></tr>
<tr><td>物理观念</td><td>1. 能通过观察、分析，在归纳生活和实验中相互作用现象的过程中构建作用力与反作用力概念，并形成对牛顿第三定律的认识。
2. 会运用牛顿第三定律解决实际问题。</td><td rowspan="4">1. 整合系列体验及实验资源创设相互作用的物理环境，供学生感知、归纳总结并揭示无论是不同种类的物体（固体、液体、气体等），还是不同性质的力（重力、弹力、摩擦力、电磁力等），两个物体之间的作用总是相互的。（学生经历了“比较—概括—抽象”的过程，发展科学思维。）
2. 整合实验资源为总结得出牛顿第三定律提供物理环境，为学生提供平衡态物体间相互作用到非平衡态物体间相互作用而开展实验探究，深度思维总结规律。
3. 整合资源提供学生质疑、产生逻辑推理的物理环境，让学生在真实情境中学会解决问题。</td></tr>
<tr><td>科学思维</td><td>3. 从设计的不同物态、不同性质力和不同运动状态的有序递进的相互作用实验，用归纳思维得出牛顿第三定律。</td></tr>
<tr><td>科学探究</td><td>4. 能进行分组分层自主合作实验，并综合分析各组信息，得出相互作用力和牛顿第三定律。</td></tr>
<tr><td>科学态度与责任</td><td>5. 通过基于本组实验的证据和逻辑推理发表自己的见解。</td></tr>
</table>

(2) 收集资源

收集资源是为了落实确定目标而搜集一切物理教学资源，包括实体教学资源（常见的传统实验教学资源、自制实验资源、传感器实验教学资源等），媒体教学资源（常见的视频教学资源、模拟教学资源、信息技术工具教学资源等）。

案例一　牛顿第三定律教学设计时，为感知、认知物体作用的相互性，可收集自制分组实验资源来创设典型物理情境，通过演示（或分组）实验（如图 4-3-3 所示），完成如下实验：① 两个穿着溜冰鞋的人，站在比较光滑的地面上。当其中一个人从背后轻轻地推另一个人时，两个人会同时向相反方向运动；② 用手拉伸弹簧和压缩弹簧；③ 将螺旋桨玩具飞机放空中悬浮飞行；④ 将两辆小车置于光滑导轨上，车上各固定一块条形磁铁，使两磁铁的同名磁极相对，用手控制两小车，使之靠近并静止，然后同时松开双手，两小车同时向相反方向运动；⑤ 电子台秤上放一盛水的玻璃容器，观察记录台秤示数，再将弹簧测力计下挂一重物，观察弹簧测力计示数，将弹簧测力计下悬挂的重物浸入玻璃容器，再看台秤和弹簧测力计的示数；⑥ 在水平桌面上用几支圆柱形的铅笔支撑课本，将一辆开动着的四驱电动玩具车放在课本上，可以观察到，小车与课本同时向相反的方向运动。引导学生观察分析这一系列实验，让学生感知物理现象为思维加工提供素材。探究牛顿第三定律规律之相互作用运用规律时，可收集弹簧测力计相互作用实验（如图 4-3-4 所示）观察弹力间相互作用。还可以设计如将几支圆铅笔置于泡沫塑料板的下面（如图 4-3-5 所示），把一木块放在板上，两个测力计分别与木块和泡沫塑料板相连。两手用水平方向的力拉测力计，逐步增大拉力（保持木块和泡沫塑料板静止)，可看到两个测力计的读数始终相同。说明木块对泡沫塑料板的静摩擦力和泡沫塑料板对木块的静摩擦力是一对作用力与反作用力。让科学思维进入认知定向、归纳找出共同特征、比较抽象出本质属性，认识事物的本质特征和事物间的联系及变化趋势，认识由感性上升为理性。由于前两个实验资源都是物体处于平衡状态下做的，提供资源整合采用传感器演示(如图 4－3－6 所示)探究做非平衡状态(如加速运动)时的实验，培养质疑、批判，培养创造性见解，学生感知发现相互作用关系与运动状态无关(培养科学探究的意识和发展物理核心素养的科学探究能力)。为培养解决问题能力，进一步搜集划龙舟及火箭发射视频资源(如图 4－3－7 所示)和反冲实验(图 4－3－8 所示)供学生应用理解牛顿第三定律。

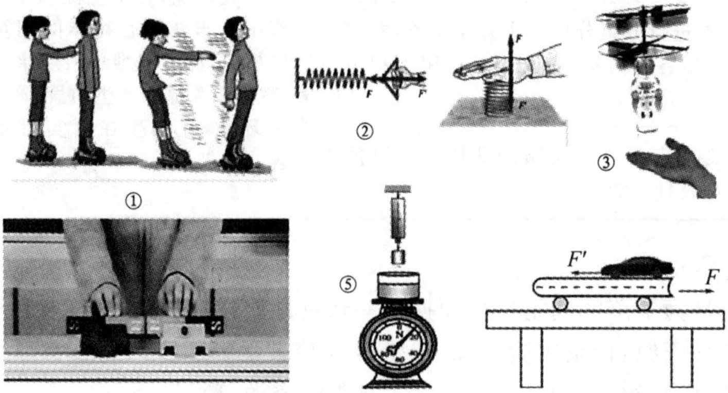

图 4－3－3

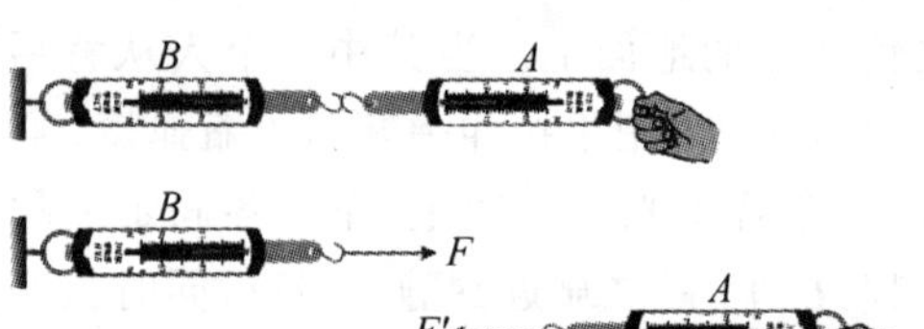

图 4－3－4

图 4－3－5

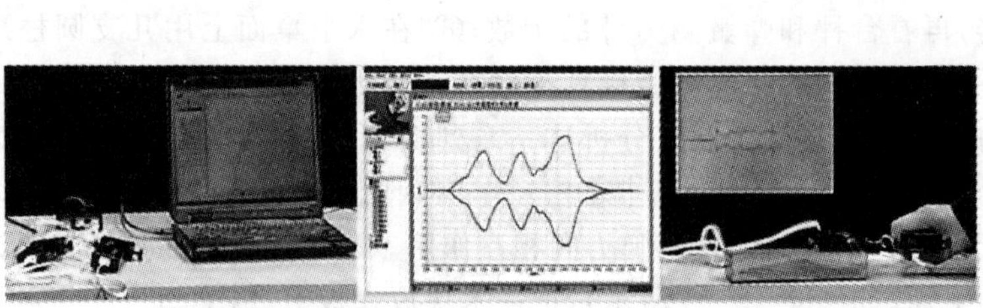

(a) (b) (c)

图 4－3－6

图 4-3-7

(3) 特质分析

图 4-3-8

教学资源的多元化正在深层次地影响着物理课堂教学的手段、结构和呈现模式。多元化物理教学资源按其外部特征及其表现形式可分为实体教学资源和媒体教学资源两大类，当针对教学目标，收集教学资源后，需对资源进行特质分析，依据第二章节的分类确定具体资源的功能，为实现资源整合目标，优化物理环境提供方法、手段和策略。

案例二　如图 4-3-3 所示资源中① 呈现弹力相互作用瞬间；② 感受相互作用弹力；③ 呈现固体与气体间相互作用力；④ 呈现磁相互作用；⑤ 呈现固体与液体相互作用；⑥ 呈现固体间相互作用的弹力、摩擦力。图 4-3-4、图 4-3-5 显示平衡态下相互作用大小、方向关系；图 4-3-6 呈现非平衡态下相互作用力大小、方向关系；图 4-3-7 视频资源、图 4-3-8 实验资源为运用牛顿第三定律解决问题创设真实物理情境。

(4) 优化融合

为了最优化物理认知学习物理环境，对选用的物理教学资源进行整合，促进资源有效融合，发挥资源在激发问题，建构概念，发现规律，解决问题，引领科学思维，构建科学探究路径，构建资源优化融合的整合流程(如图 4-3-9 所示)，引领学生“做中学”，让

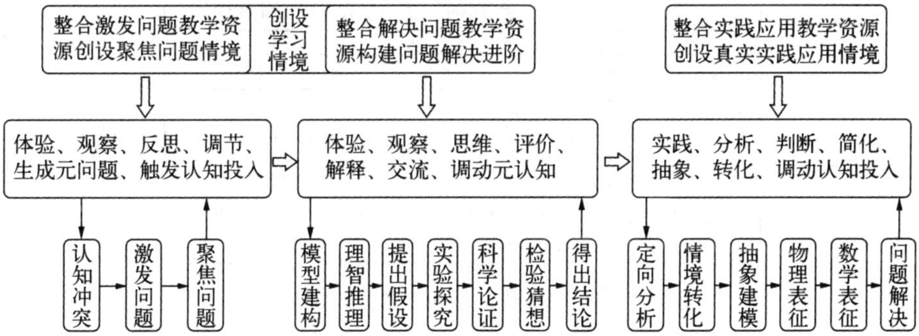

图 4-3-9　“做中学”课堂进阶设计流程

学习进程有效进阶,实现以资源整合学生参与认知过程,以“亲历”经验的获得为核心旨趣,在情境化的教学场域中,通过学生的各种“做”——观察、实验、探究、游戏等来组织实施教学,为学习者的认知发展提供支撑,以进阶为教学路径,精心预设的“实验之阶”“问题之阶”,触发学生认知感受器、效应器,让学生快速甚至自发地触景“生情”“生疑”“解惑”,提高学生认知学习的效度,实现学生思维品质的精致化发展,即让学习进入真实实践,实现学习的有效进阶。

案例三 《曲线运动的速度方向》教学:依据图 4-3-9 所示优化融合资源整合流程,设计图 4-3-10 所示教学流程,学生通过视频资源观察:(1) 旋转砂轮上的火星、观察火星颗粒飞出;(2) 链球运动,观察飞出链球方向。激发问题:做曲线运动的物体运动速度是沿什么方向?为聚焦问题,设计演示实验资源:向旋转陀螺顶上滴红墨水,观察墨水飞出方向并描画墨水飞出轨迹(为猜想提供依据)。通过观察体验提出猜想:曲线运动的速度方向可能沿曲线的切线方向(提出假设)。为了检验猜想,进一步设计实验资源探究(设计可以任意改变长短磁性塑条,实验时可不断改变磁性塑条长短,来改变沿磁性塑条做曲线运动的鼠标滚球出口位置,保留的磁性塑条位置不动,根据每次在鼠标滚球上涂上红墨水标记,记录实验信息。),分析现象得出:钢球在任意曲线的导轨内运动,离开导轨时沿切线方向飞出。同时让学生做理智推理分析,佐证得出结论,最后进行实践关联和实践应用。

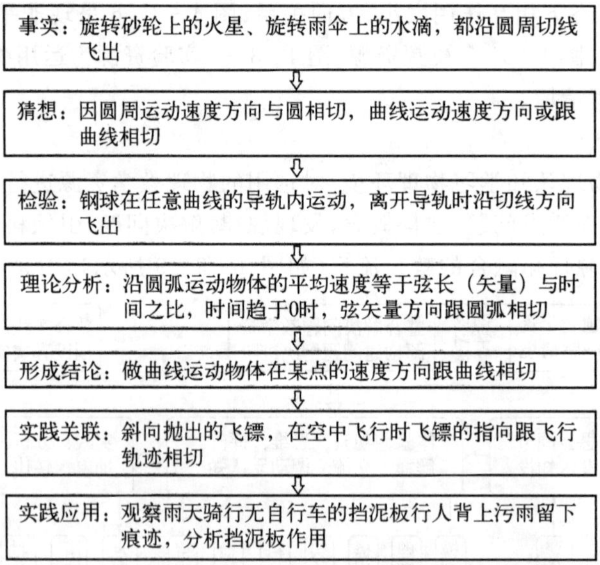

图 4-3-10 《曲线运动的速度方向》教学流程

3. 基于多元化物理教学资源整合的教学模式

1972 年,美国学者乔伊斯(B. Joyce)和韦尔(M. Weil)出版了《教学模式》一书,一般被认为这是最早对“教学模式”的系统研究。乔伊斯和韦尔给教学模式的定义是：教学模式是构成课程（长时的学习课程）、选择教材、指导在教室和其他环境中教学活动的一种计划或范型。教学模式是一种旨在完成特定教学任务、相对稳定、步步深入展开的教学事件的组合，将创设教学情境、组织教与学的活动、运用各种教学方法和整合教学资源媒体都安排在一个顺次推进的操作框架之内。静态看教学模式是一个多因素构成的结构，动态看教学模式是一系列联系起来的活动。从教学论观点看，教学模式又是以一定的教育思想和相关的教育理论作为指导的，并不断反思教学过程，对其深入研究，不断寻找最有效的教学方式建构出有效的可行性教学方案。可见，基于多元化物理教学资源整合的教学模式是在核心素养的物理课程标准的指导下，为完成特定教学内容的教学目标，选择多元化物理教学资源并根据资源的特质，优化融合资源创设符合学生认知学习特征的物理环境，而形成稳定且简明的教学结构理论框架（如图 4 - 3 - 11 所示）及具体可操作的实践活动方式。

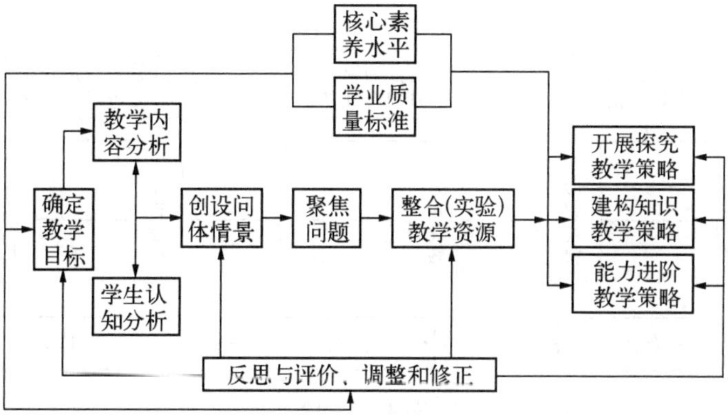

图 4 - 3 - 11

根据物理学习的思维加工特点的不同，可将物理教学分为概念教学、规律教学、问题解决教学几种，基于如图 4 - 3 - 11 所示理论框架和概念教学、规律教学、问题解决教学特征，可构建不同的具体可操作教学模式，使教学设计流程符合“核心素养目标化导向、整合资源情境化展开、知识建构问题化生成、问题解决条件化进阶、认知图式结构化形成”的基本发展关键能力的规范。教学有模式而不能唯模式，这里所讲的物理教学模式是教学资源整合创设物理认知环境，发展学生核心素养的程序、结构、方法、策略和处理问题的方式、手段。

（1）物理概念教学模式

物理概念是“反映物理现象和物理过程本质属性的一种抽象，是在大量观察、实验的基础上，运用逻辑思维方法，把一些事物本质的、共同的特征集中起来加以概括而形成的。”物理概念是组成物理知识的基本元素，是一类物理现象的共同特征和本质属性在人脑中概括和抽象的反映,它是根据研究问题的需要,在观察实验的基础上,在一定的背景知识指导下,充分分析客观事物的各种属性和特征,利用分析、综合、比较、抽象、概括、推理、类比、等效等物理思维方法,抽象出客观事物的物理共同属性和本质特征的过程。因此,物理概念的建立需要创设情境。学生在学习物理概念之前,基于生活经验形成了大量的经验性常识,要在此基础上建构物理概念,必须对所观察的现象重新加工,在诸多客观情境中概括事物的共同属性,抽象事物的本质特征,完成从经验性常识向物理概念的转变。在这个过程中,应促进学生科学思维的发展。概念教学中物理教学资源整合模式(为了帮助学生形成概念,利用物理实验、图形、图片、视频资料、多媒体课件等资源整合手段,为学生提供丰富的感性材料,引导学生经历知识发生、发展的过程,促进学生的思维活动,从而降低学生形成物理概念的难度)首先应是创设情境提供感知材料,促进形象表象,其次是围绕凸显促进分析、综合、比较、抽象、概括、推理、类比、等效等思维要素提供典型情境素材供抽象,最后是通过真实情境构建,实现变式迁移和知识重建(如图 4-3-12 所示)。

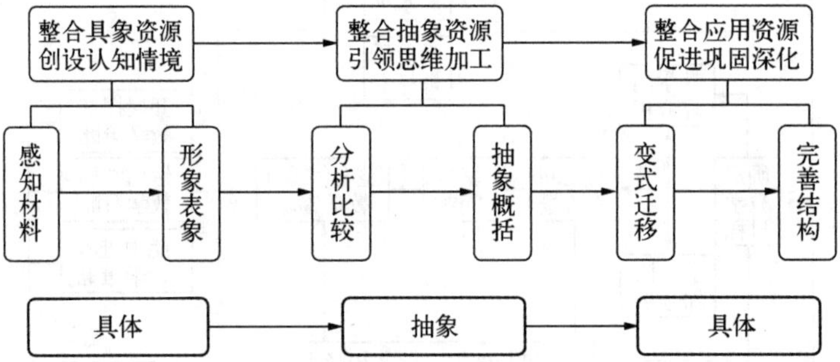

图 4-3-12

例如,在自由落体运动的教学中,学生通常认为重物比轻物下落快。针对学生的这种认识,可利用纸片和纸团等随手可得的生活用品资源,创设各种物体下落的具体情境,分析得出空气阻力对物体下落快慢有影响;通过羽毛和金属片在无空气阻力的真空玻璃管中下落的实验资源,抽象出物体在真空中下落快慢的共同特征,形成自由落体运动的抽象概念,并用太空实验视频资源巩固深化认知。教学实践证明,在物理概念的教学中,关键是创设体现概念本质特征的情境,发展学生的科学思维。

(2) 物理规律教学模式

物理规律反映了物理对象、现象、过程在一定条件下必然发生、发展和变化的规律,反映了物质运动变化的各个因素之间的本质联系、揭示了在一定条件下某些物理量之间内在的、必然的联系。物理规律是观察实验、物理思维和数学推理相结合的产物;物理规律反映有关物理量之间的必然联系。

建立物理规律需要有必要的物理知识作为基础,需要抽象思维、形象思维和直觉思维的共同作用，利用归纳、演绎、类比、臻美、理想实验、假说等各种思维加工，通过直觉的洞察，灵感的激发，想象的发挥，假说的试探，对观察实验结果和原有的理论进行综合的、全面的、深入的考察等等。物理规律教学中资源整合模式就是要创设探究需要的问题情境。让学生从情境中发现和提炼问题，对问题的可能答案作出假设，并根据问题情境，运用已有知识制订探究计划，选择符合情境要求的实验装置进行实验，获取客观、真实的数据，通过对数据的分析形成关于物理规律的结论。纵观物理学发展史，物理规律的建立主要有三种信息途径。实验归纳：直接从观察实验结果中分析、归纳、概括而总结出物理规律的方法（牛顿第二定律、法拉第电磁感应定律、玻意耳定律、盖-吕萨克定律、查理定律、光的折射定律、焦耳定律、光电效应的实验规律、氢原子光谱的实验规律等）；理论分析：理论分析就是利用已有的物理概念和物理规律，通过逻辑推理或数学推导，得出新的物理规律的方法（能量转化与守恒定律、爱因斯坦狭义相对论、电磁波预言等）；提出假说：在物理学发展史上，许多物理规律最初都是以假说的形式出现的，提出假说，然后再用实验验证（如图 4－3－13 所示）。

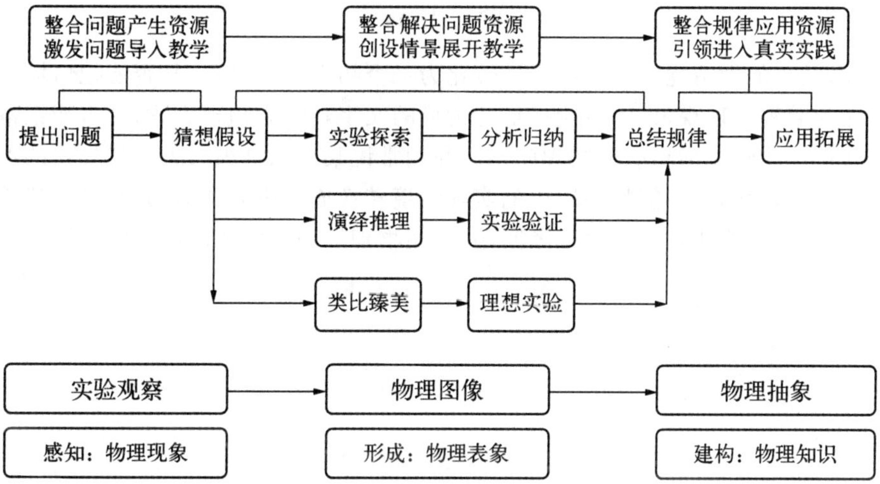

图 4－3－13

例如，在学习行星运动规律时，可利用木星的卫星便于观测且绕木星运行周期较短的特点，把每间隔一定时间拍摄的木星（连同多颗卫星）照片资源提供给学生，让学生从这些照片中分析不同卫星的运动周期，定量比较这些卫星绕木星做圆周运动的半径大小，对卫星做圆周运动的半径和周期的定量关系提出假设，并通过所测出的数据检验或修正自己的假设，形成关于星体运动规律的结论。学生在活动中能真切感受科学探究过程，体会通过科学描述和解释自然现象的乐趣，提升对科学本质的认识，提高科学探究能力。

(3) 物理问题解决教学模式

应用物理知识解决具体问题应结合具体的实际情境，运用物理知识解决实际问题能力的高低,往往取决于学生将情境与知识相联系的水平,解决物理问题的思维方法主要有归纳、演绎、反证、穷举、类比、等效、估算、叠加等。问题解决中物理教学资源整合的模式就是创设真实与所学物理知识相关联的情境,调动认知资源进行归纳、演绎、抽象建立物理模型,转化构建数学模型,实现表征解决问题。物理教学资源整合应用中(如图 4-3-14 所示),应让学生获得在实际情境中解决物理问题的大量经验,形成把情境与知识相关联的意识。

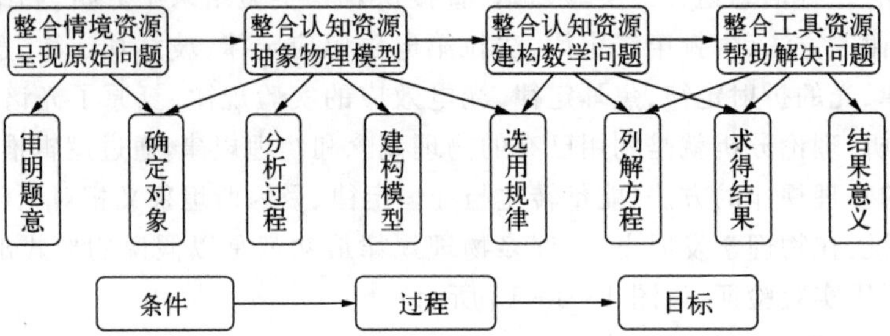

图 4-3-14

例如,是否能把情境中的一段经历转化为一个物理探究过程,是否能把情境的故事情节转化为某种物理现象,是否能把描述情境的文字转化为物理表述,是否能把情境中需要完成的工作转化为相应的物理问题。我们常说某个问题很"活",其"活"的本质之一在于情境的转化,能不能把问题中的实际情境转换成解决问题的物理情境,建立相应的物理模型,这是应用物理观念思考问题、应用物理知识分析解决问题的关键。

第五章　多元化物理教学资源的整合与应用案例

一个美妙的实验，通常要比我们头脑中提取的二十个公式更有价值。

——爱因斯坦

物理学是基于观察与实验的一门自然科学领域的基础学科，物理学习如果没有观察和实验就不能引出物理问题，也就决不会导致探究和研究过程的发生。物理教学情境创设是物理学习观察与实验的物质基础，而整合则是物理教学资源提供和有效组织来创设物理教学情境的基点，让学习进入真实实践，是培养学生学科核心素养，发展学科关键能力、必备品格、价值观念的生长点。本章从"整合资源优化问题情境，在情境体验中形成概念；整合资源构筑进阶路径，在实验探究中建构规律；整合资源创设原始情境，在真实应用中发展素养。"这三个方面出发，围绕"物理学科的科学逻辑、物理学科的教学逻辑、学生的物理理解逻辑、物理学习的心理逻辑"四个逻辑顺序实施物理课堂教学设计，提供教学案例，以供参考和借鉴。

第一节　整合资源优化问题情境　在情境体验中形成概念

问题情境就是将问题或疑难蕴含于特定的场合（环境）之中，当学生面临这种特定场境时，根据已有的知识或经验不能加以解释，导致认知失衡，从而产生困惑，且又急于消除这种困惑的一种心理状态。在这一特定的问题情景中，学生对前认知中的成分进行加工、补充、修正和重组，形成新的认知结构，新的认知结构又将成为下次学习的前认知。学生的学习就是这种不断重构自己的前认知的过程。在认知的重构过程中，物理问题情境呈现方式不同，会使学生的思维方式和思考速度等显示出不同的状态。因而整合资源优化问题情境应遵循思维发展规律，遵从科学家科学研究的原生过程，基于物理学家的思维活动特征，整合教学资源优化设置问题情景，以浓缩方式，在有限的时间和空间内，让学生重蹈物理概念形成中的那些最关键的步子，让学生重演物理知识的发生、形成和发展过程。这将不仅有助于学生加深对物理知识的本质的理解，而且也为激发学习动机，明确思维指向，唤醒学生思维提供认知起点，培养他们的科学思维方式，提供了极好的情境体验的素材。

【案例一】

电容器的电容

1. 教学设计思路

（1）教学目标与教学资源整合目标

核心素养	教学目标描述	物理教学资源整合目标
物理观念	1. 通过观察和解剖常见的电容器，了解电容器的构造，认识常见的电容器，通过充放电实验，了解电容器的作用。 2. 了解电容器电容的物理意义，知道用比值定义法定义电容器的电容，掌握电容的定义公式、单位，并能进行简单的计算。 3. 通过平行板电容与哪些因素有关的实验，了解电容器电容与电容器结构及绝缘介质有关。	1. 整合实验资源创设情境，让学生对电容器的存储电荷的功能有具身认知，通过自制演示版演示电容器的充、放电过程；加深理解电容器所带电荷量与两极板间的电势差的关系，促成电容概念的形成，体会比值法在定义物理量中的重要作用。 2. 通过实验资源的整合，引导学生提出问题、进行猜想假设、设计实验、自主探究影响平行板电容器电容的可能因素。 理解物理科学研究的常用方法：观察法、比值定义法、类比法，让学生经历探究过程，培养科学探究能力。 3. 整合资源，让学生在真实情境中学会解决问题，发展深度思维，提升学生科学素养。
科学思维	4. 在进一步利用实验探究电容器容纳电荷本领的描述过程中，体会比值法在定义物理量中的重要作用，通过与利用水容器水量与水面高度关系来类比电容器带电量与电压的关系，理解电容的物理意义；通过类比匀变速直线运动的 $v-t$ 图像的“面积”代表位移，理解充放电，$i-t$ 图线下“面积”代表电容器充电或放电的电荷量。 5. 通过对实验的观察、操作和研究，培养实验能力和抽象思维能力。	
科学探究	6. 通过分组实验，观察、分析电容器的充、放电过程，在进一步利用实验探究电容器容纳电荷本领的描述过程中，理解物理科学研究的常用方法：观察法、比值定义法、类比法。 7. 在利用“控制变量法”自主探究影响平行板电容器电容大小因素的过程中，进一步体会科学探究的过程与方法。	
科学态度与责任	8. 在电容器的发明、使用过程中渗透物理文化，关注科学态度与责任。 9. 查阅资料，了解电容器在照相机闪光灯电路等电子技术中的应用，体会科学、技术、社会、环境的关系。 10. 体验由具体到抽象的探究思维模式，培养学生严谨的科学态度。	

（2）教学设计思想

“电容器的电容”是高中物理必修第三册第十章第四节教学内容，是一节物理概念形成课。基于电容器是一种重要的电学元件，在电气设备中有着广泛的应用，而电容概念的建立是静电场的能量这一章的核心内容之一，从学生认知的角度，物理概念的过程是头脑中的前概念与物理概念反复作用的过程，需要经历从特殊认识到一般认识、从感性认识到理性认识的曲折发展过程。电容的概念是本节的重点，也是难点。影响平行板电容器电容大小的因素是本节教学内容的又一难点。本节课力图贯彻以“整合资源、构建概念、实验探究、得出结论”的探究理念，使整个教学过程能按照情境激问→构建概念→设计探究→实验取证→分析归纳→总结规律的程序进行。

（3）资源整合与教学流程

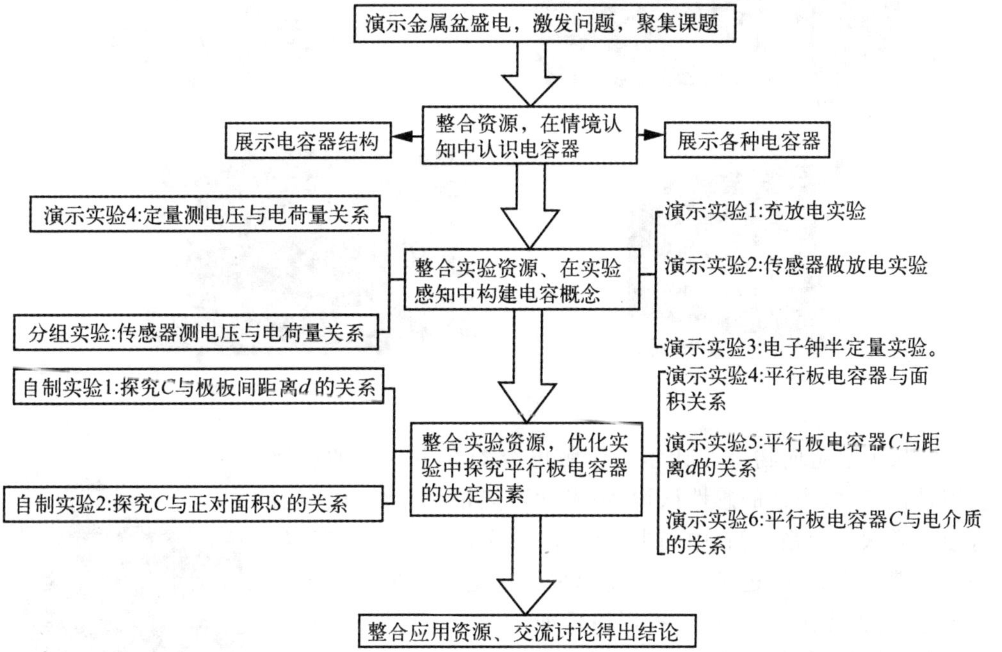

2. 教学过程

（1）整合资源，在情境认知中认识电容器

问题 1　这个金属盆（如图 5－1－1 所示）能像盛水一样将电荷存储在盆里吗？

图 5－1－1

（教师演示实验，通过起电机给金属盆带电，学生配合老师进行实验。）

现象　学生被电了一下。

激发问题 学生惊诧,金属盆果真能“盛电”!(器材来源于生活,现象容易体验,这样的导入可以激疑引问,使学生产生进一步探究的意识。)

追问 金属盆为什么能存住电?它有什么特殊的结构呢?

观察 (如图 5-1-1 所示)由两金属盆之间夹有塑料薄膜构成。(其实,两金属盆夹有塑料薄膜就构成一个电容器。电容器,“装电的容器”,它最基本的功能就是能存储电荷。电子设备中到处可见它的身影。播放电子设备用的电容器如图 5-1-2所示。)

图 5-1-2

[“从生活走向物理”,让学生了解电容器在生活中的广泛应用,增加对电容器的感性认识,激发学习热情。介绍:电容器有很多形状。两张锡箔、中间夹着纸片,就做成了一个电容器.但这样携带不方便,还可以将它卷起来。这是一个拆开的纸质电容器,请大家观察一下。(投影演示如图 5-1-3 所示)该元件有两片锡箔(导体),中间是一层薄纸(绝缘)。]

图 5-1-3

问题 2 纸片为什么那么长,贴得为什么那么近?[师生总结电容器构造:任意两个彼此绝缘又相隔很近的导体,都可以看成是一个电容器。符号(极板、绝缘介质):C。]

(学生的认知能力有一个逐步递进的过程。初始阶段,学生对电容器的概念往往一无所知,缺少必要的前概念。教师用这个简单的体验性实验,通过学生亲自感受,让学生快速认识电容器的基本结构和基本功能,并通过观察拆开的纸质电容器,不仅有助于获得直观的感性认识,而且可以进一步加深对电容器的认识。)

(2) 整合实验资源,在实验感知中构建电容概念

问题 3　我们了解了电容器的结构,那么电容器是如何工作的呢?(刚才的实验中,先用起电机给电容器充电,再通过同学构造的电路进行放电。这就是电容器的两种工作状态,下面我们来看电容器的工作电路。)

问题 4　电容器是如何完成充电和放电的?充电和放电过程有何特征?

演示实验 1　充放电实验(如图 5-1-4 所示)

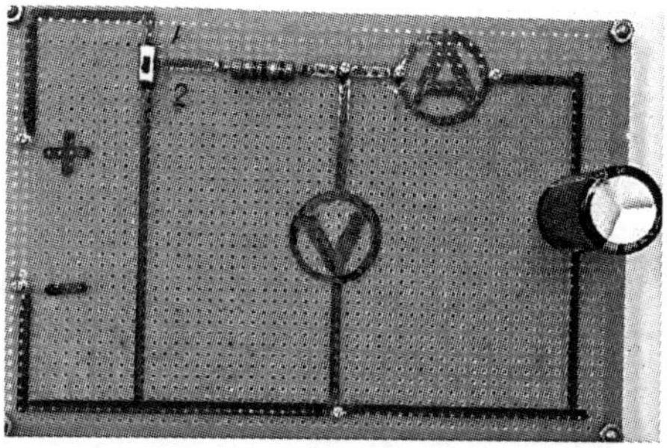

图 5-1-4

充电现象　充电过程,灵敏电流计的指针猛的偏转,再慢慢变小,最后归零。(提示:单刀双掷开关如何操作?灵敏电流表的指针如何偏转?能量如何转化?)

放电现象　放电过程也有短时电流产生,但电流反向,放电完毕,电流消失。(提示:单刀双掷开关如何操作?灵敏电流表的指针如何偏转?能量如何转化?)

(指导学生利用实验观察电容器的充电过程,从感性上认识电容器的基本功能。进一步让学生产生学习兴趣,加强对电容器基本工作流程的了解。)

为了更进一步探究电容器充、放电过程特点,用电流传感器代替灵敏电流计,它可以捕捉到瞬间电流的变化。借助电流传感器可以通过电脑直接输出电流随时间变化的波形图。

问题 5　用传感器代替灵敏电流表研究,情况如何?

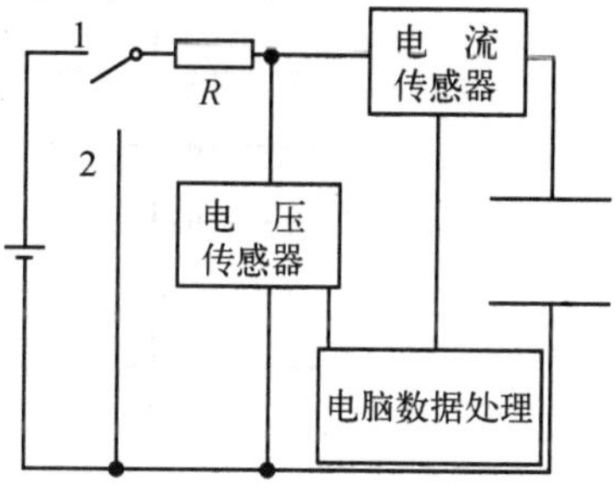

图 5-1-5

演示实验 2　如图 5-1-5 所示,① 器材:计算机,数据采集器,电压传感器,电流传感器,电源(8 V),电容器(470 μF　1 100 μF),电阻,开关(单刀双掷),导线等;② 将电压传感器和电流传感器接入数据采集器并连接到计算机,投影到大屏幕。进入"TriE 信息系统",对电压传感器和电流传感器校零;③ 实验过程:第一步,充电(传感器采集数据至"TriE 信息系统",自动生成电流—时间图像以及相应的电压);第二步,放电(传感器采集数据至"TriE 信息系统",自动生成"电流—时间"图像以及相应的电压)。

充电现象　电路中的电流一开始最大,逐渐减小到零,经过 1 s 多时间,充电完成,电容器上电荷量达到最大。电容器两端的电压从零开始逐渐增大到最大。从时间轴上看出,电流减到零时,电压也达到最大,如图 5-1-6 所示。

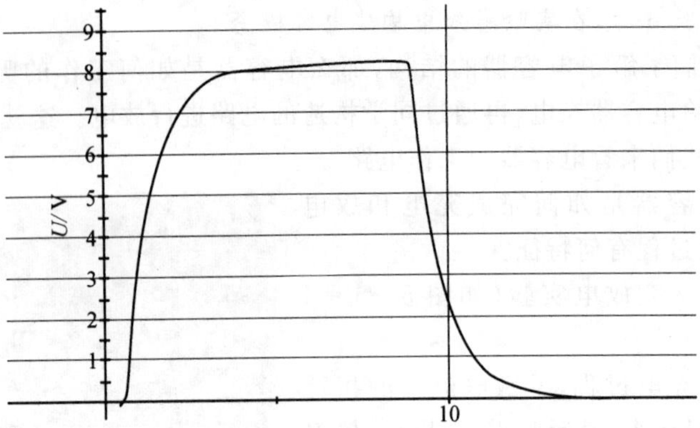

图 5－1－6

放电现象 电流一开始最大，逐渐减小到零，电流减到零时，电荷量全部放光。这段时间中，电压从最大开始逐渐减小到零，如图 5－1－7 所示。

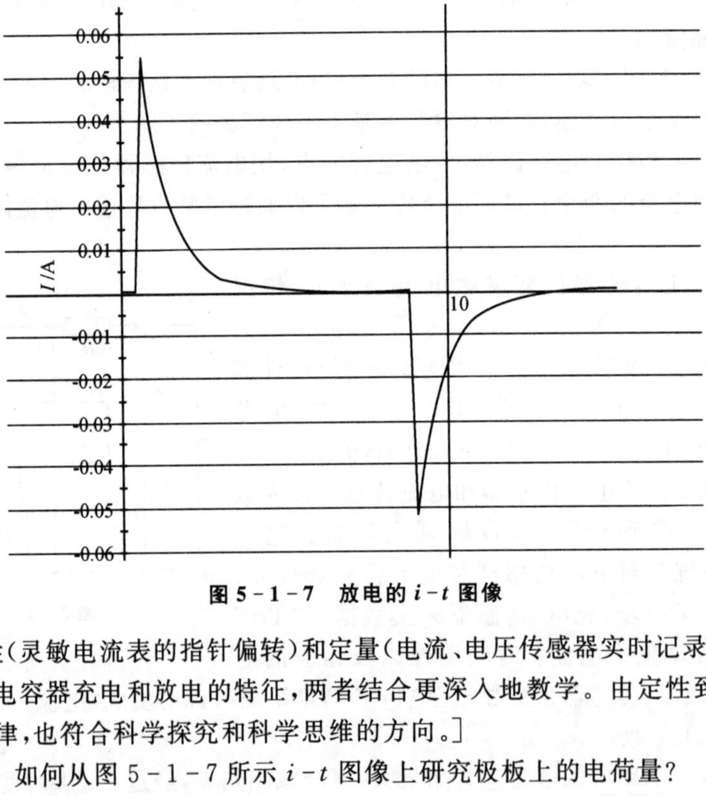

图 5－1－7　放电的 $i-t$ 图像

[从定性（灵敏电流表的指针偏转）和定量（电流、电压传感器实时记录变化情况）两个角度研究电容器充电和放电的特征，两者结合更深入地教学。由定性到定量符合学生的认知规律，也符合科学探究和科学思维的方向。]

问题 6　如何从图 5－1－7 所示 $i-t$ 图像上研究极板上的电荷量？

（通过类比回顾运动学微元思想，以及加深对利用图像解决问题的方法。培养学生知识迁移应用的能力。通过对匀变速直线运动 $v-t$ 图像研究其位移的过程及方法回顾，用微元法导出用面积表示位移，类比在 $i-t$ 图中可以通过面积表示电荷量，如图 5-1-8所示。)

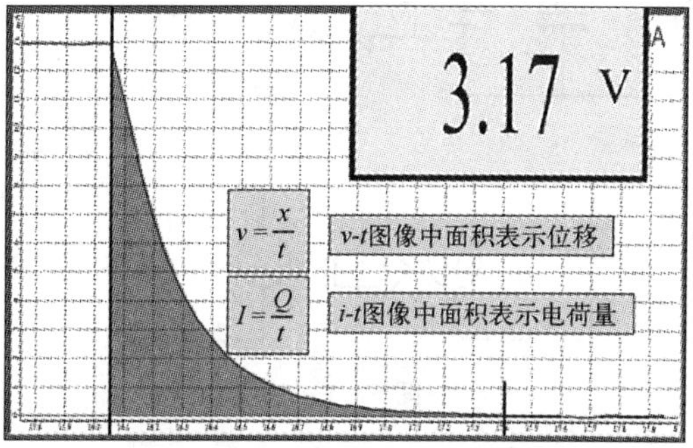

图 5-1-8　放电的 $i-t$ 图像放大取正向放电部分研究电荷量

问题 7　通过类比的方法，现在我们可以了解电容器存储的电荷量吧？具体怎么计算呢？（电流的定义是电荷量比时间，也就是说，电荷量是电流在时间上的累积。$i-t$ 图中的面积就表示电荷量。）

（利用"朗威"微机辅助中学物理实验系统得出此物理过程中的图线，形象直观，便于学生分析，同时也体现了现代信息技术与物理课程的有机整合。培养学生有效利用图像，学会处理问题的方法，提升物理思维能力。）

问题 8　改变同一个电容器的充电电压，电荷量会怎样变化？

演示实验 3　用电子钟半定量演示，认为电子钟工作时电流是一定的，2 倍的时间意味着通过的电荷量是 2 倍。即：电容器的电荷量和电压成正比。

用一节干电池对 2 000 μF 电容器充电，随后用充电后的电容器作为电源，对电子钟供电，电子钟工作一定时间后停下来，记录工作的秒数；用两节干电池对该电容器充电，给同一电子钟供电，电子钟工作的时间约为两倍，器材如图 5-1-9 所示。

图 5-1-9

演示实验 4　用数字电压表定量演示。

第一步，用电源给 2 000 μF 电容器充电，充电后移走电源并测量电容器电压 U；第二步，再将同样规格 2 000 μF 电容器与第一个电容器并联，同样分别测量两个电容的电压均为 $\frac{U}{2}$；第三步，将电容器 2 断开并放电，再与电容器 1 并联，测量电压均为 $\frac{U}{4}$……，流程如图5-1-10 所示。分析推理电容器上电荷量变化依次是 Q、$\frac{Q}{2}$，$\frac{Q}{4}$……，可推理 $Q\propto U$。

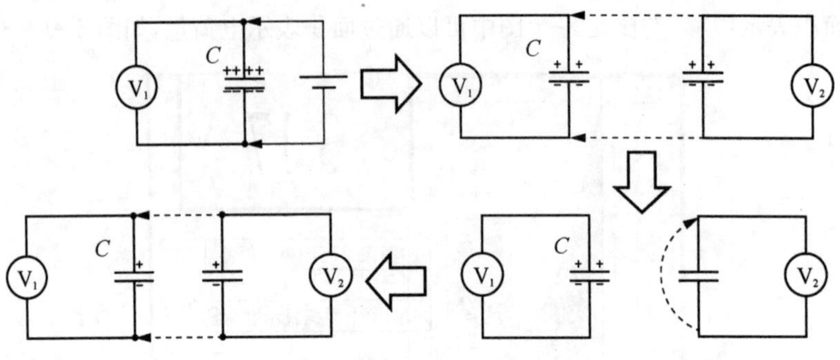

图 5-1-10

表 5-1-1

次数	电压 U/V	电荷量 Q/C
1	0	0
2	3.4	0.020 66
3	6.6	0.040 28
4	9.6	0.0610 4
5	12.8	0.080 72
6	15.8	0.108 58

问题 9 上述实验是通过电荷量的均分法得到的电荷量与电压关系，是否还有更为一般实验方案能得到电容器上电荷量与电压关系？（引导运用问题 6 中的传感器方法测量电荷量。）

分组实验 让学生用传感器分组实验（如图 5-1-5所示）改变电压测量相应电量。（利用传感器实验中软件积分计算按钮，读出充电完成时电荷量，读出对应电压。）

问题 10 任取其中一组测量数据（如表 5-1-1所示就是某小组的数据），如何寻找 Q 与 U 关系？探究电容器的 Q 与 U 之间的关系？（引导作出图5-1-11 所示，学生可用坐标纸手绘，也可用 Excel 作图。）

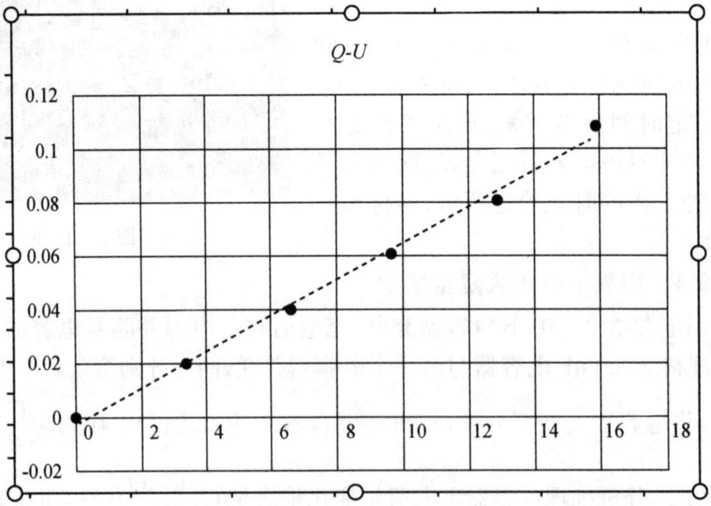

图 5-1-11

问题 11　Q/U 比值不变，有无物理意义？如有，其含义是什么？（① 不同的电容器，所带电量与极板间电压的比值不同；② 充电电压相同时，比值越大，存储的电荷量越多，我们就说它存储电荷的能力越强，用比值描述了电容器容纳电荷本领的强弱，这就是其物理意义，将其命名为电容；③ 将电容器与水容器类比，进一步理解电容的物理意义，如表 5－1－2 所示。）

表 5－1－2

电容器	水容器
储存电荷量 Q	储存水量 V
电势差 U	水位差 h
电容 C	横截面积 S
Q/U 表示储存电荷本领的大小	

（将抽象的物理量用直观形象的事物来类比，不仅有利于学生的掌握，同时也让学生学会学习，体现出物理教学不仅仅是传授知识和技能，更重要的是渗透方法的功能。）

(3) 整合实验资源，优化实验中探究平行板电容器的决定因素

问题 12　平行板电容器的电容 C 与哪些因素有关？

猜想　平行板电容器的电容有哪些影响因素[长度（即正对面积），也可能材质，也可能厚度（即距离），以及极板材质等]。

演示实验 5　如图 5－1－12 所示，用静电计定性测量已经充电的平行板电容器两极板之间的电势差 U。① 保持极板上的电荷量 Q 不变，两极板间的距离 d 也不变，改变两极板的正对面积 S，通过静电计指针的变化得到两极板之间电势差的变化；② 保持极板上的电荷量 Q 不变，两极板的正对面积 S 也不变，改变两极板间的距离 d，通过静电计指针的变化得到两极板之间电势差的变化；③ 保持 Q、S、d 都不变，在两极板间插入电介质，例如有机玻璃板，通过静电计指针的变化得到两极板之间电势差的变化。

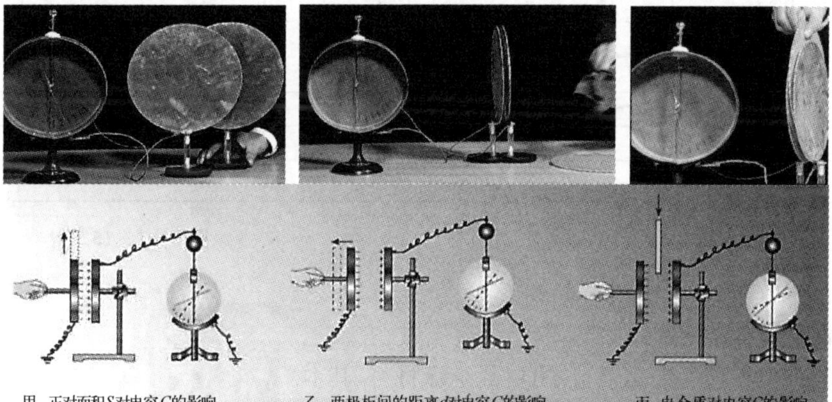

甲　正对面积 S 对电容 C 的影响　　乙　两极板间的距离 d 对电容 C 的影响　　丙　电介质对电容 C 的影响

图 5－1－12

问题 13 能否设计实验定量确定平行板电容器的电容 C 与极板间距离、正对面积和电介质的关系？

① 探究 C 与极板间距离 d 的关系

自制实验 1 用同规格平行铝板和同规格塑料衬板构造电容器，取两片同规格的铝板，在其中间夹上塑料衬板构成平行板电容器(因塑料衬板是同规格的，叠放塑料衬板片数不同，则平行板间距离就不同，其距离可用不同片数塑料衬板厚度来计算，如其间夹上 1 片塑料衬板，距离记作 1，其间叠放 2 片塑料衬板，距离记作 2，其间叠放 3 片塑料衬板，距离记作 3，……，注意实验时必需将板夹紧，以减小误差。)，用数字电容表测量电容，通过分组实验搜集数据(如图5-1-13所示)，填入表 5-1-3(是某小组实验记录数据)。

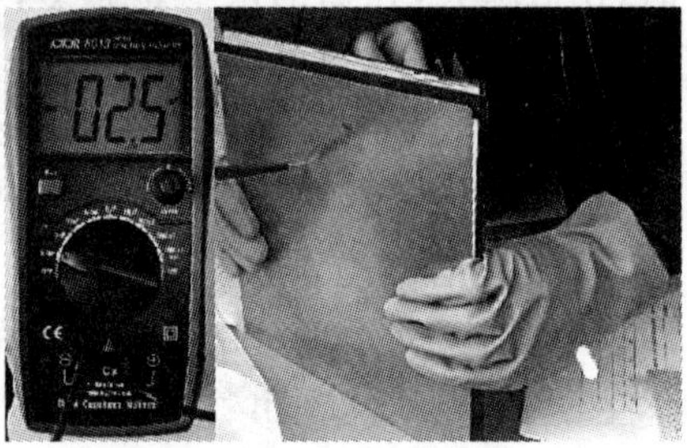

图 5-1-13

5-1-3 探究电容 C 与极板间距离 d 的关系

d	1	2	3	4	5	6
电容 C/nF	1.00	0.54	0.38	0.29	0.24	0.21

数据分析 引导学生作图处理数据(先作原始图，如图 5-1-14，发现问题，转换数据作图，如图 5-1-15 所示)，得出 $C\propto\frac{1}{d}$。

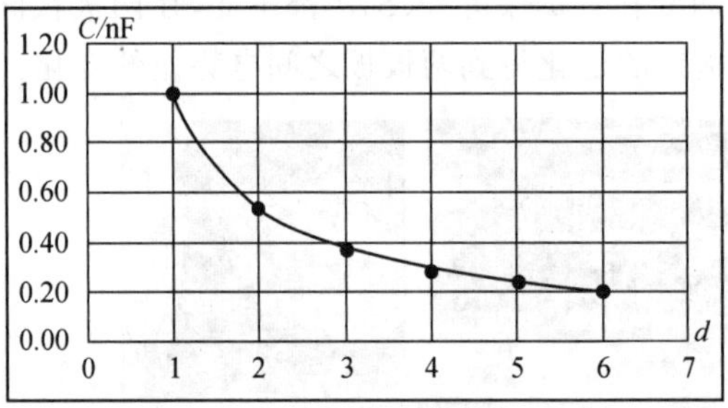

图 5-1-14

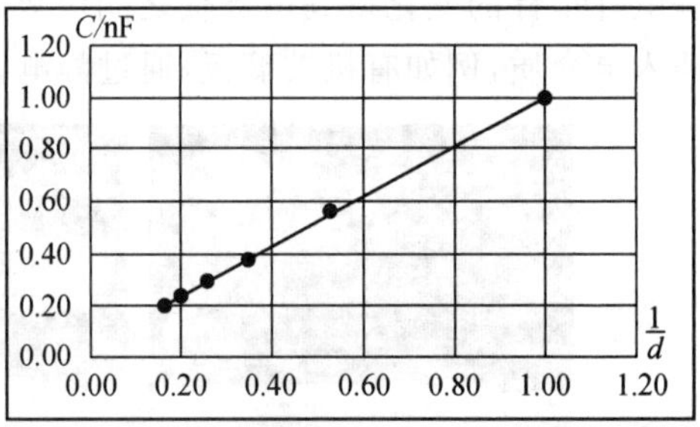

图 5-1-15

② 探究 C 与正对面积 S 的关系

自制实验 2 (用铝塑板和数字电容表做实验)工程上用的铝塑板里外层是铝板，内层是绝缘材料，其本身就构成了简单的平行板电容器，为了方便改变面积，只需对铝塑板进行比例分割，用数字电容表测量电容，

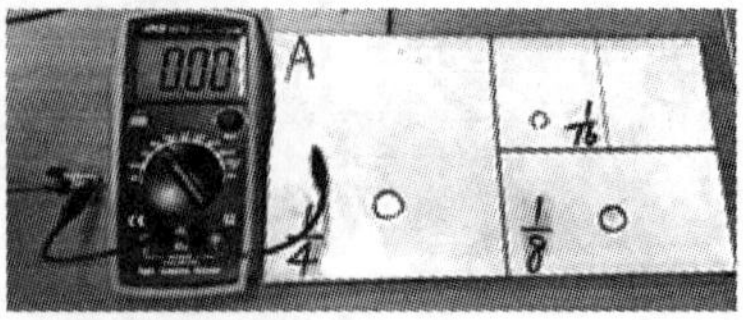

图 5-1-16

通过分组实验搜集数据(如图 5-1-16 所示),填入表 5-1-4(是某小组实验记录数据)。

表 5-1-4　探究电容 C 与正对面积 S 的关系

正对面积 S	1	1/2	1/4	1/8	1/16
电容 C/nF	4.44	2.19	1.18	0.59	0.30

数据分析　引导学生作图处理数据,如图 5-1-17 所示,得出 $C\propto S$。

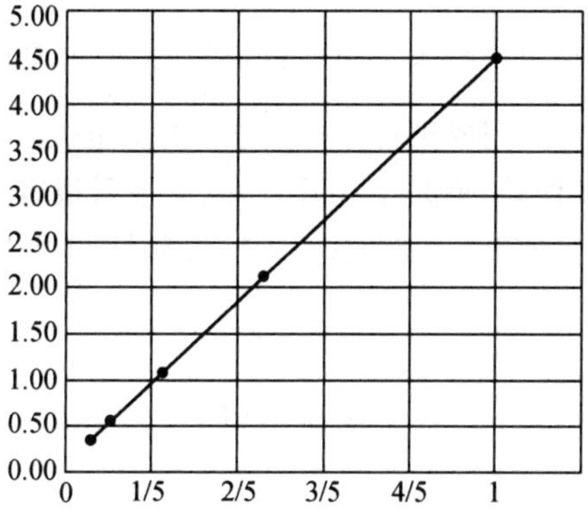

图 5-1-17

归纳结论　由定性和定量实验,师生进行逻辑推理得出结论 $C\propto 1/d$、$C\propto S$、$C\propto \varepsilon_r$;平行板电容器的电容决定表达式:$C=\dfrac{\varepsilon_r S}{4\pi kd}$,$\varepsilon_r$—介电常数、$S$—正对面积、$d$—极板间距离、$k$—静电力常量。

反思　物理概念的建立是物理教学的核心内容之一,学生学习物理概念的过程是头脑中的前概念与物理概念反复作用的过程,需要经历从特殊认识到一般认识、从感性认识到理性认识的曲折发展过程。在引入电容这一概念的过程中,测量电容器所带电荷量是教学中的重点、也是实验的难点。电流传感器很好地解决了这个问题,图像的线下面积为电量的结论也体现了学习中知识和能力的迁移功能,学生为能够通过传感器解决一个原以为很棘手的问题感到兴奋,探究的期望值大大提高。如果能设计成学生分组探究,让学生体会电流信号的采集、图像的线下面积的求得,会更有利于学生能力的提高,其教学效果更佳。得到电容的定义式之后,在讨论电容和电量、电压的关系时,用前面测量得到的数据为学生的思考提供判断依据就会让学生感到实验的真实性和实用性,关于物理量间的关系就会变得格外明显,为学生分析和解决问题提供了数据上的支撑,数据处理是定量实验的最后关键一步。利用分组实验,实现实验操作技能的锻炼;运用 Excel 电子表格进行便捷地数据处理,快速发现问题,实现了误差及其原因的快速诊断;针对误差形成原因引发改进计时方法的思考,利用自制铝塑板教具演示实验，借用了大数据时代的数据整合思想，整合教师演示实验、学生分组实验数据资源，真正培养了学生发现问题、分析问题和解决问题的意识和能力。这一环节既培养了学生创新实验设计能力、实验操作能力，又体验了计算机数据处理的优越性，掌握科学方法的同时发展科学思维能力，提高其物理学科核心素养。影响平行板电容器电容大小的因素是本节课需要突破的另一个难点，在处理"平行板电容器电容的影响因素的探究"时，原本有个设想，三个影响因素全部采用分组实验，考虑到C与d的关系，数据处理的困难，改为师生共同合作完成；考虑到学生对电介质初次接触，也就简略为演示实验；学生分组实验仅仅探究和面积的关系。建材市场购买了铝塑板，将铝塑板分割成$\frac{1}{2}$、$\frac{1}{4}$、$\frac{1}{8}$、$\frac{1}{16}$，再用数字电容表测出电容，用这种方法，完成正对面积和电容的定量关系。由于面积的定量关系很难准确做到，所以实验存在误差，但是结果喜人，线性关系很容易而且较准确地得出。将半定量实验巧妙地转为定量实验，实验设计巧妙，可测性和可视性强。

【案例二】

波的干涉

1. 教学设计思路

(1) 教学目标与教学资源整合目标

核心素养	教学目标描述	物理教学资源整合目标
物理观念	1. 能通过观察、分析归纳生活和实验中的波传播相遇中的现象形成波的独立传播、叠加及干涉现象的概念。 2. 会运用波的叠加原理及干涉解决实际问题。	1. 整合系列体验及实验资源创设独立传播、相遇叠加和干涉的物理环境，供学生感知、归纳总结并揭示波传播相遇区域具象现象，并抽象形成概念。(学生经历了"比较—概括—抽象"的过程，发展科学思维。) 2. 整合实验资源为总结得出叠加原理、干涉条件和解释现象提供物理环境，为学生提供虚拟资源，呈现理解叠加原理、干涉现象的本质，发展深度思维。 3. 整合资源提供学生质疑、产生逻辑推理的物理环境，让学生在真实情境中学会解决问题。
科学思维	3. 从基于多元教学资源分析比较、抽象概括，发展科学思维。	
科学探究	4. 能进行分组分层自主合作实验，并综合分析交流沟通，得出干涉条件和结论。	
科学态度与责任	5. 通过对现象描述、实验结论分析和逻辑推理发表自己的见解。	

(2) 教学设计思想

"波的干涉"是高中物理选择性必修第一册第三章第四节教学内容，是重要的学习内容，也是学习的难点。本节课力图贯彻以"整合资源、创设情境、激发问题、启发学生、引发探究”的教学理念，以解决“波的干涉”为核心，使整个教学过程能按照现象→问题→探索→规律→解释现象这样的程序进行。本节课以整合多元化教学资源贯穿始终。用鲁本斯火焰管情境引入，因和学生的元认知相矛盾，引发了学生的认知冲突，形成良好的学习动机；为了更清楚地看出波的干涉现象的特征，在学生自己做水波干涉实验的基础上，再次用电磁打点计时器做绳波干涉实验，突破了这一难点；最后，在学生全面理解波的干涉的基础上，自行解释这一实验现象，可谓水到渠成。以多个资源展示和学生实验为基础，用多媒体资源复现“转瞬即逝”的物理过程，使学生在体验和探究的基础上得出结论，解决问题，培养能力。

（3）资源整合与教学流程

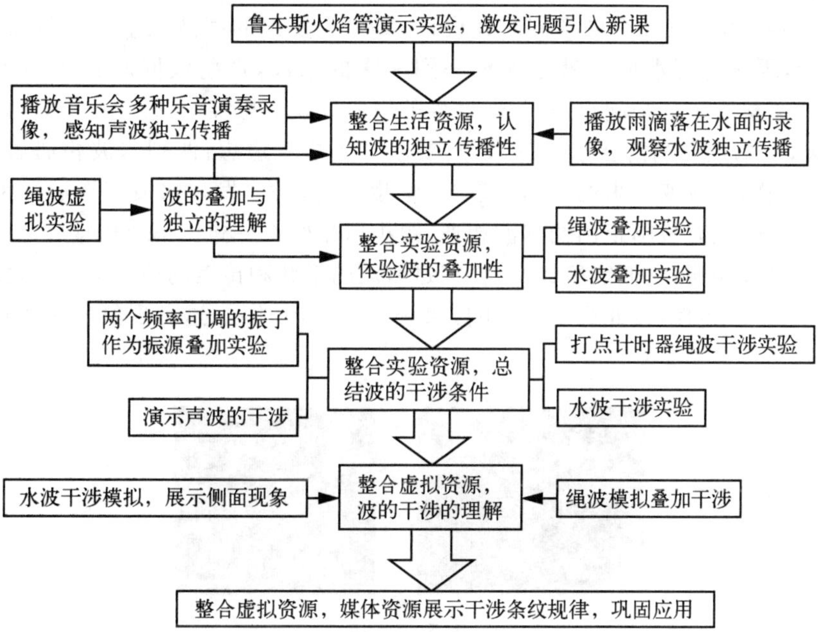

2. 教学过程设计

（1）实验情境导入，激发问题

自制实验演示　演示鲁本斯火焰管（自制教具）的火焰波形，当音乐响起时，火焰随着音乐燃起熄灭，用真正的火焰来表示音乐波形，如图 5－1－18 所示，看上去真是壮观。激发兴趣，引发问题：他究竟是怎么做到让火焰伴随音乐起舞的呢？（音乐声波相遇引起的气压变化影响可燃性气体的排放量变化，从而使得火焰的高度和颜色产生差异，创造出这种让人啧啧称奇的效果。）波相遇时，会出现什么样的物理现象？（用实验创设原始问题情境，引发冲突，激起质疑。）

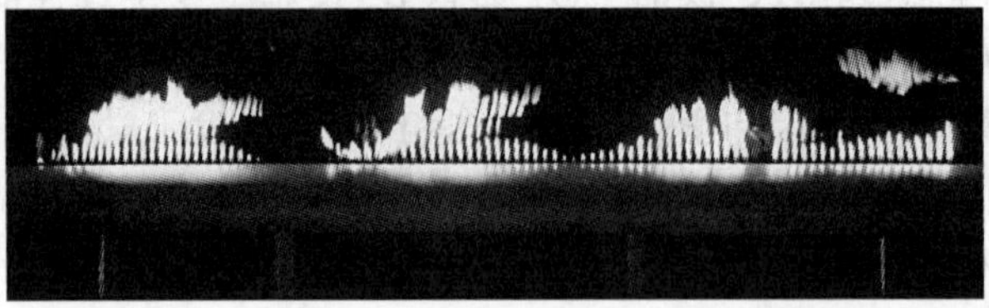

图 5-1-18

(2) 整合多元资源,探究生成结论

① 波的独立传播性

问题 1 (当学生心生疑问时,追问)在日常生活中是否见过两列波相遇的情况?(学生举例:a. 教室里几个同学同时在说话,每个人发出的声波在空气中传播时相遇;b. 下雨天,雨滴落到水塘中就会形成一圈一圈的水波,这些波同时在水中传播并相遇;……)(了解学生认知起点,在问题产生的根源处唤醒思维。)

问题 2 播放雨滴落在水面的录像,要求学生边看边想:两列水波相遇后,是否与小球相碰一样,会改变原来的运动状态?(学生通过观察,发现水波相遇后继续一圈一圈的向外传播,此时教师指出两列波相遇,跟小球相碰不一样!小球相碰后运动状态会改变,而两列波相遇,它们能彼此穿过,穿过后波的形状和传播的情形都不变,保持各自的运动状态继续传播,彼此都不受影响,如图 5-1-19 所示,这种现象表明波具有独立传播性。)

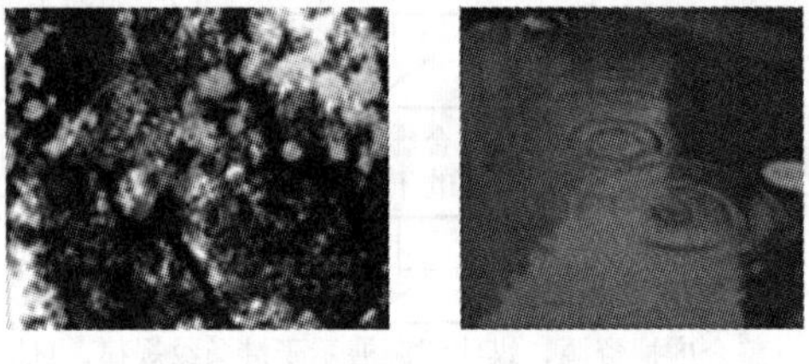

图 5-1-19

问题 3 得出了水波具有独立传播性后,现在你们是否还能举出其他的例子,说明波具有独立传播的性质。提问:日常生活中除了水波,你能联系生活举例说明还有什么波具有独立传播的性质吗?(紧密联系学生的生活实际,结合学生熟悉的生活情境,激发丰富学生的生活体验,回归到学生的认知起点,播放音乐会多种乐音演奏录像,如图 5-1-20 所示,让学生体验区分不同乐器乐音,让学生经历了比较与判断、抽象与概括、唤起直觉、诱发灵感、构建图景等思维的过程。)

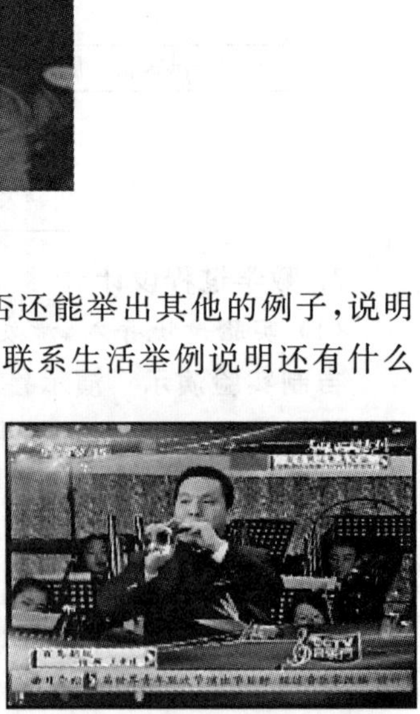

图 5-1-20

反思 学生思维的唤醒,意识形成,习惯的收获都很难通过集中灌输来建立，当下的学生所缺的“解决实际问题的能力”，本质上缺的是把实际情境变成合适的物理问题的能力。其原因是学生经常面对的所谓实际问题，大多是理想化的物理习题，实际情景只是附加的背景而已。要改变这一现状，就要求课堂教学回归至认知起点——从现象出发，尽可能开发生活资源，向学生提供原始的材料，在追问原始问题的根源处唤醒思维，让学生在各种体验性活动中，打破思维平衡，通过结合日常生活与实际经验，构建新知识与已有的观念间的非任意的和实质性的联系，并基于自己的知识和自己的努力思考去“想通”问题，教师只是充当学生的“思想助产婆”，思维方向指引者，这样做也是与现代教学理念及教材提供课程资源相吻合的。这也将有利于实践意识的形成，学习方式的改变，思维习惯的养成，做到播种行为，收获习惯。

② 波的叠加性

问题 4　我们刚才观察了两列波相遇彼此穿过，保持原来的波形继续传播，那么在它们相遇时的重叠区域又会出现什么现象？你们平时注意过吗？（引导学生回归上述生活现象，进行分析、综合、比较、抽象、概括、判断，并科学推理、猜想结果，然后实验验证。）

实验创景 1　（水波实验）如图 5－1－21 所示（学生猜想波相遇时的重叠区域又会出现的现象后，引导学生参与做大水槽中水波实验。），在大水槽中演示波的叠加现象。演示时分四个步骤：第一次演示如何在水槽里造波，即摇动刮板；第二次演示如何产生单个脉冲波，即一个来回迅速抖动刮板；第三次、第四次请两位同学在两边同时产生单个脉冲波的叠加，但两次观察的侧重点不同，一次注意峰峰相遇，另一次注意谷谷相遇。（学生通过观察实验归纳得出：峰峰相遇，新的波峰变高了；谷谷相遇，新的波谷变低了。）（丰富感性材料，引导分类比较，抽象概括，激发兴趣，指导学生质疑，提问并猜想。）

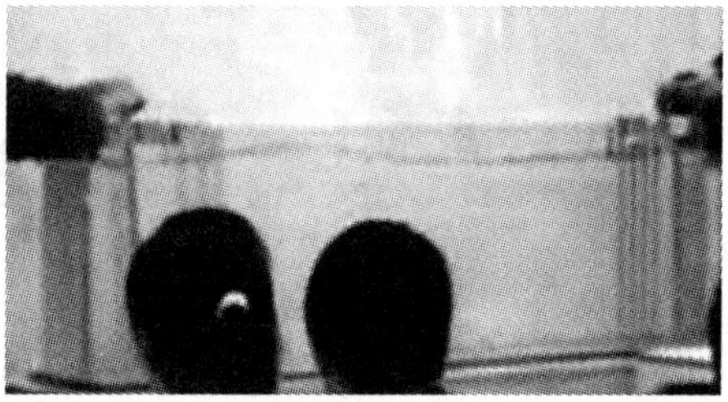

图 5－1－21

提问并猜想　如果恰好一边是波峰传过来，另一边是波谷传过来，它们相遇会怎么样？（猜想后，在水槽制造水波恰好一边是波峰传播过来，另一边是波谷传播过来，观察相遇现象，平了。）

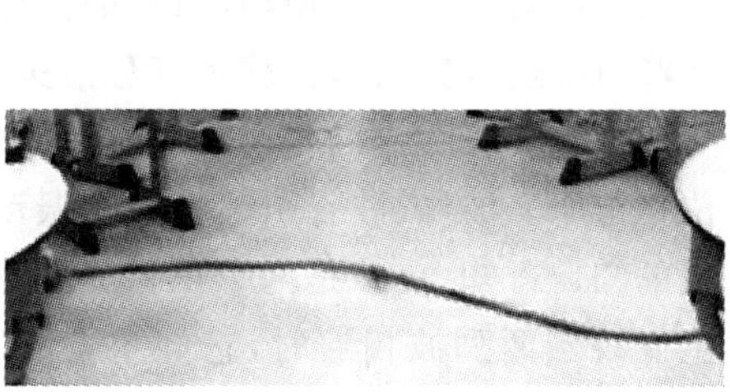

图 5－1－22

实验创景 2　（绳波实验，如图 5－1－22 所示）（为了进一步验证实验结论，学生分组用弹簧绳做实验，注意同时产生相向的两列波，最好控制在一两个周期观察情况。）

③ 波的叠加与独立的理解

问题 5 为什么会形成这样的现象呢?(引导学生思考解决问题方法:更深一步从定量的角度来研究波在传播过程中质点是如何运动,同时继续演示出现原波形。)

虚拟创景 根据学生大脑中已有的对绳波(也可通过图景展示,如图 5-1-23 所示,引发学生想象再现其表象)的表象,用 Flash 展示绳波叠加(如图 5-1-24 所示)虚拟动画(尊重真实,依据教师对绳波叠加理解思维过程模拟制作,目的是提供形象素材,展示思维表象的动态过程,帮助学生进行思维抽象),分两次演示分析:第一次整个过程演示一遍,在学生头脑中建立整体概念(两个波峰相向传播→相遇了→分离了);第二次慢镜头演示并定格,从定量的角度,结合运动合成的知识研究相遇区域中各质点的运动。(让学生看到波峰与波峰相遇开始出现重叠区域,形成新的波形的幅度比原来大,在相遇过程中波形较原来比较看到了变化了,然后分离保持原来的波形继续传播。)

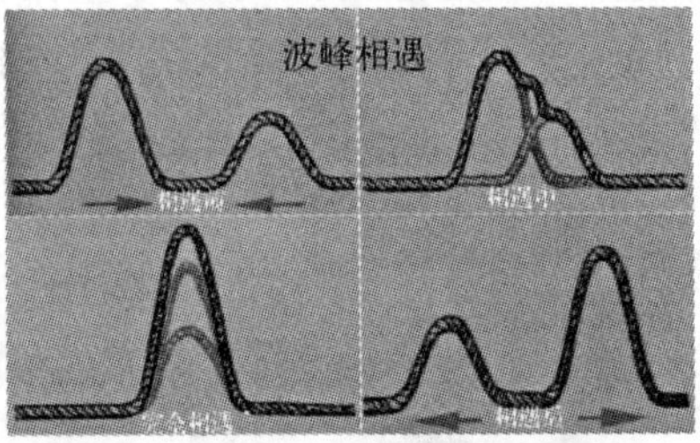

图 5-1-23

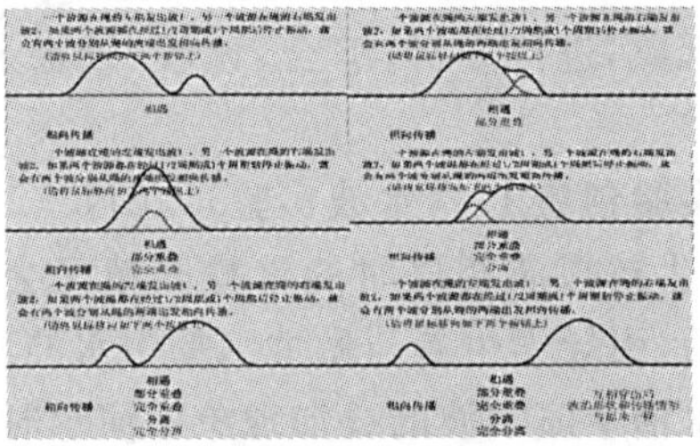

图 5-1-24

问题 6 看到左右两边的波峰都在向中心传播,那么波在传播过程中,这些质点有没有随着波迁移?(没有)

问题 7 质点是如何运动的?(质点上下振动)

问题 8 当波峰(波谷)传播到这儿(暂停),就引起这些质点振动、这些质点振动的位移如箭头所示?(动画展示)两列波都传到这儿,现在它们相遇了,出现了重叠区域,两列波都要引起质点振动,质点的位移是多少呢?(选择其中一个质点来看一看,红色波峰引起这点振动的位移是红色箭头所示,绿色波谷引起这点振动的位移是绿色箭头所示,它们彼此没有影响。)按照已经学过的运动合成知识,形成新的波形,这个质点的位移与原来波峰、波谷引起该点的振动的位移有什么关系?(是加起来的,按照运动合成的知识可知,应该是两个位移的矢量和,如图 5-1-25 所示。)(通过虚拟展示,让学生发现当两列波相遇时,它们重叠的区域介质的质点是同时参与了这两列波引起的振动,质点的位移等于这两列波单独传播时引起的位移的矢量和,根据形象表象,经过分析、比较、抽象、概括得出波的叠加。进而想象出:如果是几列波相遇也是这样,峰峰相遇、谷谷相遇,引起质点的振动都是相长的,峰谷相遇引起质点的振动是相消的。)

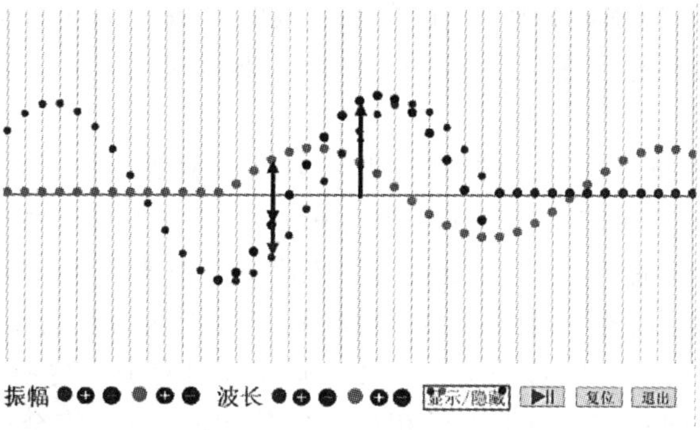

图 5-1-25

④ 波的干涉条件

问题 9　两列相同波的相遇时，在它们重叠的区域里会发生什么现象？

实验创景 3　（实验装置介绍：在同一振片上引出两个振源，因此就可以在水面上形成两列频率相同的水波，如图 5-1-26 所示）同步演示图 5-1-26 实验。

图 5-1-26

问题 10　观察方形水槽中两列相同水波相遇的重叠区域出现的图样，与雨滴形成的叠加图样的录像相比较（如图 5-1-27 所示），找出相同及不同之处，特别是找出不同的特征。

演示实验 4　适当调节频率旋钮（引导观察方形水槽中两列相同水波相遇的重叠区域出现的图样，观察、分析、抽象、概括，并与教师提供的雨滴形成的叠加图样的录像相比较，找出相同及不同之处，特别是找出不同的特征；观察后小组内部交流，准备用语言描述水槽中图样的特征。），探究产生干涉波的条件（实验同时播放雨滴录像）。

问题 11　如何描述叠加区域图样的特征？（教师引领学生观察比较实验与雨滴形成的叠加图样，如图 5-1-27 所示，并共同探讨，抽象、概括出条纹特征：图样稳定，位置固定，间隔分布。）

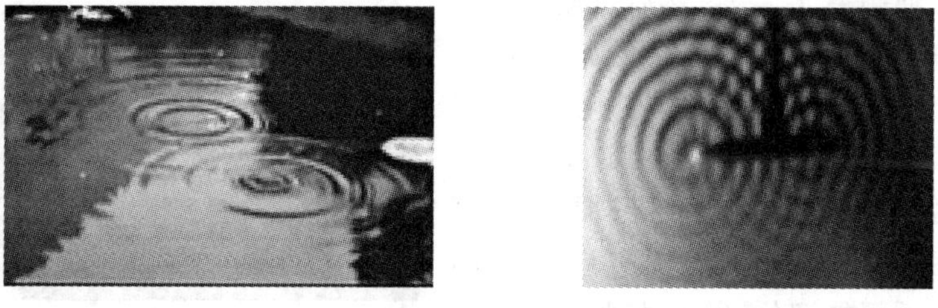

图 5-1-27

问题 12 两列相同水波相遇时，在它们重叠的区域里出现的位置固定，间隔分布稳定的图样，是否是波的共性？有无推广价值？（问题创景，引领反思，引发学生批判性、发散性思维。）

分组实验 学生分组实验：观察绳波干涉实验（用两个打点计时器同时振动传播相向绳波演示）。[① 绳波的叠加实验（在常规情况下）几乎不可能做成功，而且实验现象转瞬即逝，受驻波实验的启示（一列波在向前传播的途中遇到障碍物或者在两种介质的界面时，行进波和反射波相互叠加就会形成驻波。可以认为驻波是一种特殊的干涉现象），将反射波改为起振波源（如图 5-1-28 所示），用两个电磁打点计时器产生相干波，并使两相干波在同一直线弦绳上沿相反方向传播时叠加，将会产生干涉现象。]（引导学生观察，分析实验现象，与演示实验 1 水波实验现象比较，概括抽象描述现象特征，促进培养收敛思维。）

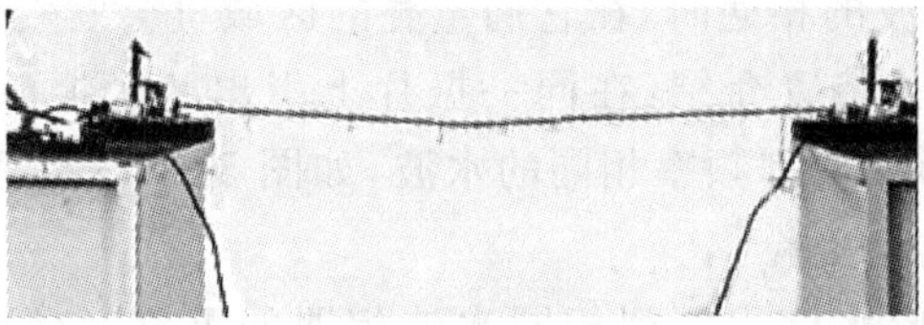

图 5-1-28

问题 13 如何表述频率相同的两列波相遇叠加区域图样的特征？（频率相同的两列波叠加，使某些区域的振动加强，某些区域的振动减弱，而且振动加强和振动减弱的区域相互隔开的现象叫作波的干涉。干涉是波特有的现象。）（引导学生合作交流，抽象概括得出结论，培养抽象思维。）

引导学生质疑 两列频率不同的波相遇叠加是否也会形成这样特殊的叠加图样？（不会）（激发学生质疑，给学生发现问题、提出问题的机会，使学生既会“学”又会“问”，必将引领学生主动思维，提高学生发现与解决问题的能力，培养学生思维习惯。）

实验 5 用两个频率（或两个教学变频电源）可调的振子作为振源（如图 5-1-29 所示），借助投影仪观察两列不同频率水波在空间的叠加情况。（在原有水波实验基础之上做一些改进，使频率 $f_1>f_2$，然后缓慢调低频率 f_1，逐渐减小至 $f_1=f_2$，然后继续减小 f_1。学生纵观整个过程的波纹图样变化现象，得出印证结论。）（学生通过认知的实验探究学习，既培养敢于质疑的良好思维习惯，又实现了“变学为思”“变学为悟”，发挥实验的功能：听了会忘记，看了能记住，做了才理解。）

图 5-1-29

拓展实验 6　如图 5-1-30 所示，演示声波的干涉：两只喇叭输入同一频率的音频信号产生干涉，让学生听其“声”，观其“形”。（拓展实验，提供丰富的感性材料，使学生认知充满着趣味性、思维性、挑战性、探索性和创造性。有条件还可进一步猜想：撤去一只喇叭，还会有干涉现象吗？演示：结果仍有干涉现象！这是为什么？唤醒学生思维的深刻性。）

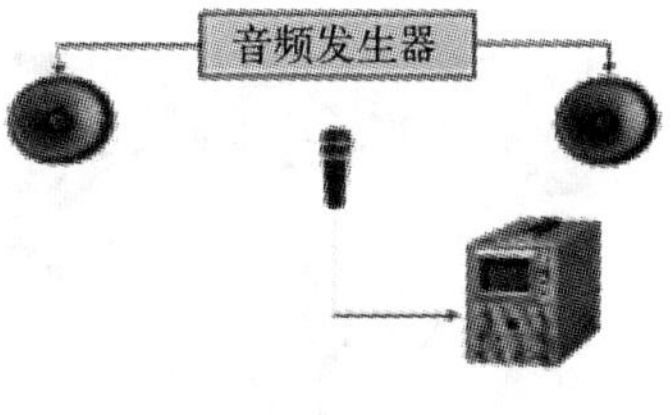

图 5-1-30

反思　利用实验创设教学情境，学生在冲突的实验情景中产生问题，并借助实验观察而获取的物理思维材料，使学生更全面地考察问题，多角度地思考问题，多方面地联想，抽象概括实验现象的共性，比较判断并揭示现象之间的多种联系，想象事物变化的多种可能，寻找解决问题的多种途径，引导学生在问题情境中将“问题串”变成“知识串”，达到知识的建构，方法的渗透，有助于培养学生的开放、发散思维；将物理教学根植于实验的“做中学”。让学生思考问题时，能始终做到有理有据，使推理过程环环相扣，合乎逻辑，不以想像代替分析，不以直觉代替推理，有助于培养学生的严密思维；基于实验解决问题，使学生能够善于透过纷繁复杂的现象，把握事物的本质，善于进行抽象概括，抓住问题的核心，揭示隐含的问题情境信息，善于根据事物的初态预见事物的发展，有助于培养学生的深刻思维，深化学生理性思维的培养。

⑤ 波的干涉的理解

问题 14　为什么两列相同的波相遇叠加会形成这样特殊的叠加图样？[“波的干涉”概念的形成是很抽象的，在做完干涉实验之后，应用 Flash 动画虚拟展示水波（如图 5-1-31 所示）物理情境，增加感知素材；PPT 设计（如图 5-1-32 所示）动画虚拟展示绳波的物理情境：左右两列波长相等的简谐波以相同的速度相向传播，在相遇区域内两波边线上取一个波长中的所有质点作为研究对象，观察并描述这些点的运动情景。通过观察不同质点的振动情况，学生自主归纳：a. 相遇区域内的所有质点都在自己的平衡位置附近振动；b. 各质点振动的频率相同但振幅不同，质点振幅超过原振幅的区域为振动加强区，质点振幅小于原振幅的区域为振动的减弱区；c. 振动加强区是一个区域，其中心位置的质点振幅最大，振动最强；振动减弱区也是一个区域，其中心位置的质点振幅最小、振动最弱，振动的加强区和减弱区相互间隔；d. 如果两列波频率不同，如图 5-1-27 左图所示。这样，学生就会描述干涉现象，自己抽象并理解了“波的干涉”以及“相干条件”的概念，并在概念形成过程中自觉纠正错误认识。]

图 5-1-31

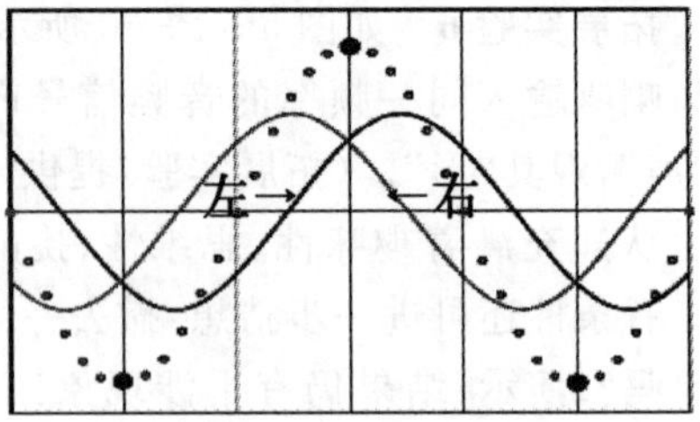

图 5-1-32

问题 15　波干涉图样的是如何分布的？有何规律可寻呢？（借助 Flash 用红色的实线表示波峰，用蓝色的虚线表示波谷，波源 S_1 产生一列波，波源 S_2 也产生一列波，当 S_1、S_2 同时产生频率相同的两列波，就形成这样一幅动态的平面叠加图样。让学生利用前面叠加认知，选点描述如果某一时刻该点的振动是加强的，那么它的振动始终是加强，如果某一时刻该点的振动是减弱的，那么它的振动始终是减弱。并推理某一区域的规律，描述叠加图样，并与观察到的实验现象比较，抽象并深化理解“波的干涉”以及“相干条件”的概念。促使学生形象思维与抽象思维的互动发展，如图 5-1-33 所示。）

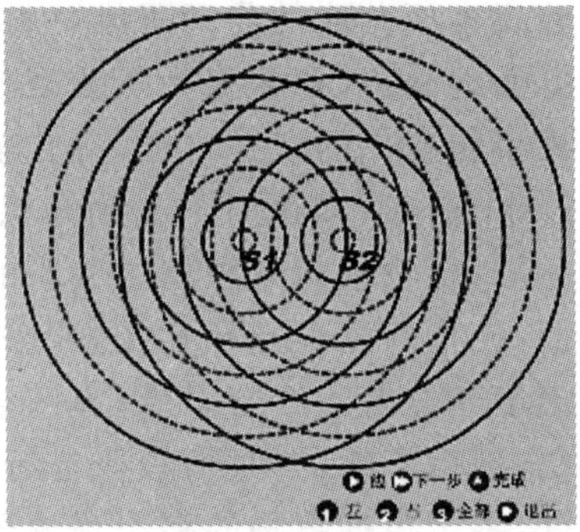

图 5-1-33

反思　依托信息技术提供的虚拟资源，其素材内容固然十分丰富，但它也存在运用误区，如用其模拟实验来替代真实实验，它在情感态度价值观方面就会产生负面的教育效果：学生失去了发现自然规律时的振奋感，更没有误操作损坏器材甚至伤害人身的担心——学生失去的是对自然和自然规律的敬畏！出于这些考虑，教学中真实的物理实验不可用虚拟实验替代。信息技术与物理课程的整合，只能从“辅助搜集和处理实验数据，减少了繁琐的重复性的操作，提高实验效率（如 DIS 实验和 Excel 数据处理）”“为丰富思维素材，展示科学家思维、再现教师思维、唤醒学生思维提供辅助平台（波叠加与干涉思维展示）”“为重复再现瞬间暂态过程，延迟思维过程，提供物理情境（动态平衡的过程展示）”等方面着手开发优化运用虚拟资源，激发唤醒学生思维。

问题 16　如图 5-1-31 所示（三维动画）两个振源传过来的波都要引起这一点（不振动点）的振动，为什么这一点的振幅几乎为零呢？而另一些点振动幅度却很大呢？（学生小组讨论，代表分析发言：几乎不振动的点：当 S_1 产生的一列波传到这点的是波峰，则 S_2 传到这点的一定恰好是波谷，振动相消；过了半个周期，S_1 传到这点的是波谷，S_2 传到这点的肯定是波峰，因为两列波的频率相同；所以这点的振动始终减弱。再分析振动幅度很大的点：当 S_1 产生的一列波传到这点的是波峰，S_2 产生的一列波传到这点也应该恰好是波峰，这时位移是最大的；半个周期后，S_1产生一列波的波谷到这点时，则S_2产生的一列波到达这点也是波谷，这时位移也是最大的，所以这点的振动始终加强。振幅是两列波的振幅之和。）

问题 17　振动加强的点位移有没有为零的时刻？（振动加强点它的位移是在不断地随时间变化。）

媒体资源展示　利用平面动画来寻找振动加强的点和振动减弱的点的分布规律及振动加强区域和振动减弱区域的分布。

振源 S_1、S_2同时产生频率相同的两列波，实线表示波峰，虚线表示波谷，形成一幅动态的平面叠加图样（如图 5－1－34 所示）。

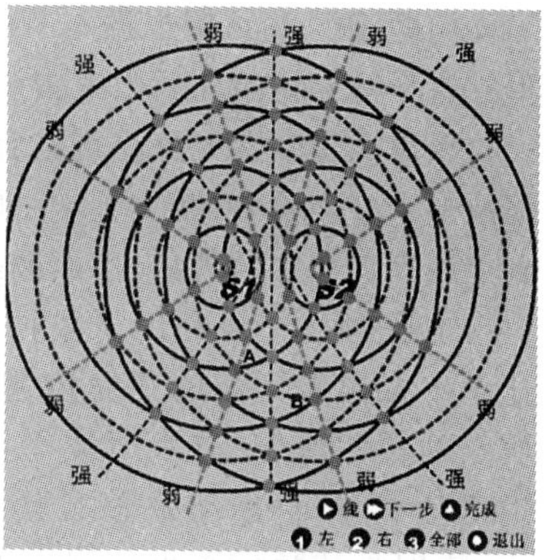

图 5－1－34

a. 选择某一时刻的叠加图样。如果某一时刻该点的振动是加强的，那么它的振动始终是加强，如果某一时刻该点的振动是减弱的，那么它的振动始终是减弱。

b. 分析讨论图示 A、B 两点的振动情况，发现实线与实线相交的 A 点，即波峰与波峰相遇的点，是振动加强的点；实线与虚线相交的 B 点，是振动减弱的点。

c. 学生分组活动：通过小组讨论，在提供的图纸上（上面已印好某一时刻两列频率相同的波相遇叠加的图样）用红色的实心圆点标出振动加强的点，用蓝色的实心圆点标出振动减弱的点。

d. 把白纸反面的投影片薄膜用回形针固定在白纸的正面上，并在薄膜上用红色的线把加强的点连成加强的区域，用蓝色的线把减弱的点连成减弱的区域。

（交流：教师从小组完成的图样中选择两幅，请同学再一次观察水面重叠区域的图样相对于振源是如何分布的，然后判断哪一小组的图样正确。）

问题 18　给出干涉图样能容易确定加强点和减弱点，如果只知道波源位置，你能确定空间某点是加强点还是减弱点吗？

加强点判定：由已知图样分析得出（如图 5－1－35 所示）

$3\lambda-3\lambda=0\lambda$，$3.5\lambda-2.5\lambda=\lambda$，$4\lambda-2\lambda=2\lambda$

总结得出：$\delta=S_1-S_2=n\lambda$，$n=0$、1、2……

减弱点判定：由已知图样分析得出（如图 5－1－36 所示）

$3\lambda-2.5\lambda=\frac{\lambda}{2}$，$3.5\lambda-2\lambda=\frac{3\lambda}{2}$，$4\lambda-1.5\lambda=\frac{5\lambda}{2}$

总结得出：$\delta=S_1-S_2=\frac{(2n-1)\lambda}{2}$，$n=0$、1、2……

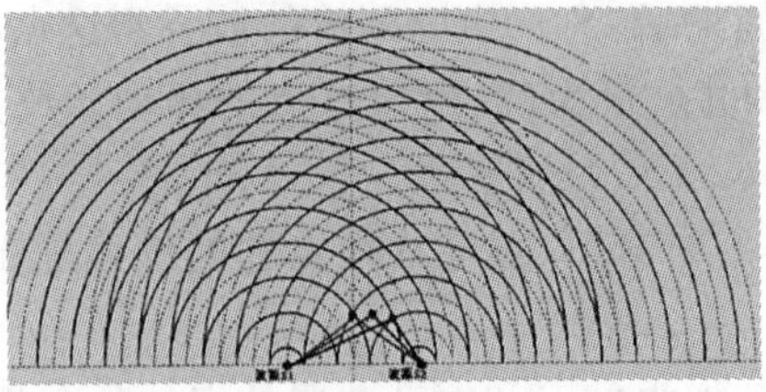

图 5-1-35

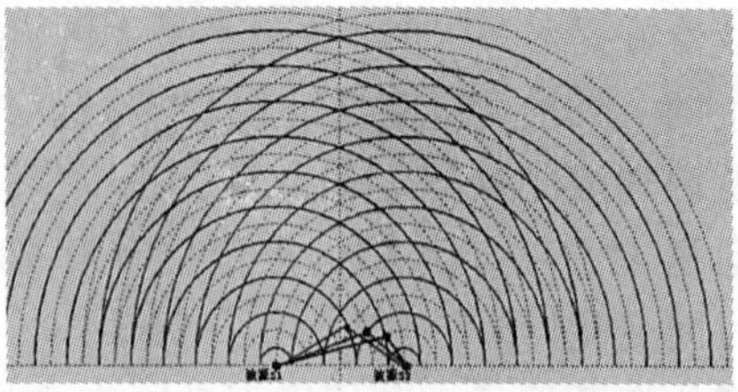

图 5-1-36

问题 19 请大家根据本节所学知识，解释演示鲁本斯火焰管（自制教具）的火焰波形？这个问题留给课后大家去观察思考。

反思 本节课充分注重整合实体资源，一开始演示鲁本斯火焰管（自制教具）的火焰波形干涉实验，就激发了学生的学习兴趣，大水槽中波的叠加现象演示，使学生观察到了两列波叠加的现象，水面波的干涉实验，注重培养了学生的观察能力。

本课时也充分利用了多种媒体资源的整合应用，有播放雨滴落在水面的录像，让学生亲眼看到波的独立传播性；有绳波叠加动画，形象地看到了两列波叠加时各质点的位移情况；有水面波干涉的三维动画。解决了本课时的难点。不断地让学生主动参与，自己动手做实验，不断地进行观察分析现象，经常开展讨论，归纳结论，特别是让学生画出加强点的连线和减弱点的连线时，学生自己探究并与实验现象对照，然后得出正确结果。在课堂教学过程中，教师充分发挥了引导和组织作用。

第二节　整合资源构筑进阶路径
在实验探究中建构规律

物理学基于观察和实验，物理规律探究和构建，是在观察、实验的基础上进行思维加工的结果。以多元教学资源为基础，用资源整合创设真实的情境化学习和应用环境，构筑学习进阶路径，刻画出学生思维的发展方向、过程。即学习进阶的“进”是描述学生的认知发展方向，而“阶”则是指发展过程中的关键点，也就是建立在进阶变量基础上的、学生认知发展的“脚踏点”。正是一个个连续的“阶”将学习的起点和终点连接起来，形成学生在探究某一物理规律时，思维所遵循的连贯的、由简单到复杂的、典型的学习路径。帮助学习者找到规律探究过程中用于“踏脚”的具体“台阶”，为学习者的探究规律提供支撑，以进阶为路径实施教学，依循精心预设的“实验之阶”“问题之阶”，可以快速甚至自发地让学生触景“生情”“生疑”“解惑”，提高学生“探究规律”的效度，实现学生关键能力的精致化发展，即让学习进入真实实践，让学习在规律探究中建构。

【案例一】

自由落体

1. 教学设计思路

(1) 教学目标与教学资源整合目标

<table>
<tr><th>核心素养</th><th>教学目标描述</th><th>物理教学资源整合目标</th></tr>
<tr><td>物理观念</td><td>1. 能通过兴趣实验和视频资源建构落体运动观。
2. 会运用匀变速直线运动规律解决自由落体运动问题。</td><td rowspan="4">1. 整合生活资源创设情境，引发体验回顾，确定思维方向。基于对各类落体运动的分析，供学生感知、归纳总结并抽象构建自由落体模型。(学生经历了“比较—概括—抽象”的过程，发展科学思维。)
2. 通过实验资源的整合，实验对比论证猜想，归纳总结自由落体运动条件及影响运动的因素，并对设计方案实施探究，搜集有效证据，同时分析处理数据，得出结论，让学生经历探究过程，培养科学探究能力。
3. 整合资源提供促进质疑、创设合逻辑推理的实验环境，让学生在真实情境中学会解决问题，发展深度思维，提升学生科学素养。</td></tr>
<tr><td>科学思维</td><td>基于生活中落体现象抽象建构自由落体模型，通过科学论证和推理得出自由落体运动规律，发展科学思维。</td></tr>
<tr><td>科学探究</td><td>通过质疑产生问题，并猜想、设计实验、搜集证据、处理数据、提炼总结、交流解释实施探究，得出自由落体运动规律。</td></tr>
<tr><td>科学态度与责任</td><td>通过对实验评价、对比、归纳，证据的搜集、分析论证、合逻辑的推理及伽利略对自由落体研究的追踪，发表自己的观点，培养科学态度。</td></tr>
</table>

(2) 教学设计思想

“自由落体运动”是高中物理必修第一册第二章第四节教学内容，是匀变速运动规律的运用。本节课力图整合资源，从生活中出发(通过“测反应时间”的游戏，引起学生的兴趣、质疑，引出课题)→运用资源引领展开讨论(引导学生注意直觉经验和逻辑推理的矛盾，使学生明确下一步要解决的问题)→利用分组实验组织学生进行实验探究(引导学生与情景对话，学生之间协商，积极主动的建构自己的知识和逻辑思维)→讨论问题，回到生活中(利用牛顿管的演示，使学生认识到探究现象背后的实质原因是必须考虑外界因素的影响)→学生自主实验探究自由落体运动(对物体情景的分析，实验数据的处理，逐步引导学生探究物理情景之间的物理量的关系)。设计是本着生成性学习及研究性学习的理念和方式让学生充分体验实验探究的过程，感悟其中的方法，在实验中切实提高学生的实验技能、培养学生的协作精神和实事求是的科学精神。

(3) 资源整合与教学流程

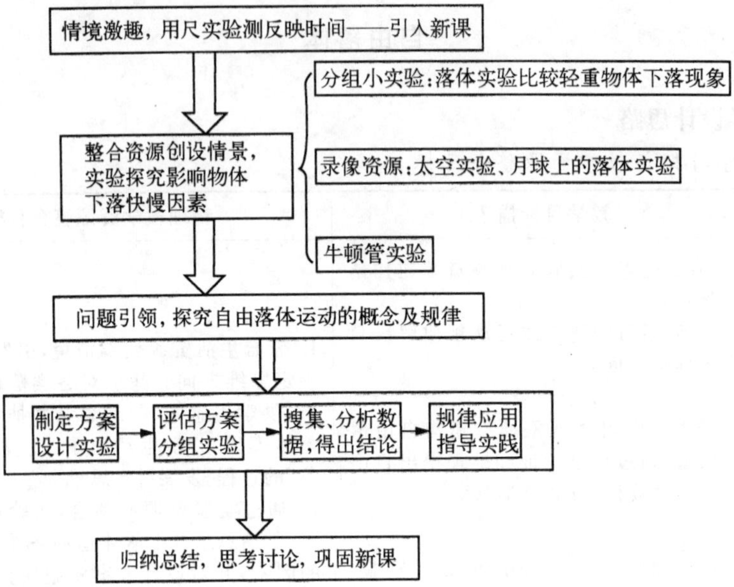

2. 教学过程

(1) 整合实验资源串，构建自由落体模型

分组实验 1 同桌 A 同学竖直捏住饭卡（银行卡）并准备静止释放，B 同学大拇指与食指之间的距离保持在 3 cm 左右靠近卡片下端，注视卡片的动向并尝试捏住自由下落的卡片。（交换实验，同学都没能捏住自由下落的卡片，学生产生困惑。）

演示实验 1 利用课前设计制作好“测反应时间尺”（在一约 50 cm 长的尺的一面标记上自由下落对应长度所用的时间，另一面朝向学生。）

问题 1 “一般刻度尺是用来测量什么的?”老师手中的这把尺很神奇，它不仅能测量长度，还能测量时间，并且能测出同学们的大脑反应时间，谁想知道自己的大脑反应时间是多少？可以用我的这把尺来测量（选 3～4 名学生上来玩“测反应时间”的游戏）。

视频 1 熟透的苹果落地，水从未拧紧的水龙头里落下（如图 5－2－1 所示）。

图 5－2－1

问题 2 卡片、苹果和水滴的运动都是同一种落体运动，它们运动的形式有什么共同特征？（静止开始、竖直下落的直线运动。）

问题 3(聚集核心问题) 这种落体运动是重的下落快，还是轻的下落快，还是一样快？［a. 生活经验告诉我们是重的下落快(当年亚里士多德也是这样认为的);b. 应该同时着地(已了解了伽利略的比萨斜塔实验)。]

问题 4　你能否用现有物品设计实验验证你的观点?

分组实验 2　将卡片与纸片同时从等高处释放,注意同时等高释放,比较下落快慢(重的物体比轻的物体下落得快)。

分组实验 3　将纸片揉成团,与光盘从等高处释放,同时等高释放,比较下落快慢。(轻的物体比重的物体下落得快)。

分组实验 4　取两张纸片,将其中一张纸片揉成团,让它们从等高处同时下落,比较下落快慢(并不是重的物体下落得快)。

分组实验 5　将纸片揉成团,与小铁球从等高处释放,比较下落快慢。(轻重物体下落快慢差不多)。

(① 两个物体质量不同,的确重的物体下落的快;② 两个物体质量不同,轻的物体比重的物体下落得快;③ 两张纸片质量相同,按说应该下落一样快,可是看到的现象是,纸团下落的快;④ 两个物体质量不同,按说下落有快有慢,但观察到两个物体同时着地,这说明物体下落快慢与其重力没有必然联系,平时生活经验不太正确。)

虚拟演示　利用 PPT 动画展示,伽利略的逻辑归谬思想,例如,假定一块大石头的下落速度为 8,一块小石头的下落速度为 4,当把两块石头捆在一起时,大石头会被小石头拖着而变慢,整个物体的下落速度应该小于 8;但是,把两块石头捆在一起后,整个物体比大石头要重,因此整个物体下落的速度应该比 8 还要大。这种相互矛盾的结论,说明亚里士多德“重的物体下落得快”的观点是错误的。根据仔细的分析,伽利略认为物体下落的运动只有一种可能性:重的物体与轻的物体应该下落得同样快(如图 5-2-2 所示)。

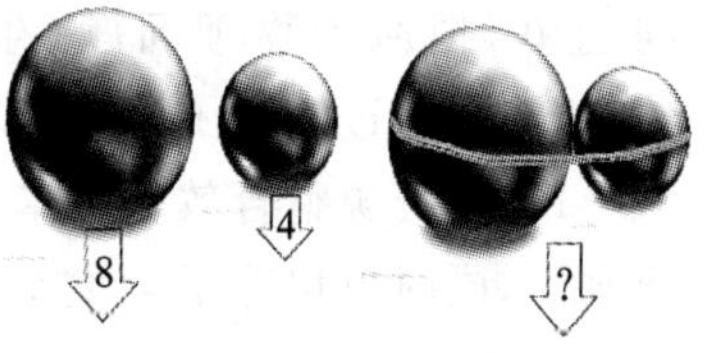

图 5-2-2

猜想　重物和轻物应该下落得同样快,空气阻力影响了物体下落得快慢。

演示实验 2　课前已抽成真空的牛顿管快速倒放后,纸片和硬币同步落下;放入空气(示意学生听进气声音)后再做此实验,实验现象(发现重的物体下落快,此实验肯定了学生判断,课前抽成真空节约课堂时间)如图 5-2-3 所示。

视频 2　宇航员在没有大气的月球上做落体运动实验的现象:轻柔的羽毛和沉重的铁锤同时落到月面(如图 5-2-4 所示)。(如果没有空气阻力,轻重物体下落一样快,也就是说下落物体速度变化与质量大小无关。)

问题 5　看样子,这种不受空气阻力干扰的落体运动具有共同的运动规律,我们有必要好好地来研究这种运动模型。请你根据以上实验归纳这种落体模型受力特征和运动特征是怎样的?(只受重力,初速度为零的直线运动。)

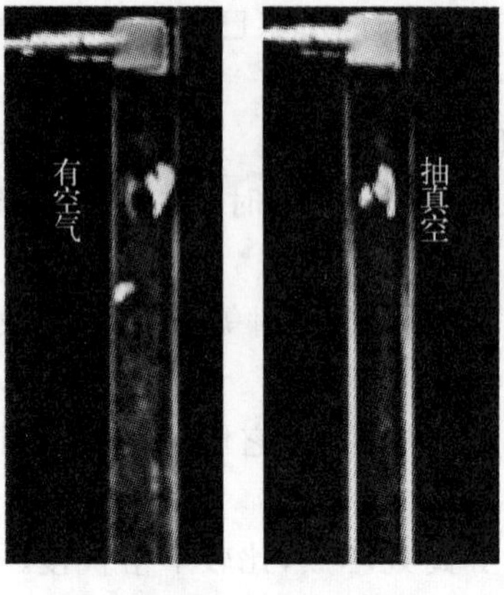

图5-2-3

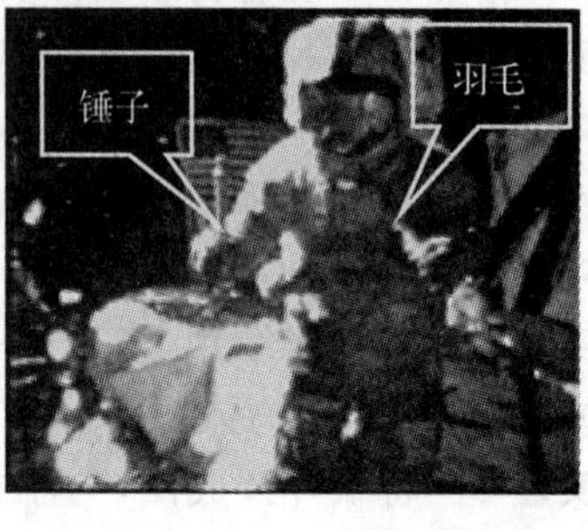

图5-2-4

反思 落体运动是自然界最为普遍的运动形式之一，利用游戏激发学生探究情绪，制造出为什么抓不住的"困惑"，再把卡片下落运动与苹果、水滴下落放在一起对比寻找落体运动"共性"特征，得出"落体"模型，提出"聚集核心问题"；运用学生分组实验和虚拟演示伽利略逻辑归谬法得出空气阻力影响生活中落体运动快慢的判断；利用牛顿管进行对比实验研究，结合月球上珍贵录像资料证实物体下落快慢与质量无关的结论。整合实验资源构成资源串，铺设进阶路径激发问题串，把原始物理问题（生活中的落体运动）逐渐抽象成理想物理模型（自由落体运动）。通过整合了多个实验资源实现了对比、归纳、验证的实验教学功能，也凸显了"1+1>2"资源整合效应。基于层层递进的逻辑主线，逐渐使自由落体运动理想模型浮出水面，同时也培养了学生忽略次要因素抓住问题本质的建模能力和透过现象看本质的求真意识。

(2) 优化实验及数据处理方案，探究运动规律

问题6 自由落体运动究竟是怎样一种直线运动？即其运动性质是怎样的？

猜想 匀加速直线运动……

制定方案设计实验

实验方案1 用打点计时器探究，实验方案如图5-2-5(a)或(b)所示，用重锤拴着纸带由静止释放自由下落，通过打点计时器记录各个时刻的位置来研究自由落体运动，分析纸带上相邻计数点间位移之差是否相等来判断重锤运动是否为匀加速直线运动。

方案评价 运用熟悉的打点计时器，通过纸带记录运动并进行数据处理，方案操作性强，纸带由静止释放，纸带带来的额外摩擦是否会产生明显影响有待实验检验，实验中可采取适当的措施减少不利因素的影响。

分组实验6 每组学生运用方案1进行实验并得到多条纸带。

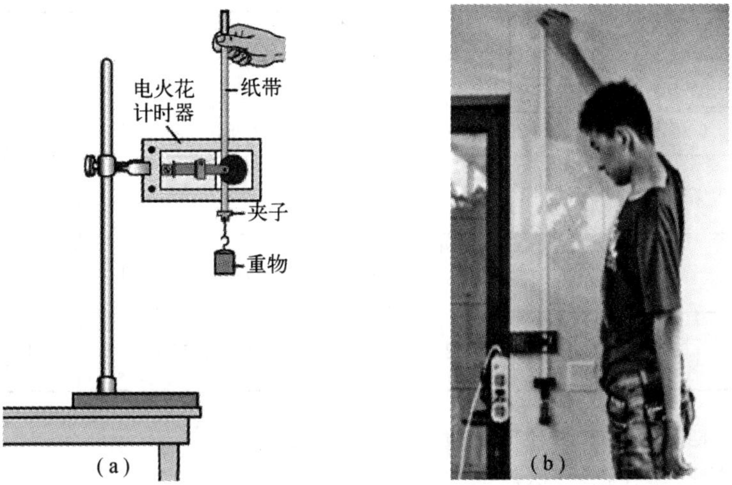

图 5-2-5

纸带筛选　由于实验不确定因素较多，纸带上计时点分布情况存在较明显差异，所以我们在实验数据采集前有必要进行纸带筛选，选出点迹清晰(最好 1、2 两点间距在 2 mm左右)且在一条直线上的纸带。

问题 7　通过观察纸带我们能够确切说出自由落体运动是怎样的运动吗?(不能，只能确定是加速直线运动，需要进一步比较相邻计数点间位移差。数据采集：从第一个点开始，每两个点选作一个计数点，分别标上 0、1、2、3 等数字，纸带拉直后用长刻度尺读取各计数点位置刻度，并把读数填入 Excel 表格中，如表 5-2-1 所示，由于点迹间时间间隔较短，估读的精确性至关重要，可以用数码相机、高像素手机、平板电脑等工具拍照放大后读数，其他相关数据自动生成。)

误差分析　从表 5-2-1 也发现，有的数据偏差还是有些大，造成误差的原因可能是什么呢?(回放学生实验录像，注意听实验时纸带摩擦声音；观察纸带上点迹分布情况，是否严格在一条直线上；纸带与限位孔摩擦带来的阻力甚至还有空气阻力，纸带上的点迹也不是严格保持在一条直线上。)

数据处理 1　由表 5-2-1 发现本次实验所对应的位移之差 Δx_n 大多分布在 0.015 0 m至 0.016 0 m 之间，近似认为相等。

表 5-2-1

	A	B	C	D	E	F	G	H	I	J	K	L	M
1	计数点 n	0	1	2	3	4	5	6	7	8	9	10	11
2	时刻 t/s	0.00	0.04	0.08	0.12	0.16	0.20	0.24	0.28	0.32	0.36	0.40	0.44

续表

	A	B	C	D	E	F	G	H	I	J	K	L	M
3	位置/cm	5.00	5.93	8.47	12.53	18.23	25.40	34.11	44.36	56.16	69.38	84.13	100.30
4	$\frac{t^2}{2}/s^2$	0.000 0	0.000 8	0.003 2	0.007 2	0.012 8	0.020 0	0.028 8	0.039 2	0.051 2	0.064 8	0.080 0	0.096 8
5	下落位移 h_n/m	0.000 0	0.009 3	0.034 7	0.075 3	0.132 3	0.204 0	0.291 1	0.393 6	0.511 6	0.643 8	0.791 3	0.953 0
6	$x_n=h_n-h_{n-1}$/m		0.009 3	0.025 4	0.040 6	0.057 0	0.071 7	0.087 1	0.102 5	0.118 0	0.132 2	0.147 5	0.161 7
7	$\Delta x_n=x_n-x_{n-1}$/m			0.016 1	0.015 2	0.016 4	0.014 7	0.015 4	0.015 4	0.015 5	0.014 2	0.015 3	0.014 2

问题 8　是否可以采用其他实验方法进行改进呢？

实验方案 2　频闪照片法。

方案评估　模拟演示这种实验方案如图 5-2-6 所示，没有纸带带来的干扰，直接拍摄小球沿着刻度尺自由下落的频闪照片，而且用电磁铁控制小球下落，避免了手抖动等不定因素带来的干扰，这种方法很好，但需要暗室、频闪仪等硬件环境，技术要求也较高，提供频闪照片如图 5-2-7 所示。

图 5-2-6

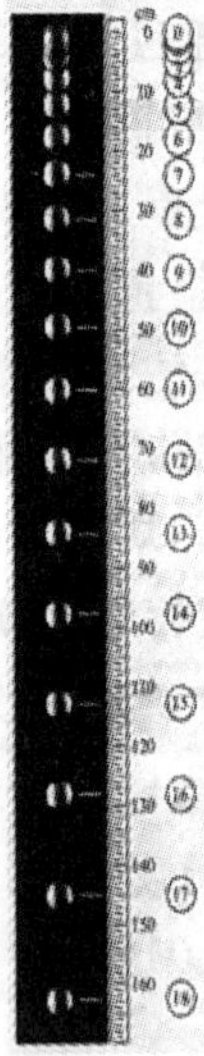

图 5-2-7

问题 9　是否可以用我们身边熟悉的器材和方法替代这种实验方案呢？

实验方案 3　用家中的数码相机直接拍摄小球自由下落短片，再运用大家熟悉的视频播放工具逐帧播放的功能来采集数据。(演示实验，呈现视频)

数据采集　运用播放软件 QuickTime 对小球下落的视频放大后逐帧播放，选每一帧作为一个计数帧，读取小球下端对应刻度，依次采集 10 个计数帧中小球对应的时刻及位置(视频截图如图 5 - 2 - 8 所示)。

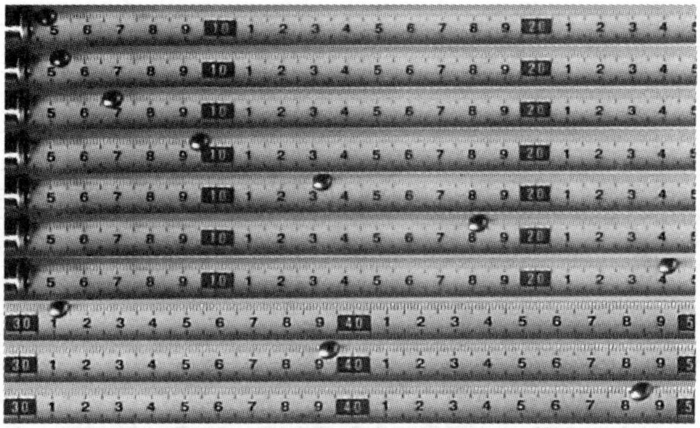

图 5 - 2 - 8

数据处理 2　运用 Excel 数据处理软件进一步处理如表 5 - 2 - 2 所示。(相邻计数帧内小球间位移之差 Δx_n 在 0.011 0 m 左右，更为接近，在误差允许范围内认为相等，比较有信心的说这种运动为匀加速直线运动，根据逐差法得到运动加速度为 9.77 m/s^2。)

表 5 - 2 - 2

	A	*B*	*C*	*D*	*E*	*F*	*G*	*H*	*I*	*J*	*K*
1	计数点 n	0	1	2	3	4	5	6	7	8	9
2	时刻 t/s	0.00	0.03	0.07	0.10	0.13	0.17	0.20	0.23	0.27	0.30
3	位置/cm	5.10	5.60	7.17	9.83	13.61	18.50	24.47	31.49	39.58	48.77
4	$\frac{t^2}{2}$/s^2	0.000 0	0.000 6	0.002 2	0.005 0	0.008 9	0.193 7	0.020 0	0.027 2	0.035 6	0.045 0
5	下落位移 h_n/m	0.000 0	0.005 0	0.020 7	0.047 3	0.085 1	0.134 0	0.193 7	0.263 9	0.344 8	0.436 7
6	$x_n=h_n-h_{n-1}$/m		0.005 0	0.015 7	0.026 6	0.037 8	0.048 9	0.059 7	0.070 2	0.080 9	0.091 9
7	$\Delta x_n=x_n-x_{n-1}$/m			0.010 7	0.010 9	0.011 2	0.011 1	0.010 8	0.010 5	0.010 7	0.011 0

问题 10　除了这种数据处理方法外，我们是否可以采取什么样更直观地数据处理方法呢？

数据处理 3　描绘小球下落高度 h 与下落时间 t 的关系(如图 5 - 2 - 9 所示)。

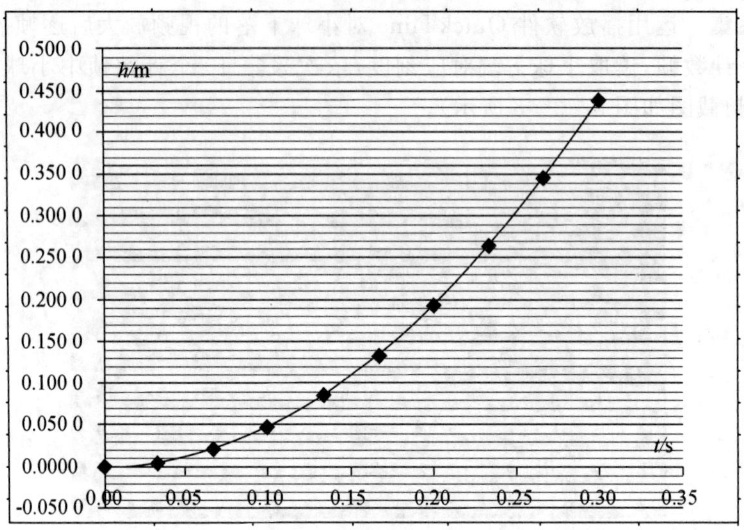

图 5-2-9

问题 11 图像显示是曲线，不能明确知道是否为匀加速直线运动，可以采取怎样进一步处理措施？(化曲为直。)

数据处理 4 描绘下落高度 h 与下落时间二次方的关系图像(如图 5-2-10)，得到直线关系并添加公式进一步得到加速度为 9.72 m/s²。

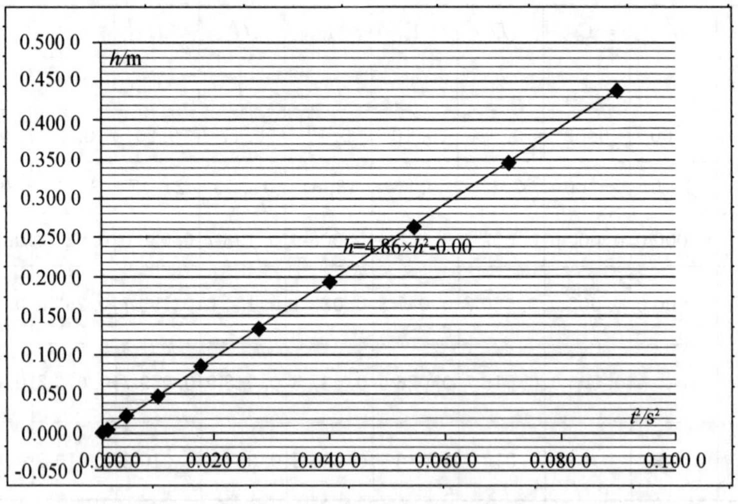

图 5-2-10

(引导分析：图像法更加直观地显示自由落体运动是匀加速直线运动，这两种数据处理方法造成加速度的差异主要是因为小球下落时刻很难与拍摄时刻正好重合造成的，打点计时器也存在类似问题。既然已经知道下落位移与时间之间的关系，那我们就可以直接描绘下落位移与$\frac{t^2}{2}$之间的关系图像，添加公式后直接可以得出这种运动的加速度，请你们也利用这种方法对你们小组在方案1中的数据进一步处理试试看。）

数据处理5　学生用图像方法处理自己得到的数据如图5－2－11所示。（增强学生实验的成就感，并为实验结论增加可信度。通过这么多组实验数据分析，可以认为自由落体运动应该为初速度为零的匀加速直线运动，精确实验测量表明本地自由落体运动的加速度即重力加速度为9.8 m/s^2。）

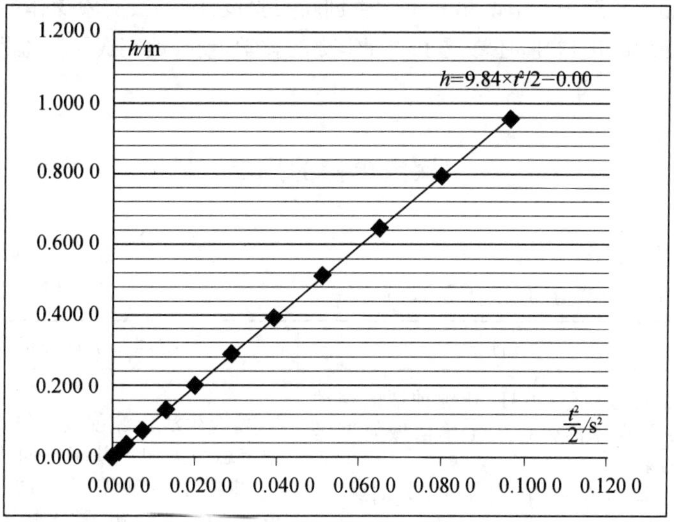

图5－2－11

问题12　我们运用打点计时器、数码相机等计时方法完成这个实验探究，当年伽利略没有这些先进的计时器，他是怎样实现对自由落体运动研究的呢？

实验方案4　伽利略当年实验方案——实验和逻辑推理。（课后查阅资料，了解伽利略对自由落体运动的研究。）

反思　数据处理是定量实验的最后关键一步。由实验室常用器材打点计时器入手，运用已经学习的匀变速运动规律设计实验方案，解决问题，符合学生的认知基础和逻辑，进行分组实验，实现实验操作技能的锻炼；运用Excel电子表格进行便捷地数据处理，快速发现问题，结合分组实验录像回放查找误差原因，实现了误差及其原因的快速诊断；针对误差形成原因引发改进计时方法的思考，运用频闪照相的模拟动画，实现了演示实验原理有效介绍及对实验成本评估的功能，运用身边数码相机及熟悉的视频播放软件进行视频分析法替代设计，实现了定量实验精确便捷地验证功能；在数据处理过程中，运用多种数据处理方法、多组数据处理得到自由落体运动的性质，这种设计借用了大数据时代的数据整合思想(整合教师演示实验、学生分组实验数据资源),充分体现了通过归纳方法得到实验规律规范性(多次实验多组数据支持)的科学原则。最后通过阅读当年伽利略用滴水计时器研究自由落体运动的具体做法,实现了物理学史独特的物理方法、物理情感的教育功能。

实验方案进行有序整合,运用了两种数据处理方法进行对比分析,通过学生分组实验、动画模拟实验、演示实验和阅读实验四种实验教学形式,把自由落体运动性质由猜想变为现实。学生在体验实验方案优化的逻辑过程中,掌握了一些实验方案优化的方法,真正体会到计时器在此实验演化历史中的重要作用,真正培养了学生发现问题、分析问题和解决问题的意识和能力。这一环节既培养了学生创新实验设计能力、实验操作能力,又体验了计算机进行数据处理的优越性,还渗透了物理学史的教学,较好地完成了三维目标的达成。

【案例二】

探究单摆的周期

1. 教学设计思路

(1) 教学目标与教学资源整合目标

<table>
<tr><th>核心素养</th><th>教学目标描述</th><th>物理教学资源整合目标</th></tr>
<tr><td>物理观念</td><td>1. 能通过秋千、吊灯、挂钟钟锤的摆动等生活现象的分析确定单摆做简谐运动的条件。
2. 会运用单摆的周期解决实际问题。</td><td rowspan="4">1. 整合生活资源创设情境,引发体验回顾,确定思维方向。基于不同构成摆类资源素材,供学生感知、归纳总结并抽象构建研究模型。(学生经历了“比较—概括—抽象”的过程,发展科学思维。)
2. 通过实验资源的整合,实验对比论证猜想,归纳总结单摆简谐运动条件及影响周期的因素,并对设计方案实施探究,搜集有效证据,同时分析处理数据,得出结论,让学生经历探究过程,培养科学探究能力。
3. 整合资源提供促进质疑、创设合逻辑推理的实验环境,让学生在真实情境中学会解决问题,发展深度思维,提升学生科学素养。</td></tr>
<tr><td>科学思维</td><td>从基于生活中摆动现象抽象建构单摆模型,通过科学论证和推理得出单摆的周期,发展科学思维。</td></tr>
<tr><td>科学探究</td><td>通过质疑产生问题,并猜想、设计实验、搜集证据、处理数据、提炼总结、交流解释实施探究,得出单摆的周期公式。</td></tr>
<tr><td>科学态度与责任</td><td>通过对实验证据的搜集、分析论证及合逻辑的推理发表自己的见解。</td></tr>
</table>

(2) 教学设计思想

“探究单摆的周期”是高中物理必修第一册第二章第四节的教学内容,是简谐运动应用的典型案例,也是本章第五节《实验:用单摆测量重力加速度》的基础。本节课力图贯彻以“整合资源、构建模型、合理猜想、实验探究、合理推理”为核心的探究理念,以探究“单摆的周期”规律,使整个教学过程能按照情境激问→抽象建模→合理猜想→设计探究→实验取证→分析归纳→演绎推理→总结规律的程序进行。本节课需要整合实验和信息技术工具等教学资源。基于对实际生活现象如荡秋千、摆动吊灯、挂钟钟锤的摆动等共性，抽象提出单摆探究问题，整合资源对比构建单摆模型，进行合理猜想，借助对比实验进行猜想归类、筛选，设计探究实验，分组实施探究，搜集证据，利用软件资源分析得出结论，整个过程以整合资源构筑进阶路径，引领学生自主参与，发展学生的核心素养。

（3）资源整合与教学流程

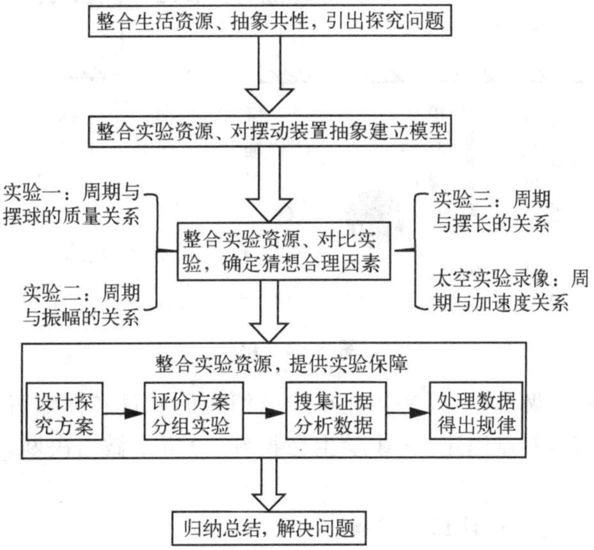

2. 教学过程

（1）基于实际问题　抽象构建模型

问题1　在日常生活中，我们经常可以看到悬挂起来的物体在竖直平面内摆动（如秋千、吊灯、挂钟钟锤的摆动等，播放视频如图5－2－12所示），我们要想来探究物体的摆动规律（如摆钟如何能够准确地计时？怎样调节它走时的快慢？）问题，你将如何处理？（引发学生反思，让学生使用先前所学到的知识，形成新的观点。）

图5－2－12

学生 构建物理模型，把复杂的实际问题简单化（让学生领悟物理学科科学方法的精髓在于：用模型描述自然，用数学表达模型，用实验检验模型）。

问题 2 如图 5-2-13 所示，是已经初步简化了的物理情境，大家看看，这些装置中哪些可看做单摆？为什么？（让学生在设计、阐述、修正中生成，排除干扰因素、忽略次要因素 、突出主要因素，达到建模的目的。）

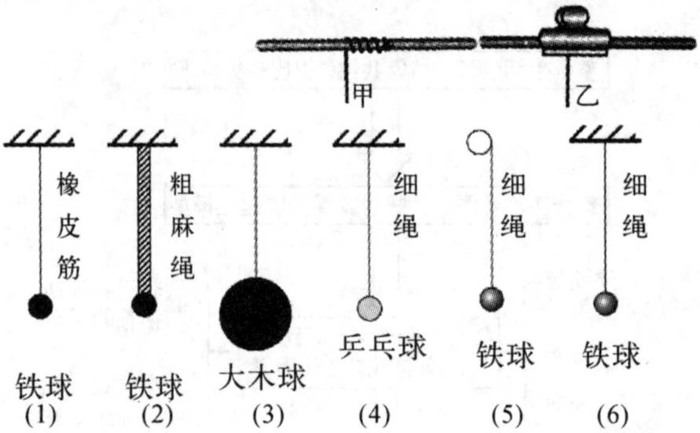

图 5-2-13

学生：第六组可看做单摆；因为悬挂小球的细线的质量和伸缩可以忽略，并且线长比小球的直径长得多，悬点固定。（让学生在批判、分析中做出决断。并讨论探究单摆做简谐运动的条件。）

（2）基于合理猜想　设计探究实验

问题 3 我们建立模型之后，就可以进一步研究其规律了。请大家观察，这两个摆的摆动情况有什么不同？（演示两个不同摆长的单摆实验，注意小角度演示实验，让摆做简谐运动，引导学生观察，激发问题。）

学生 振动快慢不同（学生产生问题：形成原因是什么？）

问题 4 单摆的周期是指单摆做简谐运动，完成一次全振动所需要的时间。请大家思考单摆的周期会和哪些因素有关呢？

学生猜想 摆球的质量、摆长、摆角、振幅、重力（让学生阐述、修正、生成结论）。

问题 5 这些关系是否是独立的影响因素？（引发学生深度思考、修正、生成结论。）

学生 摆角和振幅本质相同；重力受质量影响，其本质可归结为质量和重力加速度两个独立影响因素。（让学生在讨论、比较、评价中生成结论。如思维遇阻时，提供整合资源，如播放图 5-2-14 所示太空实验视频，引导探索、组织提问、

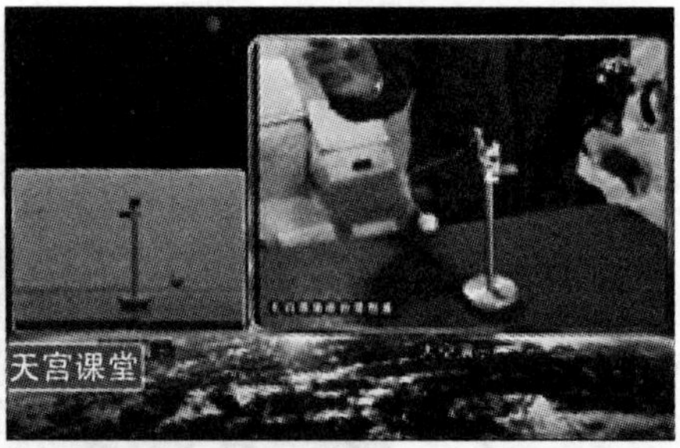

图 5-2-14

解剖评价，促进生成。）

师生总结 猜想并归纳，摆球的质量、摆长、摆角（振幅）、重力加速度。（让学生深度反思。）

问题 6 如何验证你的想法？（让学生在回顾，比较中生成。）

学生 控制变量，设计实验验证。

问题 7 请设计单摆的周期可能和单摆的质量有关这样一个实验。请大家思考并说说你设计的实验方案。（让学生详细分析一个实验方案，其余类比推理。）

学生 对比法（用两个改变验证参量的单摆做对比实验观察，定性判断猜想的合理性）和测量法。（改变验证参量，定量测量周期，可定量寻找关系。）（让学生创新思考，合作制定计划、提出方案，培养创新思维。）

对比实验验证 （可分组、可演示，通过学生实验活动，定性判断猜想的合理性。）

实验一 周期与摆球质量的关系：摆长相同、振幅相同、质量不同，观察两单摆振动快慢。（让学生自主得出结论：单摆振动周期和摆球质量无关。）

实验二 周期与振幅的关系：摆长相同、质量相同、振幅不同，观察两单摆振动快慢。（让学生自主得出结论：单摆的振动周期与其振幅无关。）（即等时性）

实验三 周期与摆长的关系：振幅相同、质量相同、摆长不同，观察两单摆振动快慢。（让学生自主得出结论：单摆振动周期和摆长有关，摆长越长，周期越长。）

实验四 周期与重力加速度的关系：振幅相同、质量相同、摆长相同、借磁场改变重力加速度，观察加磁场前后单摆振动快慢。（基于实验，合理逻辑推理结论：单摆振动周期和重力加速度有关，重力加速度越大，周期越小。）

问题 8 对比实验定性研究，说明了摆长越长，周期越长，现在如果要更精确地研究摆长与周期关系，又将如何做？（进一步定量探究，让学生设计定量测量方案。）

制定方案 让学生依据测量周期指标，设计具体方案。方案一如图 5－2－15 所示（用秒表测量时间）；方案二如图 5－2－16 所示（用光电门测量时间）。（由学生根据测量摆线长度；测量不小于 30 次全振动的时间原理要素设计方案，通过设计、阐述、计划、修正、生成、建议、制作等活动要素培养思维创新力。实验步骤及测量技巧略。）

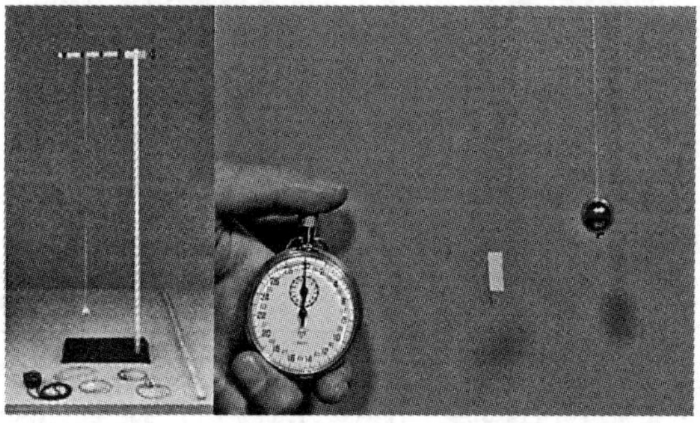

图 5－2－15

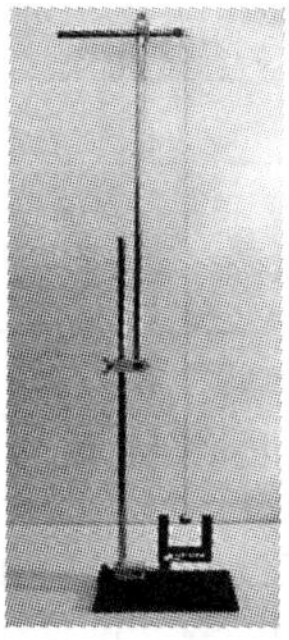

图 5－2－16

反思 通过实验提高学生制定计划的能力,发掘实验在培养学生发现和提出问题能力方面的潜在价值。让学生学会把探究课题分解为几个相对独立的小问题,思考解决每个问题的不同方法,根据现实条件选择适当方法形成探究方案;学会从原理、器材、信息收集技术、信息处理方法等各方面来构思探究计划;学会通过查询相关资料来完善探究计划。教学中应尽量为学生提供制定探究计划的机会,着眼于发挥促进、拓展、反思、分析、评价的角色,通过设计"你能设计一个……到……吗?你能找到可能的解决办法吗?如果你能获得这些资源,你将如何处理……?如果……将发生什么?你有多少种办法?你能为……创造新的、特色用途吗?你能提出一个建议将……吗?"等一系列问题串,引领学生完成设计、阐述、计划、冒险、修正、生成、建议、制作等思维活动,着力于发展学生使用先前所学到的知识,形成新的观点、信息等创造性能力。

(3) 分组实验探究 设计搜集证据

学生分别用两种不同方案分组实验,并将实验数据填入表 5-2-3(甲组学生利用秒表测定数据)、表 5-2-5(乙组学生利用光电门测定数据)和表 5-2-6(丙组学生利用秒表测定数据)。

表 5-2-3 甲组学生利用秒表测定数据

摆线长度/cm	摆球直径/cm	计算摆长 L/m	周期 T/s
100	1.105	1.011 05	2.02
91	1.105	0.921 05	1.93
80.6	1.105	0.817 05	1.816 7
66.5	1.105	0.676 05	1.66
59.5	1.105	0.606 05	1.57
50.2	1.105	0.513 05	1.45
40.3	1.105	0.414 05	1.296 7
周期用 $T=\frac{t}{30}$ 求出,t 为测定单摆 30 次全振动时间。			

表 5-2-4

摆线长度/cm	摆球直径/cm	计算摆长 L/m	周期 T/s	周期的平方 T^2
100	1.105	1.011 05	2.02	4.080 4
91	1.105	0.921 05	1.93	3.724 9
80.6	1.105	0.817 05	1.816 7	3.300 28
66.5	1.105	0.676 05	1.66	2.755 6
59.5	1.105	0.606 05	1.57	2.464 9
50.2	1.105	0.513 05	1.45	2.102 5
40.3	1.105	0.414 05	1.296 7	1.681 34

表 5-2-5　乙组学生利用光电门测定数据

次数	摆长 L/m	30 次/s	周期 T/s	周期的平方 T^2
1	1.222	66.6	2.22	4.928 4
2	1.181	65.3	2.177	4.737 88
3	0.968	59.4	1.98	3.920 4
4	0.867	56.2	1.873	3.509 38
5	0.772	53.2	1.773	3.144 71
6	0.671	49.5	1.65	2.722 5
7	0.571	45.7	1.523	2.320 54
8	0.472	41.4	1.38	1.904 4
9	0.372	36.9	1.23	1.512 9
10	0.273	31.8	1.06	1.123 6

(4) 基于数据分析　交流提炼结论

问题 9　表 5-2-3 中数据是大家根据实验测得摆长和周期数据，你如何找出摆长和周期间关系？(引发学生参与比较、反思、评价，决策研究方法。)

学生　观察数据表可以看出摆长减小则周期减小。

问题 10　大家容易得到周期和摆长间的定性关系，如何进一步找出其定量关系，又将如何处理？(引发学生深入反思，回忆相关认知，在评估的基础上做出决策。)

学生　依据数据作出周期—摆长关系图像。(让学生作出判断。)

活动　学生分组分别用坐标纸描点或运用计算机 Excel 统一作表 5-2-3 数据图，共享评价图像，如图 5-2-17 所示，师生共同评价、质疑。(表 5-2-3 是选甲组学生利用秒表测量的数据，在计算机上画出图像时，采用一次函数、二次函数、三次函数、平方根函数、三次方根函数等各种函数进行拟合，观察哪条函数图线拟合得最好。学生观察结果：平方根函数拟合得最好。)

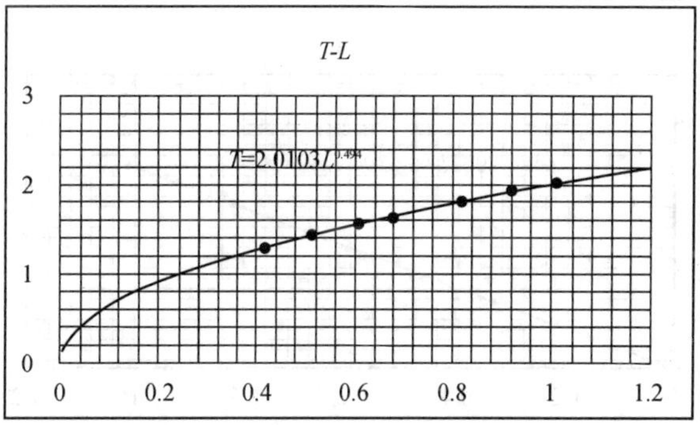

图 5-2-17　依据表 5-2-3 作图

问题 11 根据大家描点作图和计算机拟合作图(两种方法画出的图像相近,选用计算机处理出图像继续探究),曲线的拟合程度虽然很高,但图像看起来还不是非常直观,思考一下,还有更好的解决办法吗?如何做?(引领学生转换思维,从前认知类比作出创新思考。)

学生 最好能把图线转化成直线,这样更能说明问题。可以把周期的数据平方(当然也可以选择把摆长的数据开平方根),可以更加精确地证明我们的猜想。转换数据表如表 5-2-4 所示。(引导学生观察计算机拟合曲线,显示平方根函数的结果,在评价中决策选用方法。利用软件提供的功能,可以非常快捷地完成这个过程。)

表 5-2-6 丙组学生利用秒表测定数据

摆线长度/m	摆球直径/m	计算摆长 L/m	周期 T/s	周期的平方 T^2
1.02	0.02	1.03	2.03	4.13
0.93	0.02	0.94	1.94	3.74
0.82	0.02	0.83	1.81	3.29
0.72	0.02	0.73	1.71	2.93
0.60	0.02	0.61	1.56	2.44
0.53	0.02	0.54	1.46	2.14
周期用 $T=\frac{t}{30}$求出,t 为测定单摆 30 次全振动时间。				

学生活动 分两大组分别用描点和计算机 Excel 两种方法作图处理数据,重新绘制 T^2-L 图线。

学生分析 从重新绘制的拟合图线(如图 5-2-18 所示)中可以看出,将周期平方或者将摆长开平方根以后得到的拟合图线与正比例函数拟合得非常好,从而表示出了周期与摆长的定量关系,$T^2 \propto L$ 或 $T \propto \sqrt{L}$。

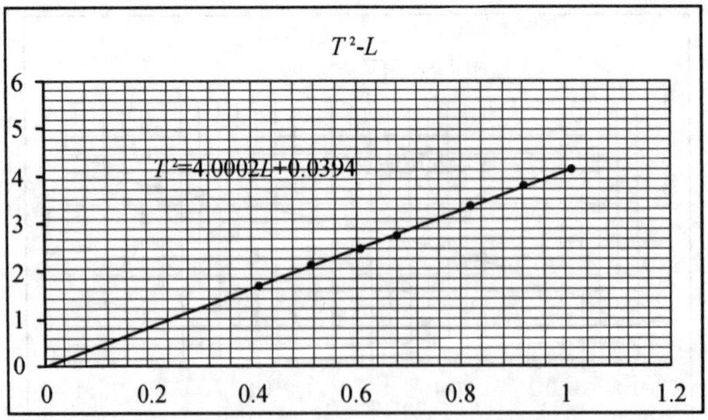

图 5-2-18 依据表 5-2-4 作图

问题 12　请大家用各自不同方法测得数据，处理得出 T^2-L 图像(如图 5-2-18、5-2-19、5-2-20 所示)，然后共享数据及图像，研究一下图像信息(比斜率)比较、质疑、判断还能得出什么有效的结论吗？(引导学生深度分析数据，促进学生争论，深刻反思，在问题生成—探究、批判—解决问题的过程中发展高阶思维。)

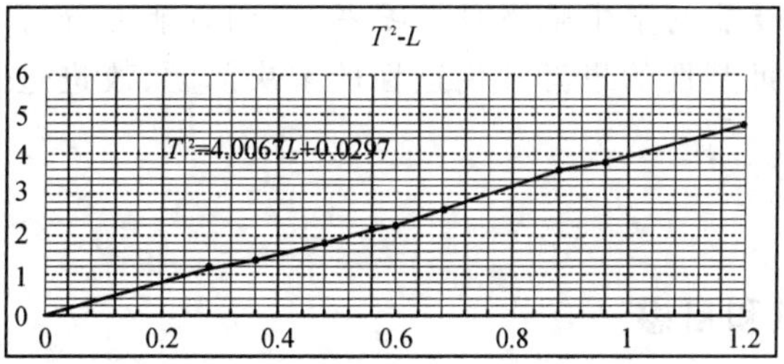

图 5-2-19　依据表 5-2-5 作图

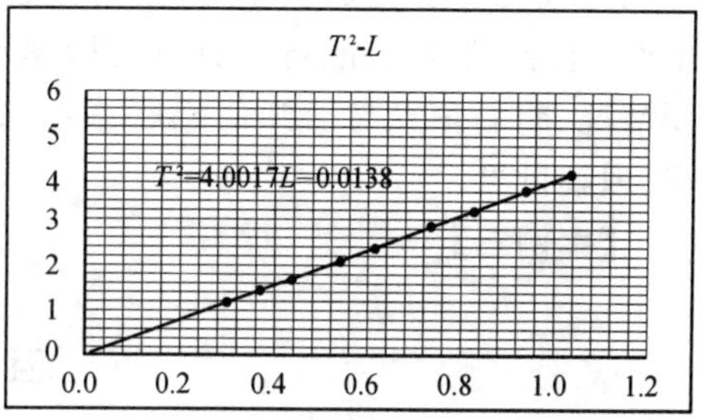

图 5-2-20　依据表 5-2-6 作图

学生活动　比较图 5-2-18、5-2-19、5-2-20 中图线的斜率，让学生发现斜率近似相等，讨论斜率隐含的本质意义，当学生遇到困难时，引导分析斜率单位。

问题 13　斜率单位是什么？(指明学生思维方向，引导学生通过坐标单位深度分析。)

学生　m/s^2，是加速度的单位。

问题 14　其单位与加速度单位相同，在我们的实验环境中，有没有一个相同的加速度？(指明学生思维方向，引发学生质疑、评价。)

学生　重力加速度(让学生推理、猜想)。

验证　① 观察"神舟十号"的王亚平太空授课太空演示单摆运动视频(如图 5-2-14所示)，发现完全失重状态下单摆不能摆动；② 演示实验：用大磁体放在单摆下方空间中，让磁场改变单摆环境的加速度，控制其他变量，观察到摆动明显变慢。(教师指导，学生参与，亲身体验逻辑推理的力量，培养学生的积极性和高阶思维能力。)

推理论证　在上述分析推理基础上，教师给出 $T=2\pi\sqrt{\frac{L}{g}}$，学生根据公式，查阅当地重力加速度值反算出 $k=\frac{4\pi^2}{g}$ 验证斜率，与图像斜率比较近似地相等，证明推理和猜想是正确的。

反思　物理实验数据处理的教学中，合理定位师生角色，凸显学生的主体地位，让学生在处理数据信息时，产生诸如"还有更好的解决办法吗？判断……的价值，我如何考虑……？我能为……做出我的辩护吗？我认为……是好事还是坏事？我将如何处理？我认为……会发生什么变化？我相信……吗？如果……我会有什么感觉？……效果如何？这会造成什么影响？……的缺点和优点分别是？为什么……非常重要？备选方案是?”等问题意识，积极参与判断、争论、比较、批判、质疑、辩论、评价、决定、选择、证明等思维活动，教师适时说明、接受、指导，让学生自己经历“比较—概括—抽象”的思维过程，在深入反思、批判、评估的基础上做出决策。让学生自己在总结实验结果的基础之上，自己得出具有证据的、自己能够真正理解的结论。对学生来说寻找知识比死记硬背知识更加快乐，高阶思维技能的价值在于，它能帮助学生更好的为将来的工作、生活、学习做准备。具备高阶思维技能的学生是终身学习者，他们有能力分析新情况、将新信息与已知信息联系起来、批判性的思考和创造性的解决问题、改进过程、理解世界。

【案例三】

互感和自感

1. 教学设计思路

(1) 教学目标与教学资源整合目标

<table>
<tr><th>核心素养</th><th>教学目标描述</th><th>物理教学资源整合目标</th></tr>
<tr><td>物理观念</td><td>1. 了解互感现象和自感现象；知道互感电动势和自感电动势。
2. 了解自感电动势的表达式 $E=\frac{L\Delta\Phi}{\Delta t}$，知道自感系数是表示线圈本身特征的物理量，了解它的单位及影响其大小的因素。</td><td rowspan="4">1. 整合生活资源创设情境，体验互感、自感现象（学生经历了“比较—概括—抽象”的过程，发展科学思维。）
2. 通过实验资源的整合，实验对比论证，感知互感、自感变化规律，总结现象得出结论，让学生经历探究过程，培养科学探究能力。
3. 整合资源通过演示、分组实验分析实验电路，引导学生运用已学的电磁感应知识进行分析、归纳，再利用电流传感器采集断电电路中的电流变化规律，从而帮助学生突破本节重点、排除难点。</td></tr>
<tr><td>科学思维</td><td>能够通过观察实验现象，分析原因，培养学生的分析素养，合作交流，不断提高学生探究的意识和能力，也逐步培养学生的批判性思维能力。</td></tr>
<tr><td>科学探究</td><td>通过电流传感器将物理现象显性化，培养学生通过图像来直观形象地描述实验现象。</td></tr>
<tr><td>科学态度与责任</td><td>通过了解互感和自感的应用和防护，体会物理知识与社会生活的联系，与现代技术的融合，培养学生树立 STSE（科学、技术、社会、环境）的意识。</td></tr>
</table>

(2) 教学设计思想

“互感和自感”是高中物理选择性必修二第二章第四节教学内容，本节课以整合实验和信息技术工具教学资源，启发引导学生回顾电路知识和电磁感应知识，借助电路图运用楞次定律分析通电自感和断电自感实验现象产生的原因，并通过生生之间的互问对产生的实验现象进行探究，使学生能够通过现象看到本质，然后借助 EDIS 数字化探究实验系统通过电流互感器采集断电自感过程中电流变化规律，将实验现象显性化，让学生的思维得到进一步启发，从而归纳总结自感现象规律产生的原因。

(3) 资源整合与教学流程

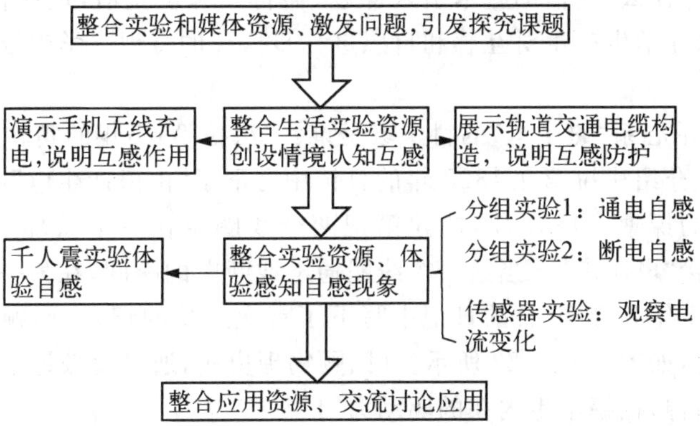

2. 教学过程

(1) 整合资源魔术引入，激发兴趣引发冲突

魔术实验 1　将接有发光二极管的线圈靠近插电板附近的黑绒布，发现二极管发光，激发认知冲突，如图 5-2-21 所示。

图 5-2-21

学生生疑　二极管未直接通电，怎么就能亮？

演示实验 2　如图 5-2-22 所示，将与扬声器相连原线圈插入与播放机相连的副线圈中，发现扬声器并没有与播放机直接接通，但是扬声器依然发声，让学生生疑。

教师追问　两个线圈 A、B 之间并没有导线相连，把线圈 B 插入线圈 A 中，听见美

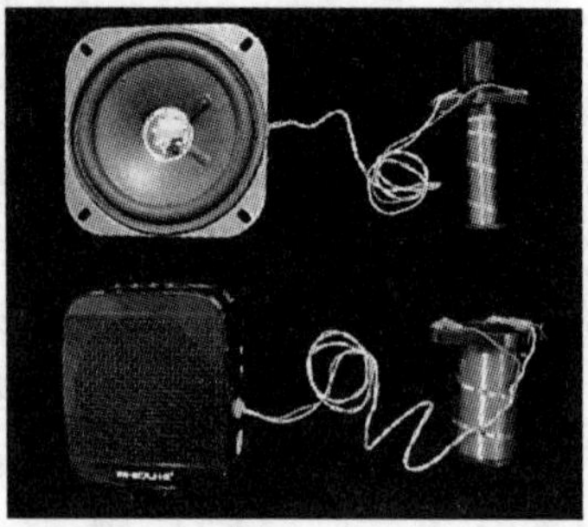

图 5-2-22

妙的音乐,这是为什么?(借助魔术引入课题,器材来源于生活,现象容易观察和体验,这样的导入可以让学生产生对互感和自感进一步探究的意识。学生依据前认知判断是互感现象。)

问题 1 最早心系“磁生电”的科学家是谁?(法拉第)当年的实验是怎样的?

播放视频 介绍法拉第在 1822 年的日记中写下了“由磁产生电”的设想,并为此进行了长达 10 年的探索。1831 年,法拉第把两个线圈绕在一个铁环上,一个线圈接电源,另一个线圈接“电流表”。当给一个线圈通电或断电的瞬间,在另一个线圈上出现了电流。他在 1831 年 8 月 29 日的日记中写下了首次成功的记录,回顾展示法拉第科学探究的艰辛历程,如图 5-2-23 所示。(回顾物理史实,通过视频记录片了解科学家坚持不懈的探究精神,挖掘学生内在的驱动力。)

法拉第用过的线圈

法拉第心系“磁生电”

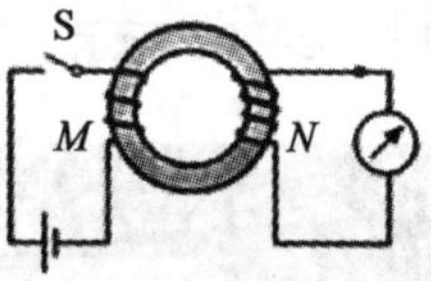

图 5-2-23

(2) 整合生活实验资源,体验认知生成概念

演示实验 3 将图 5-2-21 的魔术实验中黑绒布揭去,展示黑绒布下面有绿线圈,将接有发光二极管的线圈放在绿线圈附近,二极管发光。结合演示实验 5-2-24所示,让学生比较、归纳、抽象共同本质,自主领悟互感现象。

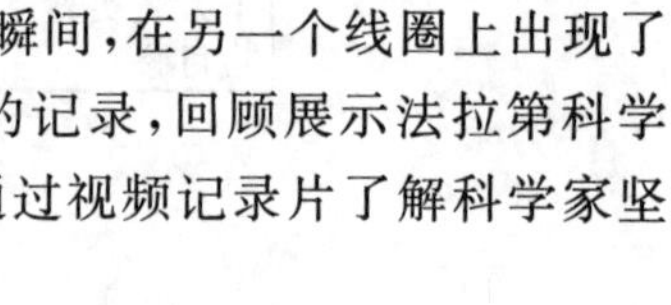

图 5-2-24

① 互感现象

师生交流总结　a. 在法拉第实验中，两个线圈之间并没有导线相连，但当一个线圈中的电流变化时，它所产生的磁场会在另一个线圈中产生电动势，这种现象叫作互感。b. 互感现象：发生在两个互相靠近的电路之间的电磁感应现象。c. 互感电动势：这种由互感现象产生的感应电动势叫作互感电动势。

问题 2　请大家归纳一下互感现象有哪些特点？（a. 互感现象可以把能量从一个电路传到另一个电路；b. 互感现象不仅可以发生于绕在同一铁芯上的两个线圈之间，而且可以发生于任何两个相互靠近的电路之间。）

问题 3　互感在电工技术和电子技术中有广泛的应用，有的应用就在我们身边，你能举出事例吗？（变压器就是利用互感现象制成的，如图 5 - 2 - 25 所示。）

图 5 - 2 - 25

演示实验 4　手机普及的今天，手机的无线充电就是互感现象的一个生活应用（图 5 -2 - 26 所示，边介绍边演示）。可见物理知识在生活中的作用还是非常明显的，但是事物往往都是辩证的，有利有弊。在电力工程和电子电路中，互感现象有时会影响电路正常工作，这时就要求减小电路间的互感。

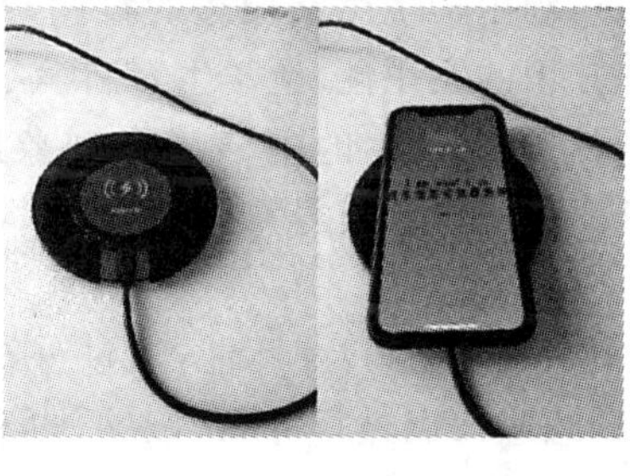

图 5 - 2 - 26

整合资源展示　苏州轨道交通给我们出行带来了便利，在建设过程中需要敷设大量的电缆，一根电缆总共十一层，其中有两层就是为了减小互感的屏蔽层，如图中 5 - 2 - 27所示。另外为了减小互感，在敷设过程中会采用“品”字形结构，如图 5 - 2 - 28 所示。

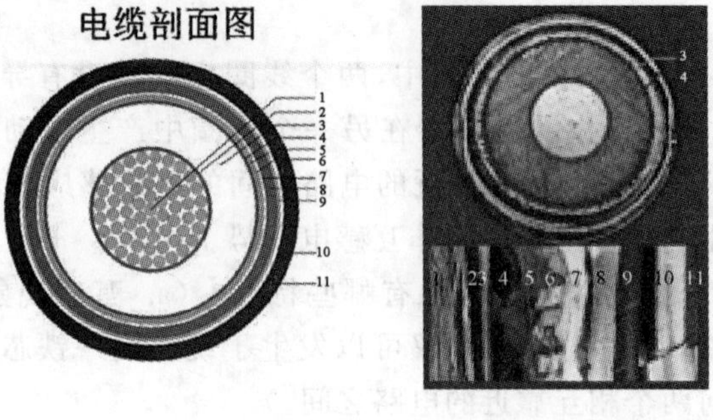

1. 铜导线　2. 内屏蔽　3. 交联聚乙烯绝缘　4. 外屏蔽　5. 铜带　6. 阻水带　7. 铝型复合带　8. 纸烟无卤内护套　9. 铜带　10. 高阻燃带　11. 防鼠防白蚁低烟无卤护套

图 5-2-27

图 5-2-28　品字形电缆夹具

（关于互感的利用和防止，利用学生生活周边的案例，既可以让学生感受物理应用贴近生活又充分凸显出物理知识的实用性，让学生充满学习物理的欲望。）

问题 3　通过线圈的电流变化产生的电磁感应现象除了看得见、听得见的（演示实验 5-2-21、5-2-22），能不能亲身来体验呢？同学们想不想体验？（引发思考）

问题 4　手握一节干电池，能被电吗？（不能，通过分析实验电路和直观的演示实验，引导学生运用已学的电磁感应知识进行分析、归纳，再利用电流传感器采集断电电路中的电流变化规律，从而帮助学生突破本节重点、排除难点。）

体验实验　如图 5-2-29 所示，我们改装一下实验，按照电路图 5-2-30 连接器材，大家串联排队，队伍首尾两人抓住铜盖柄，慢慢闭合开关。被电了吗？［没感觉（遗憾）］

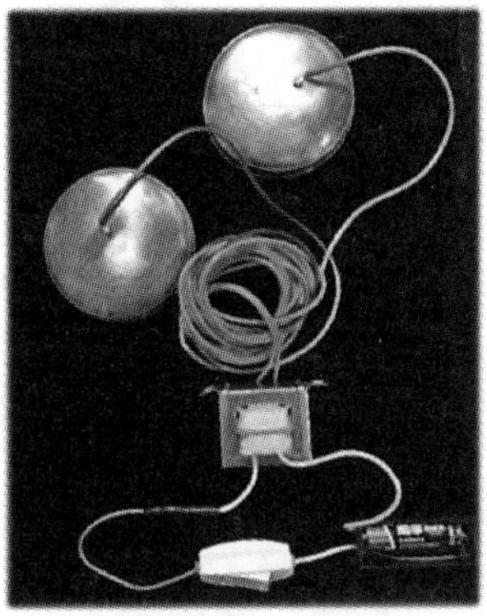

图 5－2－29

图 5－2－30

问题 5　准备好了吗？引导学生分散注意力的同时，突然断开开关。[学生反应：啊，电了（哈哈）。]

问题 6　为什么？（线圈产生感应电动势。）

问题 7　线圈为什么会产生感应电动势？（流过线圈的电流变化。）

问题 8　和前面的魔术实验的原理相同吗？（不同。）

② 自感现象

问题 9　你能总结这一现象吗？（让学生总结，教师帮助提炼：a. 流过线圈的电流变化时，它所产生的变化的磁场在线圈本身激发出感应电动势，这种现象叫自感现象；b. 自感：当一个线圈中的电流变化时，它所产生的变化的磁场在线圈本身激发出感应电动势，这种现象称为自感。）

（用千人震实验，让学生被电击体验电磁感应的存在，线圈断电了，却产生了电动势，这才被电击了，看不见摸不着的电动势却给学生带来了体验，而真实的实验体验将给学生带来冲击："我倒要研究个究竟"，是后续探究学习的动力源。）

分组实验　（借助自感现象演示器 5－2－31 所示，分别来演示通电自感和断电自感，追本溯源，探寻本质。）（将全班同学分成 A、B 两组，A 组完成通电自感实验，B 组完成断电自感实验。然后向对方组提出问题。实验按照操作→观察→记录→讲解的顺序进行。）

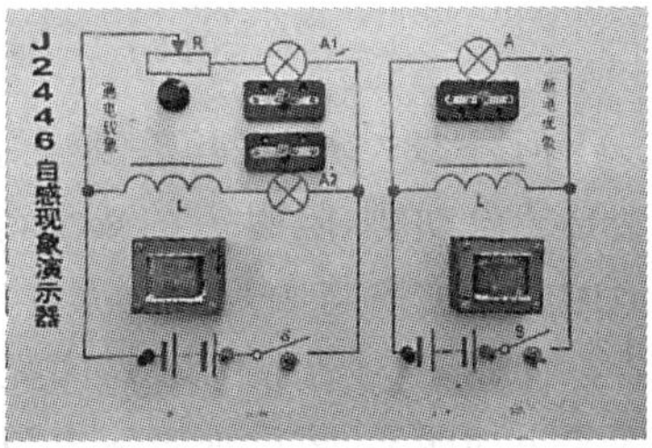

图 5－2－31

A 组学生　连接线路（图 5－2－32），闭合开关 S，调节变阻器 R 使两灯正常发光，然后断开开关。（提醒实验观察重点：两灯泡），闭合开关 S，两灯的发光情况？

B 组学生　连接线路（图 5－2－33），闭合开关，灯微微亮（提醒实验观察重点：灯泡），断开开关 S，观察灯泡的亮度？

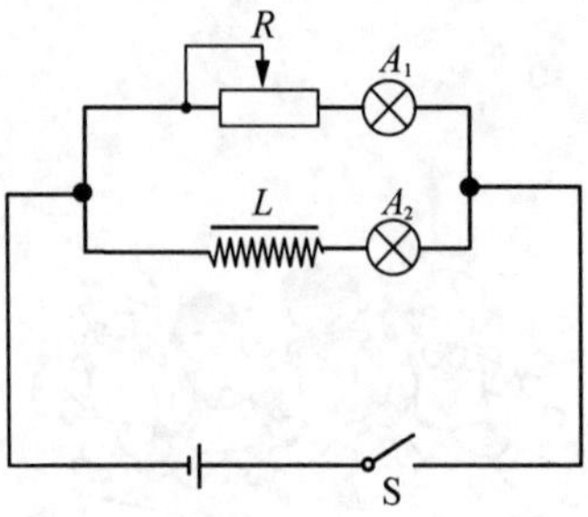

图 5-2-32

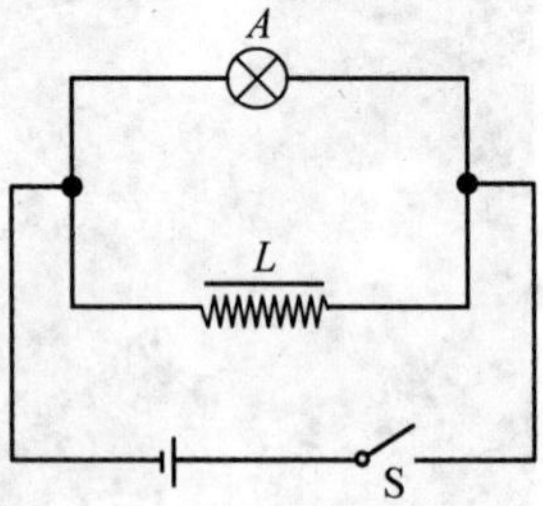

图 5-2-33

汇报交流、解释问题：

A 组学生演示汇报，解释为什么 A_2 逐渐变亮？（闭合开关，通过线圈 L 的电流要增加，线圈产生自感电动势，阻碍电流的增加，导致 A_2 逐渐变亮，最后和 A_1 一样亮。）

B 组学生演示汇报，解释为什么 A 突然闪亮了一下再熄灭？（如图 5-2-34 所示，断开开关，通过 A 灯的电流 I_1 瞬间减小为零，线圈 L 的电流 I_2 也要减小，线圈产生自感电动势，阻碍 I_2 的减小，这时线圈和电灯构成新的回路，流过灯泡的电流为 I_2，灯泡不会立即熄灭；灯泡闪亮说明开关闭合电路稳定时，线圈的电阻比灯泡的电阻小，即 $I_2 > I_1$，所以开关断开灯泡会闪亮一下然后再熄灭。）

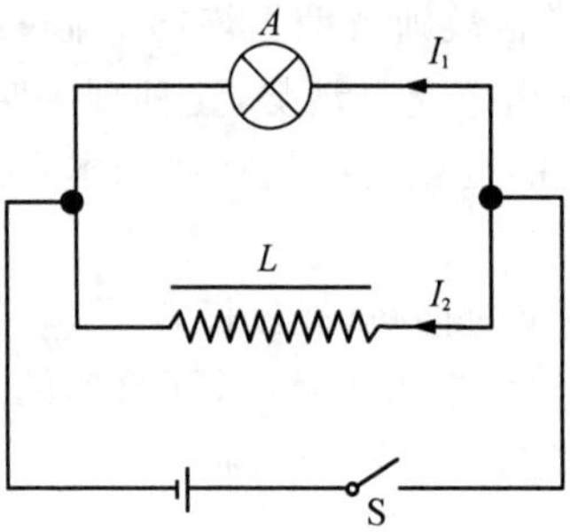

图 5-2-34

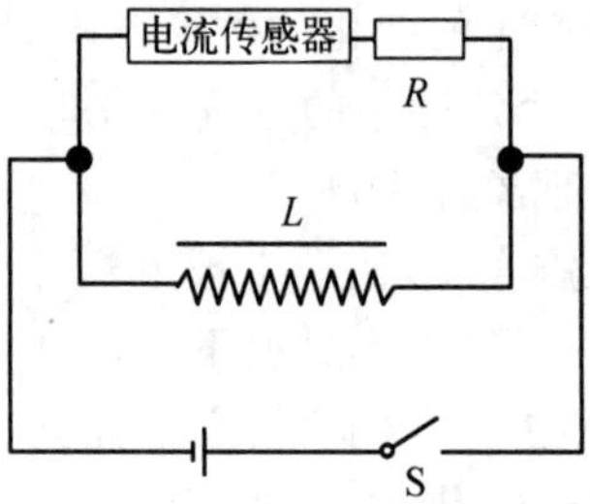

图 5-2-35

问题 10 开关断开，流过灯 A 的电流方向是否和原来一样？（开关断开，线圈 L 产生自感电动势，阻碍 I_2 的减小，在线圈和灯泡构成的回路中，以 I_2 继续流动，故通过灯泡的电流方向与原来的电流方向相反。）

问题 11 能否使 A 灯闪亮更加明显一点？（A 灯闪亮的原因是 $I_2 > I_1$，为使实验现象更加明显，可以换直流电阻更小的线圈。）

（安排学生亲自实验并且相互提问，将教材“思考与讨论”融入学生的问答之中，旨在引领学生对实验、现象的探究，达到对知识的深度学习，培养学生的批判性思维。）

问题 12 感谢 A、B 两组同学的实验操作和互相交流，你们把通电自感和断电自感的原因已经剖析清楚。那么，在物理上，我们能否让实验现象更加直观化呢？

［资源整合：EDIS 数字化探究实验系统通常由 3 部分组成：传感器、数据采集器、计算机（或图形计算器），利用电流传感器研究通电和断电可以直观、精准的采集数据。］

演示实验 5　电流传感器采集开关断开时电流的变化，电路图如图 5-2-35 所示，实验实物图如图 5-2-36 所示。

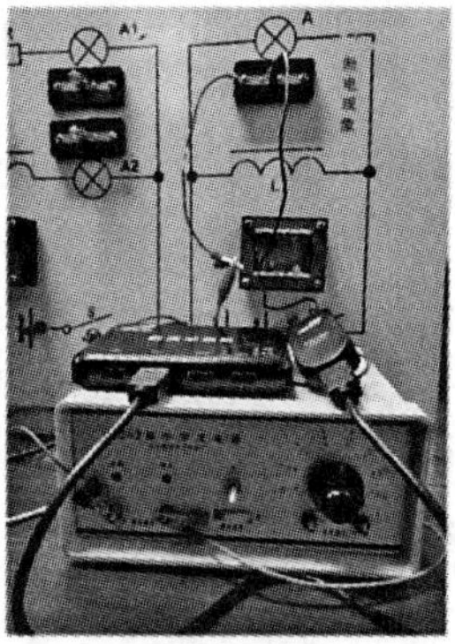

图 5-2-36

问题 13　在断电自感实验的基础上，先进行器材调整，将小灯泡用电阻替换（避免小灯泡电阻变化带来影响），要研究流过电阻的电流，应采用什么传感器？（电流传感器）电流传感器应如何接入电路？（与电阻相串联）启动 Edislab 软件，如图 5-2-37界面。闭合开关，鼠标点击“开始”，看到一条稳定的线，含义是什么？（流过电阻的电流）断开开关，鼠标点击“停止”，看到一个“突变”，如图 5-2-38 所示，如何解释？几层含义？

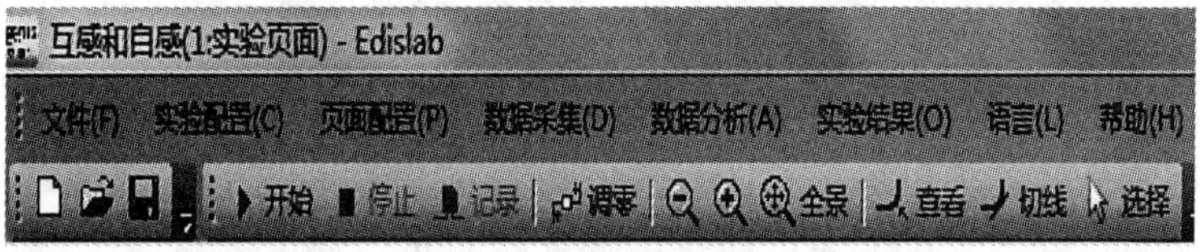

图 5-2-37

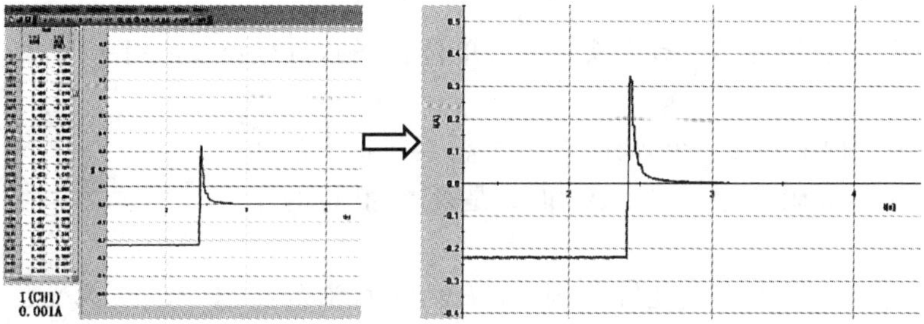

图 5-2-38

（a. 电流方向改变，原来是自右向左，现在是自左向右；b. 电流比原来的大，原来是 I_1，现在是 I_2，$I_2>I_1$；c. 电流不是瞬间减为零，而是缓慢减小，自感电动势阻碍电流的减小。）

问题 14　是不是所有的断电自感都会出现电流比原来的大的情况呢？（如果用比线圈电阻小的电阻来替换灯泡，断电后就不会出现电流增大的情况。无论是通电还是断电，当线圈中的电流发生变化时，自身产生感应电动势，这个感应电动势阻碍原电流的变化。电流增加，自感电动势就阻碍它的增加；电流减小，自感电动势就阻碍它的减小。）

问题 15 自感和互感一样，也存在利弊。含有线圈的电路，如果断开开关，而没有闭合回路的话，就相当于有自感电动势而没有电流，此时会出现电弧现象。如何避免电弧对人体的伤害？[电路开关断开时会产生电火花，所以为避免人身伤害，使用油浸开关。油浸开关一般使用在低压线路中间，如果是高压线路，为避免开关断开产生弧光，使用的是 SF_6。SF_6 负荷开关设备、GIS——六氟化硫封闭式组合电器(国际上称为"气体绝缘开关设备"Gas Insulated Switchgear)。六氟化硫是一种惰性气体，具有卓越的电绝缘性和灭弧特性，相同条件下，其绝缘能力为空气、氮气的 2.5 倍以上，灭弧能力为空气的 100 倍。]

③ 自感系数

问题 16 互感现象和自感现象都属于电磁感应，互感和自感的产生都源于流过线圈的电流发生变化，这将引起线圈中的磁通量变化，这是否会产生电动势？如产生将如何确定电动势大小？[a. 感应电动势的大小与回路中磁通量变化的快慢有关，而自感现象中的自感电动势是感应电动势的一种，那么就是说，自感电动势也应正比于穿过线圈的磁通量的变化率，即：$E\propto\frac{\Delta\Phi}{\Delta t}$，而磁场的强弱又正比于电流的强弱，即磁通量的变化正比于电流的变化。也可以说，自感电动势正比于电流的变化率，即 $E\propto\Delta I/\Delta t$，写成等式即：$E=L\frac{\Delta I}{\Delta t}$，自感现象中产生的感应电动势叫作自感电动势。b. 自感电动势表达式为 $E=L\frac{\Delta I}{\Delta t}$，其中 L 为自感系数。c. 自感系数，简称自感或电感，用字母 L 表示。影响因素：形状、长短、匝数、有无铁芯等。单位：亨利，符号：H；常用单位：毫亨(mH)，微亨(μH)。]

问题 17 如图 5-2-39 所示，L 是自感系数很大的线圈，但其自身的电阻几乎为 0。A 和 B 是两个相同的小灯泡。

(1) 当开关 S 由断开变为闭合时，A、B 两个灯泡的亮度将如何变化？请作出解释。

(2) 当开关 S 由闭合变为断开时，A、B 两个灯泡的亮度又将如何变化？请作出解释。

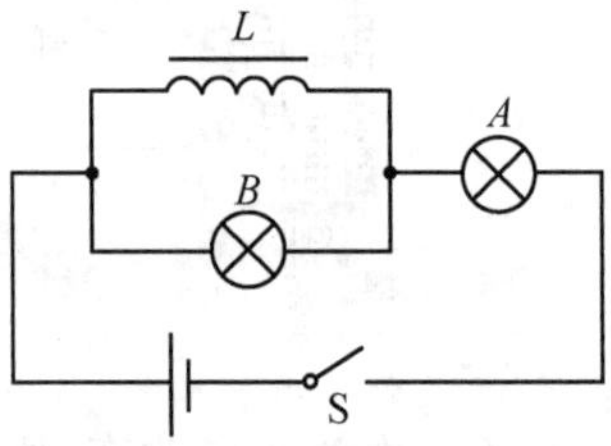

图 5-2-39

④ 磁场的能量

问题 18 图 5-2-39 中，开关断开后，灯泡的发光还能持续一段时间，有时甚至比开关断开前更亮，这时灯泡的能量是从哪里来的呢？(无论是通电还是断电，线圈中的电流从无到有、从有到无，其中的磁场也是从无到有、从有到无，我们可以把磁场看作是能量的储备站，需要的时候储备、释放。自感现象的再理解：线圈中电流的变化不能在瞬间完成，即不能"突变"。间接说明线圈能体现电的"惯性"。)

第三节　整合资源创设原始情境
在真实应用中发展素养

学生物理素养的高低往往取决于学生将情境与知识相联系的水平，即学生运用物理知识解决实际问题能力的高低。我国的物理教育有一个优良传统——强调理论联系实际；但是学生解决实际问题的能力依然很低。原因在哪里？通过分析，我们看到，教科书、习题集以及试卷中的多数所谓实际问题，都是经过编者或者考试命题者咀嚼过的，学生看到的仍然是理想化的物理习题，实际情景只是附加的背景而已。学生所缺的“解决问题的能力”，本质上是把原始问题变成合适的物理模型的能力。也就是说，当前物理教学中，学生所面对的“问题”大多数是教师通过对实际（原始）问题的合理分解、简化和抽象后形成的“问题”，这类“问题”往往是为巩固物理概念、规律而人为加工选编出来的，与实际（原始）问题相距甚远。这样的教学教师教的是结论，学生学到的是技巧，使物理教学远离了物理学的源头，也远离了学生思维的起点，致使教学目标的达成上出现许多局限性，不利于激励学生的创新思维，特别是不利于培养学生发现问题和转化问题的关键能力，培养出的学生当然是不“健全”的学生。

为了改变这样的教学现状，基于多元化物理教学资源整合，创设原始情境让学生亲历物理原始问题的解决过程，让应用物理知识解决具体问题在具体的实际的真实问题情境发生，在解决物理问题中，运用归纳、演绎、反证、列举、类比、等效、估算、迭加等思维方法，实现把情境中的一段经历转化为一个物理探究过程，把情境的故事情节转化为某种物理现象，把描述情境的文字转化为物理表述，把情境中需要完成的工作转化为相应的物理问题。能不能把问题中的实际情境转换成解决问题的物理情境，建立相应的物理模型，这是应用物理观念思考问题、应用物理知识分析解决问题的关键。整合资源

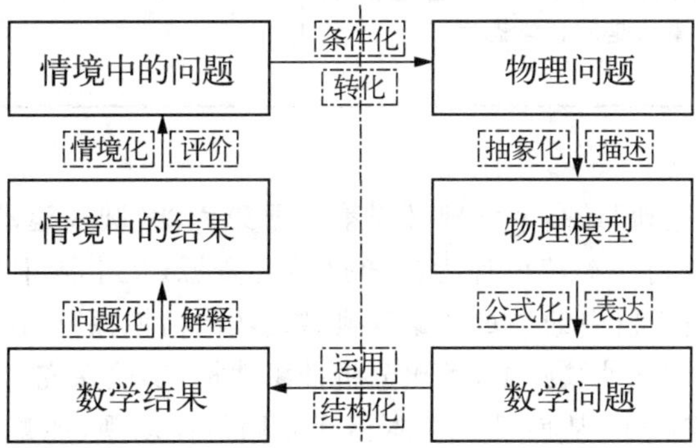

图 5-3-1

创设真实情境，构建如图5-3-1物理素养实践模型，使教学凸显“学习情境”“应用情境”，搭建基于学生认知的台阶，促进学生的认知进阶、问题进阶、思维进阶、物理观念进阶，从而达成实现培养学生关键能力、必备品格的功效。

【案例一】

生活中的圆周运动

1. 教学设计思路

(1) 教学目标与教学资源整合目标

核心素养	教学目标描述	物理教学资源整合目标
物理观念	1. 能基于生活、生产情境迅速匹配生成物理问题。 2. 能从运动与相互作用观和能量观找到解决问题的有效路径。	1. 整合生活资源创设情境，基于运动与相互作用观和能量观，迅速实现真实情境与物理问题的匹配，并抽象构建运动模型，发展科学思维。 2. 通过实验资源的整合，佐证问题、交流、解释、证据的合理性，让学生经历探究过程，培养科学探究能力。 3. 整合资源创设真实环境，让学生在真实情境中学会解决问题，发展深度思维，提升学生科学素养。
科学思维	通过类比、归纳、抽象出物理模型，实施科学推理论证，促进深度思维，发展科学思维。	
科学探究	通过质疑产生问题，依据圆周运动规律实施理论探究，得出圆周运动规律应用策略。	
科学态度与责任	通过对实验佐证，合逻辑的推理及真实情境中运用物理知识，发表自己的观点，培养实事求是的科学态度。	

(2) 教学设计思想

“生活中的圆周运动”是高中物理必修第二册第六章《圆周运动》第四节教学内容，是圆周运动的综合应用。本节设计力图通过整合资源，从生活中出发，通过对火车转弯、汽车过拱形桥、航天器中的失重现象等典型真实的情境探究，让学生在应用中，感知现象形象归纳，分析综合抽象归纳，类比分析抽象建模，实验探究实证体验，使圆周运动的知识运用在真实实践中，从而巩固物体相互作用与运动观、能量观，发展学生的科学思维和科学探究能力，培养学生的必备品格和价值观念。

(3) 资源整合与教学流程

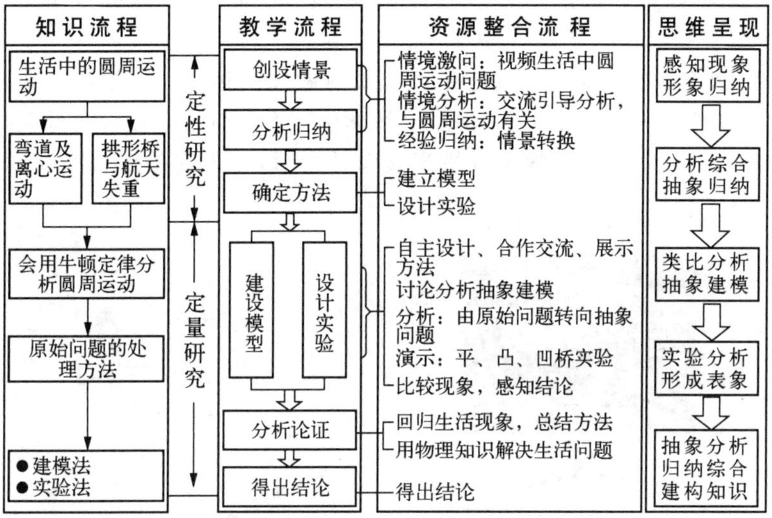

2. 教学过程

(1) 播放视频资源，激发问题引入课题

视频 1　(赛车事故录像播放) 呈现赛车通过凸凹不平路面和弯道路面上赛车的情境(如图 5－3－2 所示)，激发学生问题，赛车易发事故点在什么地方？

图 5－3－2

问题 1　凸凹路面和弯道路面上赛车在做什么性质的运动？(曲线运动)与我们学过哪种曲线运动相近(圆周运动)？你能来探究它的规律吗？(引出课题)

(2) 整合资源创设情境，构建模型解决问题

【实例一】

水平面内的圆周运动(火车转弯为例)

视频 2　播放日本火车弯道脱轨新闻(图 5－3－3)，引发学生关注火车转弯问题研究。

图 5－3－3

问题 2　能用你所掌握的圆周运动知识来分析事故的原因吗？如何分析？(能，首先受力分析。)

问题 3　你认为什么状况下好做受力分析？(让学生意识到建构质点模型。)

问题 4　你能将这一运动情况转换成学过的质点

做圆周运动的情况吗？（行，让学生画图。）

虚拟情景转换　火车水平转弯转换到质点做水平面内圆周运动，如图 5-3-4 所示。（构建模型。）

问题 5　火车在转弯时，实际是在水平面内做圆周运动，因此会受到向心力的作用，那么究竟是什么力提供了向心力呢？（让学生独立分析火车在直线行驶时的受力情况如图 5-3-5 所示，并引导学生分析当火车转弯时，如果内外铁轨的高度相同，向心力的来源。）

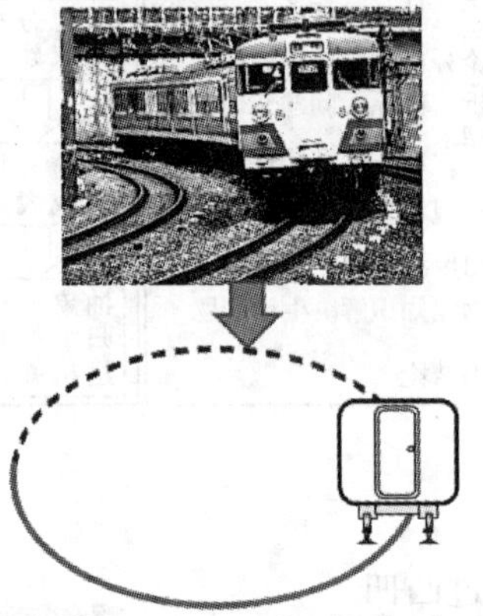

图 5-3-4

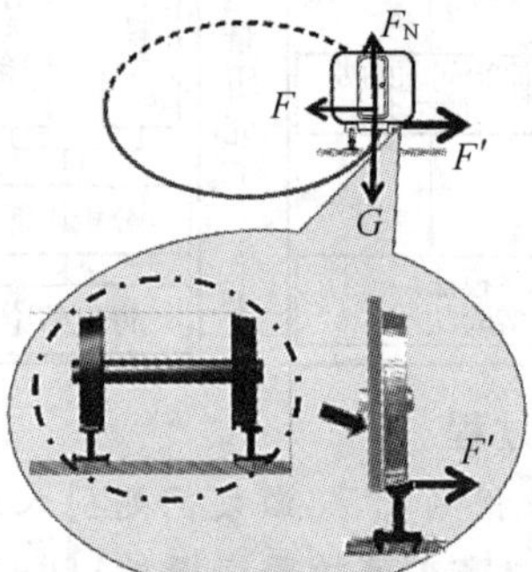

图 5-3-5

问题 6　火车在水平面转弯时，强调若向心力不能由静摩擦力提供，那由谁提供呢？（只能由铁轨外轨的轮缘和铁轨之间互相挤压而产生的弹力提供。）

问题 7　挤压的后果会怎样？（由于火车质量、速度比较大，故所需向心力也很大。这样的话，轮缘和铁轨之间的挤压作用力将很大，导致的后果是铁轨容易损坏，轨缘也容易损坏。）

问题 8　（设疑引申）为了解决这一实际问题，你能提出可行的解决方案吗？

视频 3　播放火车车轮的结构、转弯轨道情况。（让学生观察火车车轮的结构，引导学生建构模型，通过思考得出解决方案，让外轨比内轨略高，如图 5-3-6 所示。）

问题 9　请大家分析讨论，火车转弯所需的向心力的方向是在水平方向上还是在与斜面平行的方向上？（水平方向。）

问题 10　讨论一下火车在倾斜轨道上的受力，找出其所提供向心力和所需向心力的关系。（让学生在黑板上板书受力图，进行定性分析；然后虚拟展示，验证学生想法，如图 5-3-7 所示，得出向心力由 G 和 F_N 的合力提供。）

图 5-3-6

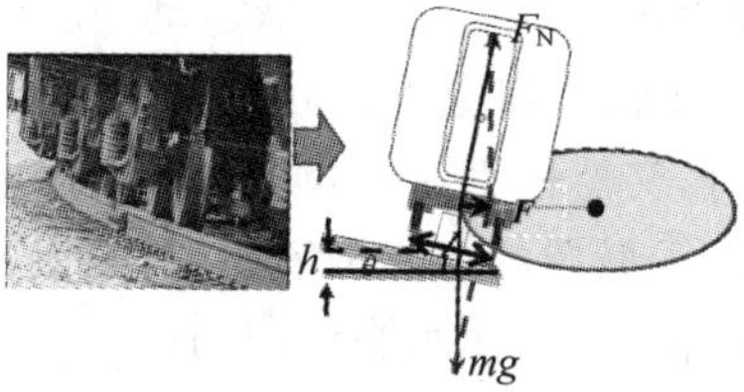

图 5-3-7

问题 11　火车做圆周运动的轨道圆心在何处？外轨与内轨的高度差 h 应为多少？(虚拟展示，图 5-3-7 所示，由力的关系得：$F=mg\tan\theta$；由向心力公式得：$F=m\dfrac{v^2}{R}$；由几何关系得：$\dfrac{h}{l}=\sin\theta$，θ 很小，$\sin\theta\approx\tan\theta$。)

问题 12　山区铁路弯道过多，火车能否大面积提速？赛车影片中，若减少水平弯道处事故，你怎样设计转弯处的路面？你观察过高速公路转弯处的路面情况吗？(让学生讨论，视频展示，佐证学生想法。)

视频 4　展示各种交通转弯情况，如图 5-3-8 所示。

问题 13　若火车速度与设计速度不同会怎样？

(需要轮缘提供额外的弹力满足向心力的需求，过大时：外侧轨道与轮之间有弹力；过小时：内侧轨道与轮之间有弹力。)

图 5-3-8

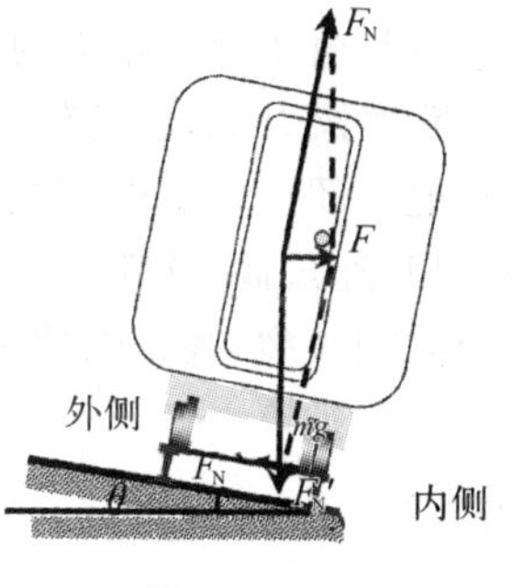

图 5-3-9

问题 14　若火车车轮无轮缘，火车速度过大或过小时将向哪侧运动？[过大时：火车向外侧运动(离心)；过小时：火车向内侧运动(向心)。如图 5-3-9 所示。]

问题 15　物体在水平面内做圆周运动，经常会有离心现象发生，举例说明离心运动的应用和防止。(结合学生的日常经验列举事例，根据学生情况，展示常见视频。)

视频 5　① 离心运动的应用(图 5-3-10 所示)：a. 甩干雨伞上的水滴，在雨天，我们可以通过旋转雨伞的方法甩干雨伞上的水滴，旋转时，当转动快到一定的程度时，水滴和雨伞之间的附着力满足不了水滴做圆周运动所需的向心力，水滴就会做远离圆心的运动而被甩出去。b. 链球运动，在田径比赛中，链球项目就是用离心现象来实现投掷的。链球的投掷是通过预摆和旋转来完成的，运动员手持链球链条的一端，在链球高速旋转时，突然松手，拉力消失，链球就沿切线方向飞出去。c. 离心干燥器，把湿布块放在离心干燥器的金属网笼里，网笼转得比较慢时，水滴跟物体的附着力 F 足以提供所需要的向心力，使水滴做圆周运动，当网笼转的比较快时，附着力 F 不足以提供所需要的向心力，于是水滴做离心运动，穿过网孔，飞到网笼外面。洗衣机的脱水筒也是利用离心运动把湿衣服甩干的。

图 5-3-10

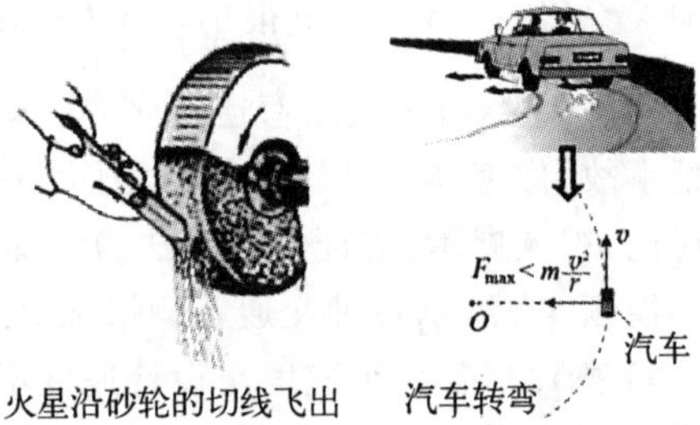

图 5-3-11

② 离心运动的防止(图 5-3-11 所示)：a. 在水平公路上行驶的汽车转弯时，转弯所需的向心力是由车轮与路面的静摩擦力提供的。如果转弯时速度过大，所需向心力 F 大于最大静摩擦力 f_{max}，汽车将做离心运动而造成交通事故。因此，在公路弯道处，车辆行驶不允许超过规定的速度。b. 高速转动的砂轮、飞轮等，都不得超过允许的最大转速，如果转速过高，砂轮、飞轮内部分子间的作用力不足以提供所需的向心力时，离心运动会使它们破裂，甚至酿成事故。为了防止事故的发生，通常还要在砂轮和飞轮的外侧加装一个防护罩。

【实例二】

竖直面内的圆周运动(汽车过桥为例)(最高点和最低点)

问题 15 前面我们研究的是水平面内的圆周运动，我们日常中还常见物体的竖直面内的圆周运动问题(边讲边播放桥景视频，如图 5-3-12)，如汽车过桥问题，先观察古今及各地桥的形状有什么共同特征？(大多都是拱形桥。)

问题 16 为什么这些桥都做成拱(凸)形的呢？汽车在桥上行驶可以近似的看作

图 5-3-12

什么运动形式？（引导学生实施情景转换，建构模型：汽车在桥面上运动转换成质点做圆周运动模型处理，如图 5-3-13 所示。）

图 5-3-13

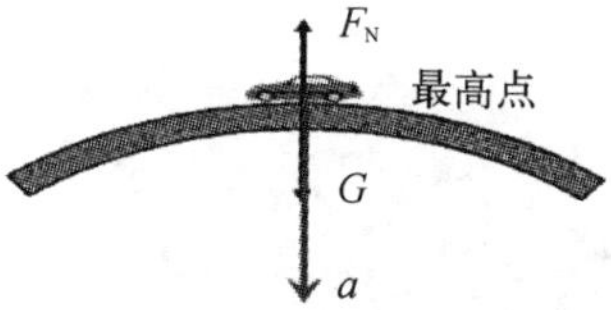

图 5-3-14

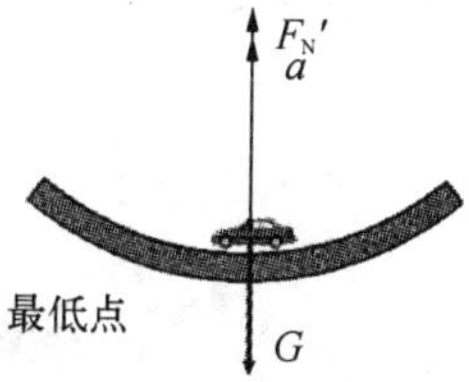

图 5-3-15

问题 17　试分析汽车在桥顶对桥的压力是多少？（让学生分析：以汽车为研究对象受力分析，如图 5-3-14 所示，由牛顿第二定律：$G-F_N=m\dfrac{v^2}{R}$，$F_N=G-m\dfrac{v^2}{R}$，由牛顿第三定律得：车对桥压力大小为 $F'_N=G-m\dfrac{v^2}{R}<mg$，汽车处于失重状态。）

问题 18　假设把桥造成凹形桥，试分析汽车在桥最低处对桥的压力是多少？（让学生自主处理得出 $F'_N=mg+m\dfrac{v^2}{R}>mg$，超重，如图 5-3-15 所示。）

演示实验　通过开发台秤构造平、凸、凹形桥模拟演示汽车过平、凸、凹形桥压力显示，验证结论，说明凸形桥可以减小车对桥的压力（如图 5-3-16 所示）。

问题 19　若汽车过凸形桥速度过快，汽车做何种运动？（可以漂浮，播放赛车视频，如图 5-3-17 所示）

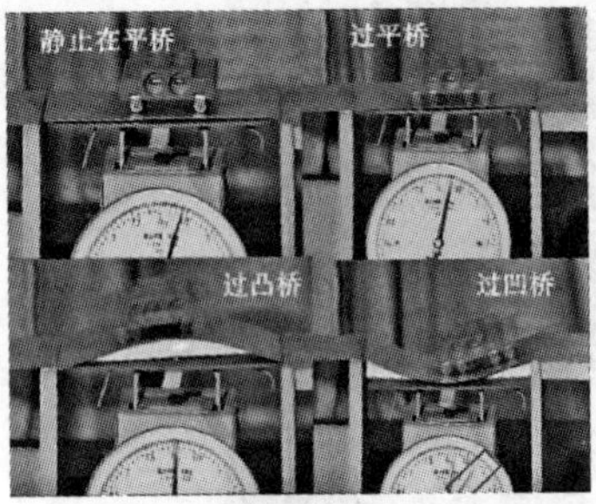

图 5－3－16

图 5－3－17

【实例三】

航天器中的失重现象

问题 20 （同时虚拟展示，图 5－3－18）如果把地球看作一个巨大的拱形桥，其半径约为 R（$=6\,400$ km）。若汽车要脱离地面，速度至少要达到多少 km/s？（g 取 9.8 m/s^2）（$mg=m\dfrac{v^2}{R}$，$v=\sqrt{gR}$）

图 5－3－18

图 5－3－19

问题 21 如果把地球看作一个巨大的拱形桥，其半径约为 R。若飞船沿近地表以 $v=\sqrt{gR}$ 飞行，座舱对航天员作用力是多少？（重力加速度为 g）（由学生自主完成，如图 5－3－19 所示，$mg-F_N=m\dfrac{v^2}{R}$，$F_N=mg-m\dfrac{v^2}{R}$，而 $v=\sqrt{gR}$，所以 $F_N=0$，完全失重。）

小结：对于竖直平面内圆周运动实例，大家还可以去探究水流星、翻山车里的力与运动问题，并来解释坐翻山车感受的原因。

【案例二】

带电粒子在电场中的运动

1. 教学设计思路

（1）教学目标与教学资源整合目标

<table>
<tr><th>核心素养</th><th>教学目标描述</th><th>物理教学资源整合目标</th></tr>
<tr><td>物理观念</td><td>1. 能通过现实生活、生产情境转换对应的物理问题。
2. 会运用运动与相互作用观、能量观来解决现实中的带电粒子在电场中运动问题。</td><td rowspan="4">1. 整合真实情境创设问题情境，引导思维定向。基于对带电粒子在电场中加速、偏转运动的分析，供学生感知、归纳总结并对真实问题做出解释。（学生经历了“比较—概括—抽象”的过程，发展科学思维。）
2. 通过虚拟和实验资源的整合，呈现解决问题的思维过程和验证思维的合理性，让学生经历探究过程，培养科学探究能力。
3. 整合资源提供促进质疑、创设合逻辑推理的解释环境，让学生在真实情境中学会解决问题，发展深度思维，提升学生科学素养。</td></tr>
<tr><td>科学思维</td><td>基于带电粒子在电场中运动规律来对示波器的工作原理进行分析，通过虚拟演示呈现思维过程，进一步解释带电粒子在电场中加速和偏转运动规律的运用，发展科学论证和推理等科学思维能力。</td></tr>
<tr><td>科学探究</td><td>通过质疑产生问题，并逐步分解推理、交流解释实施探究，得出带电粒子在电场中加速和偏转运动规律运用策略。</td></tr>
<tr><td>科学态度与责任</td><td>通过对问题的分析推理、评价、对比、归纳、分析论证、发表自己的观点，培养科学态度。</td></tr>
</table>

（2）教学设计思想

“带电粒子在电场中的运动”是高中物理必修第三册第十章《静电场中的能量》第五节教学内容，是电场运动与相互作用观和能量观作用于电荷的综合应用内容。本节设计力图通过整合资源，通过对带电粒子在电场中运动规律的总结，运用其来解释示波器等典型真实的问题，让学生在应用中建立起知识与应用联系，培养学生物理观念，学会解决原始的实际问题，发展学生的科学思维和科学探究能力，培养学生的必备品格和价值观念。

(3) 资源整合与教学流程

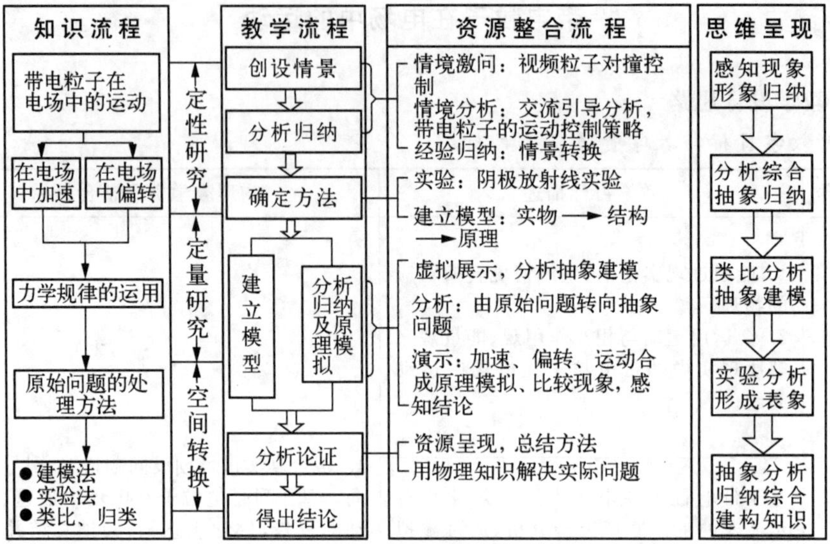

2. 教学过程

(1) 整合视频情境引入　激发聚集研究问题

视频 1　播放视频介绍(如图 5-3-20 所示)① 新闻:欧洲建立大型强子对撞器作为国际高能物理学研究,用于探究自然能量奥秘;② 加速器还可以做医疗、光源,有极其丰富的科研、民用和商业价值。如电子被加速器加速后轰击重金属靶时,会产生射线,可用于放射治疗,图 5-3-20(右)是一台医用电子直线加速器。(激发学生产生问题,带电粒子是如何加速的?)

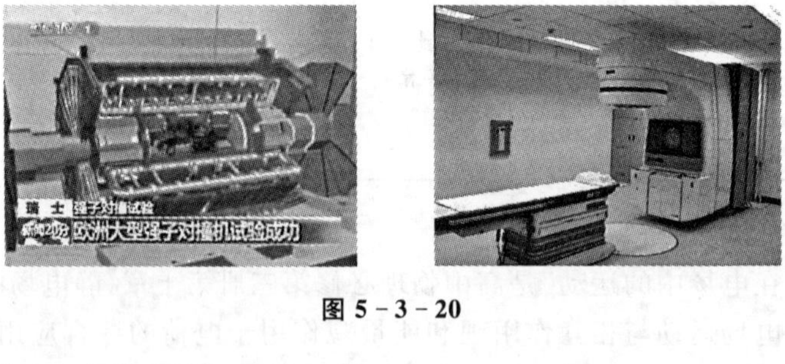

图 5-3-20

(2) 构建模型　解决抽象问题

问题 1　根据你已掌握的物理知识说说如何能加速或控制带电粒子的运动?(用电场来控制。)

问题 2　炽热的金属丝可以发射电子,如图 5-3-21 所示。在金属丝和平行金属

板间加以电压 $U=2\,500\ V$，发射出的电子在真空中被加速后，从金属板的小孔穿出。电子射出后的速度有多大？设电子刚从金属丝射出时的速度为零。这个问题有几种解法？哪种解法比较简便？（因电子在匀强电场中，受电场力为恒力，电子做匀加速运动，解法一：运用运动学知识求解 $a=\dfrac{qU}{md}$，$v^2=2as$，$v=\sqrt{\dfrac{2qU}{m}}$；解法二：运用动能定理知识求解 $qU=\dfrac{1}{2}mv^2$，$v=\sqrt{\dfrac{2qU}{m}}$。）

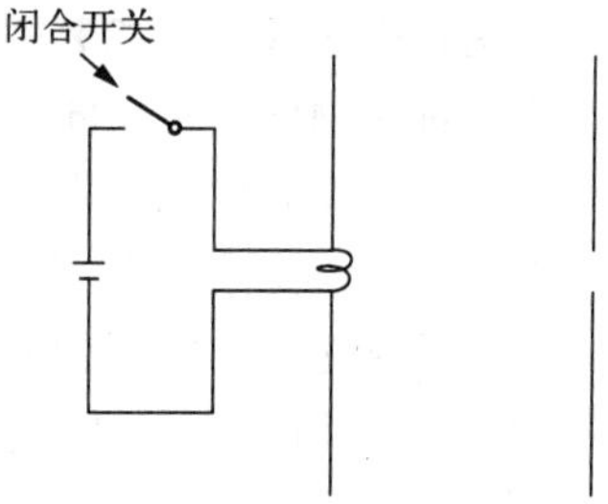

图 5－3－21

问题 3　如图 5－3－22，某装置由多个横截面积相同的金属圆筒依次排列，其中心轴线在同一直线上，圆筒的长度依照一定的规律依次增加。序号为奇数的圆筒和交流电源的一个极相连，序号为偶数的圆筒和该电源的另一个极相连。交流电源两极间电势差的变化规律如图 5－3－23 所示。在 $t=0$ 时，奇数圆筒相对偶数圆筒的电势差为正值，此时位于和偶数圆筒相连的金属圆板（序号为 0）中央的一个电子，在圆板和圆 1 之间的电场中由静止开始加速，沿中心轴线冲进圆筒 1。为使电子运动到圆筒与圆筒之间各个间隙中都能恰好使静电力的方向跟运动方向相同而不断加速，圆筒长度的设计必须遵循一定的规律。若已知电子的质量为 m、电子电荷量为 e、电压的绝对值为 u，周期为 T，电子通过圆筒间隙的时间可以忽略不计。则金属圆筒的长度和它的序号之间有什么定量关系？第 n 个金属圆筒的长度应该是多少？（分析：如图 5－3－22 所示，由于金属导体内部的电场强度等于 0，电子在各个金属圆筒内部都不受静电力的作用，它在圆筒内的运动是匀速直线运动，只是在相邻圆筒的间隙中才会被加速。）

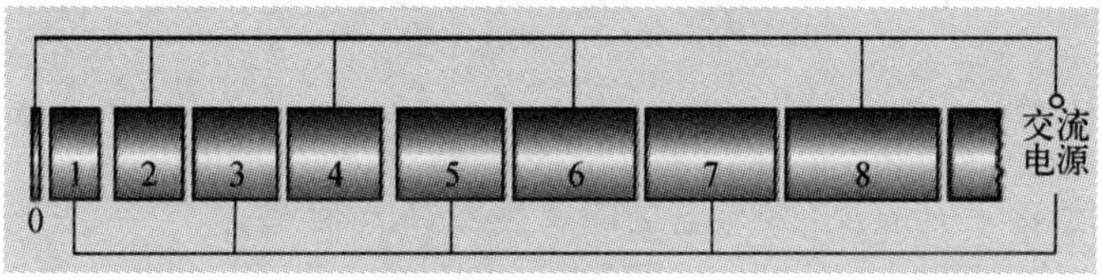

图 5－3－22

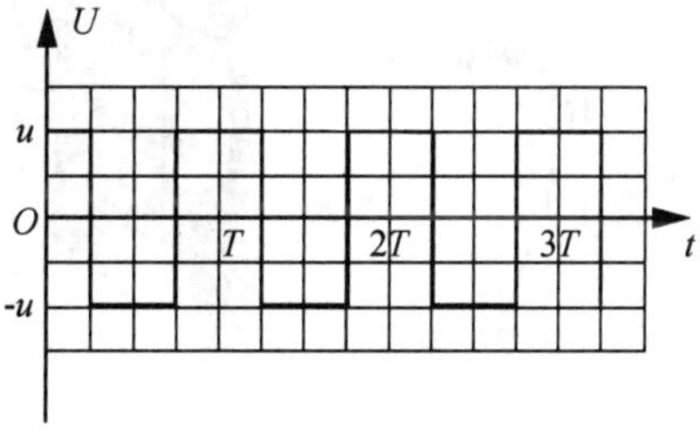

图 5－3－23

为使电子在所有相邻圆筒的间隙中都能受到向右的静电力，电子所到达间隙处的电场强度都必须向左。在同一间隙中，电场强度的方向是周期性变化的，每半个周期，电场强度的方向左右变化一次。如果电子匀速穿过每个圆筒运动的时间恰好等于交变电压的周期的一半，它就能踏准节奏，每到达一个间隙，恰好是该间隙的电场强度变为向左的时刻。由于电子通过每一个间隙所增加的动能都等于 eu，由此可知电子在各个圆筒内的动能和速度，而各个圆筒的长度应该等于电子在该圆筒中的速度大小与交变电压的半个周期的乘积。

解：设电子进入第 n 个圆筒后的速度为 v，根据动能定理有 $neU=\frac{1}{2}mv^2$ 得 $v=\sqrt{\frac{2neU}{m}}$，第 n 个圆筒的长度为 $l=vt=\frac{vT}{2}=\frac{T}{2m}\sqrt{2neUm}$，圆筒长度跟圆筒序号的平方根$\sqrt{n}$成正比，第 n 个圆筒的长度是 $\frac{T}{2m}\sqrt{2neUm}$。）

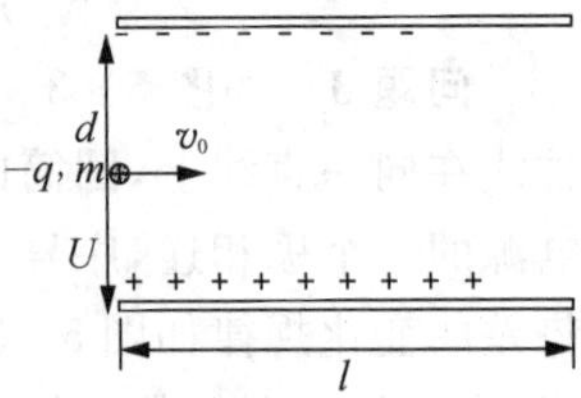

图 5-3-24

问题 4 如图 5-3-24，两个相同极板 Y 与 Y' 的长度 $l=6.0$ cm，相距 $d=2$ cm，极板间的电压 $U=200$ V。一电子沿平行于板面的方向射入电场中，射入时的速度 $v_0=3.0\times10^7$ m/s。求电子射出电场时沿垂直于板面方向偏移的距离 y 和偏转的角度 θ。

[（学生展示问题思维分析的路径：① 对象是谁？② 受力是怎样的？③ 运动图景如何？能否初步画出图景？④ 能用哪些规律？⑤ 如何精准表达？）虚拟展示电子运动过程，构建运动模型，如图 5-3-24 甲。由类平抛：加速度 $a=\frac{F}{m}=\frac{qE}{m}=\frac{qU}{md}$，水平方向 $t=\frac{l}{v_0}$，竖直方向：$y=\frac{1}{2}at^2=\frac{qUl^2}{2mv_0^2d}$，$y$ 与粒子比荷$\frac{q}{m}$成正比、与粒子初速度 v_0 平方成反比、与电场的属性 U、l、d 有关；$v_y=at=\frac{qUl}{mv_0d}$，$\tan\theta=\frac{v_y}{v_0}=\frac{qUl}{mv_0^2d}$，$\theta$ 与粒子比荷$\frac{q}{m}$成正比，与粒子初速度 v_0 平方成反比，与电场的属性 U、l、d 有关。]

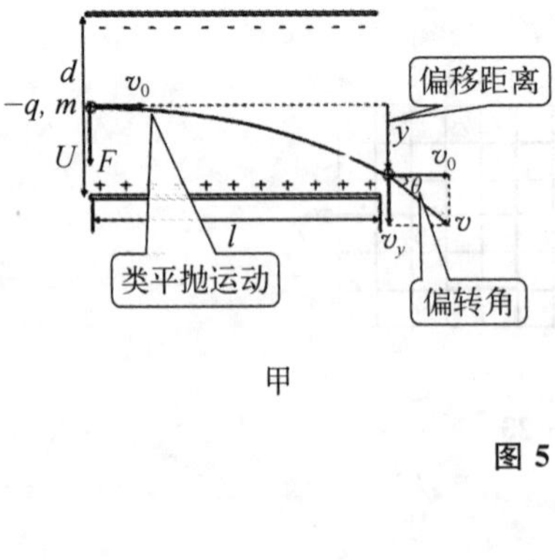

甲

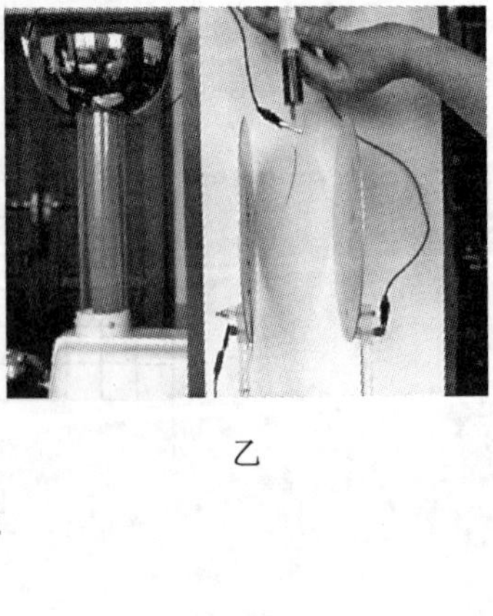

乙

图 5-3-24

演示实验 1　将平行板电容器与静电机正、负极相连，在极板间形成匀强电场，交流注射器里装有染红色水液体，并将针头通过导线与静电机负极相连，使液体带电，将注射器在两极板间竖直向下射出液体，等效为带电粒子，观察液体在两板间偏转状况，等效证明电荷运动图景，如图 5－3－24 乙所示。

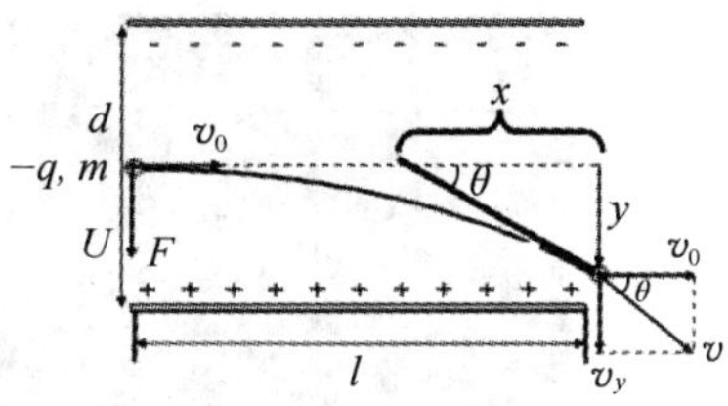

图 5－3－25

拓展证明：带电粒子垂直进入偏转电场，离开电场时，粒子好像是从入射线中点直接射出来的。（即图 5－3－25 中 $x=\frac{l}{2}$）（略）

问题 5　一个电荷量为 $-q$、质量为 m 的带电粒子，由静止进入一个电压为 U_1 的加速电场加速后，又垂直进入一个电压为 U_2 的偏转电场，经偏转电场偏转后打在荧光屏上，整个装置如图 5－3－26 甲所示。

（1）试分析带电粒子的运动情况（不计粒子的重力）。

（2）求打在荧光屏上时的偏移距离 Y。

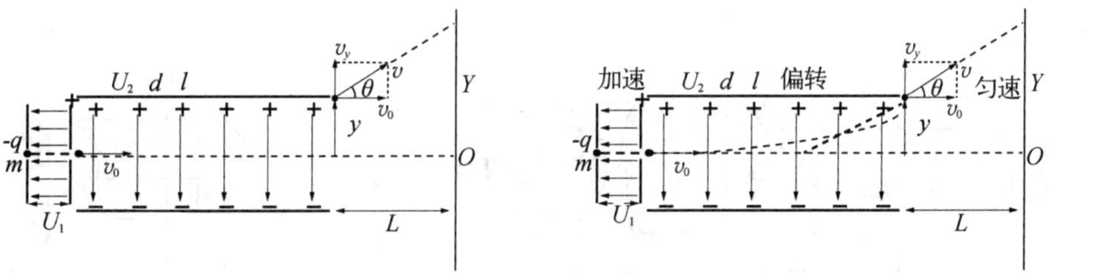

甲　　　　　　　　乙

图 5－3－26

关键问题思考：（1）运动如何分段？联系的物理量是什么？如何从物理学视角对结果正确描述和解释？通过学生描述，整合虚拟资源呈现思维过程，如图 5－3－26 乙所示，先做加速，进入偏转电场做类平抛运动，出偏转电场后做匀速直线运动；（2）由运动几何关系结合问题 4 和拓展证明结论，$\frac{y}{Y}=\frac{\frac{l}{2}}{\frac{l}{2}+L}$，$Y=\left(L+\frac{l}{2}\right)\frac{lU_2}{2dU_1}$。

（3）*整合资源构建模型　解释原始问题*

实物展示　展示如图 5－3－27 所示的示波管实物及内部结构，并介绍它是示波器、老式电视机和电脑显示器示波管的主体部件，增加学生感知体验，构建真实原始问题情境。

虚拟实验 1　通过虚拟实验，展示示波管工作原理，显示电子在示波管中运动情境，增加学生具身经验，如图 5－3－28 所示。

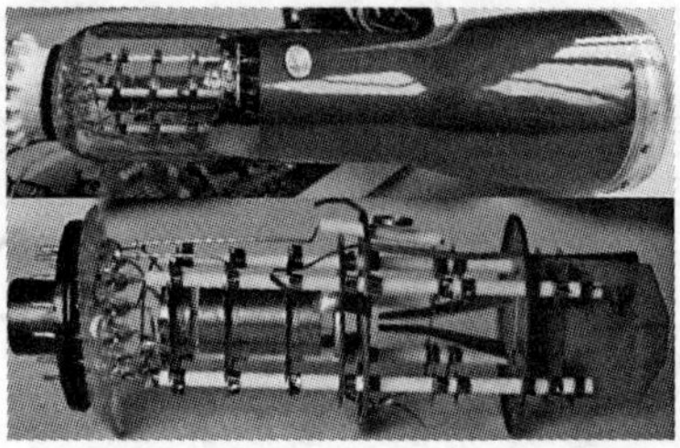

图 5-3-27

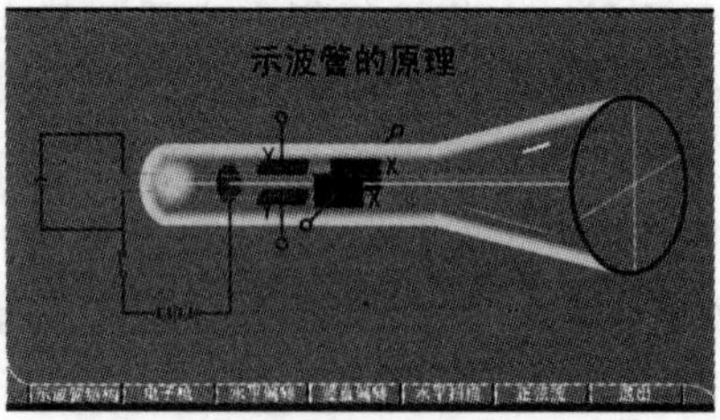

图 5-3-28

问题 6 由上述实物和原理我们构建如图 5-3-29 所示示波管原理图。请分别按要求画出图形。

(1) 如果在电极 XX'之间不加电压，但在 YY'之间加不变电压，在荧光屏上会看到什么图形？[电荷经过偏转电场因受电场力作用而发生偏转，因电极 XX'之间不加电压，但在 YY'之间加不变电压，故电子在 YY'之间做类平抛运动，光屏上将看到 YY'上偏离中心向 Y(正极板)方向的光斑，可虚拟展示让学生感知，如图 5-3-30 所示。即图 5-3-32 中光屏中 a 处。]

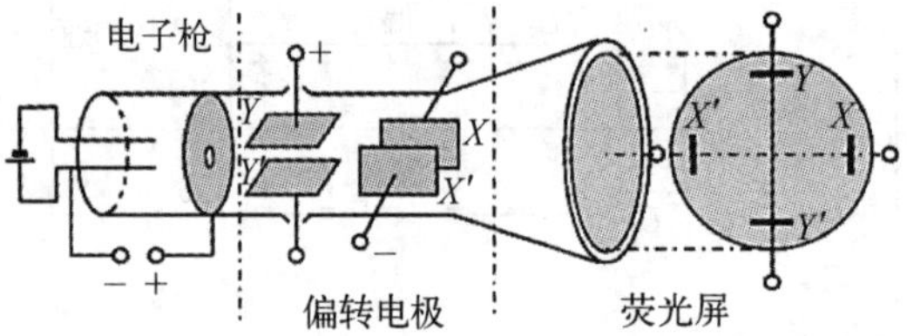

图 5-3-29

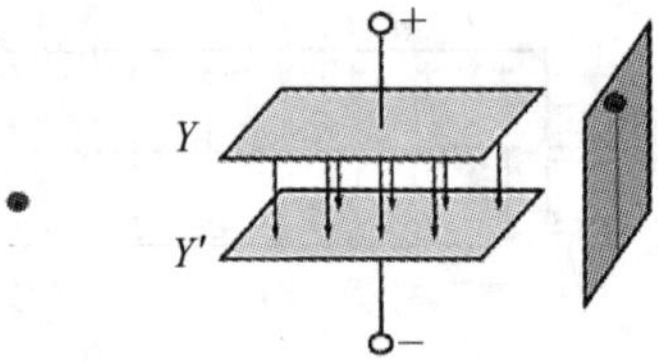

图 5-3-30

(2) 如果在 YY'之间不加电压，但在 XX'之间加不变电压，使 X 的电势比 X'高，在荧光屏上会看到什么图形？(电荷经过偏转电场因受电场力作用而发生偏转，因电极 YY'之间不加电压，但在 XX'之间加不变电压，故电子在 XX'之间做类平抛运动，光屏上将看到 XX'上偏离中心向 X'(正极板)方向的光斑，可虚拟展示让学生感知，如图 5-3-31 所示，即图 5-3-32 中光屏中 b 处。)

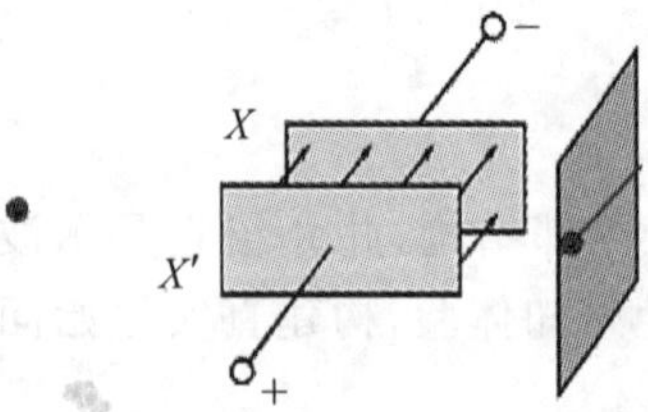

图 5-3-31

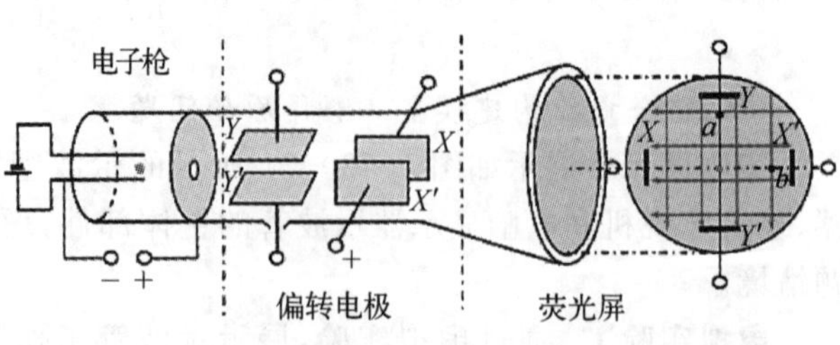

图 5-3-32

(3) 如果在 XX' 之间不加电压，而在 YY' 之间所加的电压按图 5－3－33 所示的规律随时间变化(交变电流)，在荧光屏上会看到什么图形？(因 XX' 之间不加电压，在 XX' 方向不发生偏转，v_0 很大，穿过电场的时间很短，在每个粒子穿过电场的瞬间看成电压恒定，即电子进入 YY' 瞬间在对应的恒定电压下做类平抛偏转，又因 YY' 电压是连续变化的，随信号电压同步变化，电子是连续进入的，由于视觉暂留和荧光物质的残光特性，只能看到一条竖直的亮线，因此光屏上显示的是 YY' 上的亮线，虚拟演示图如图 5－3－34 所示，可增加学生认知。)

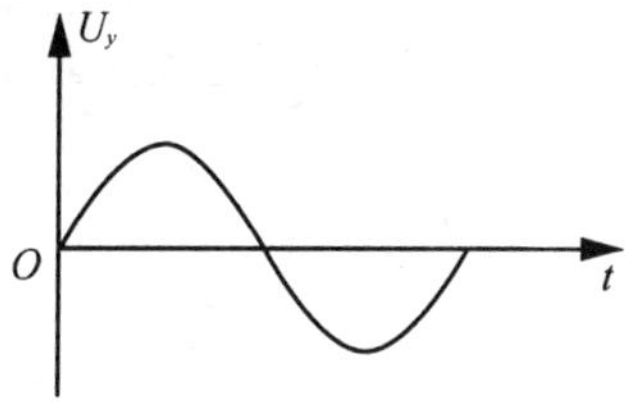

图 5－3－33

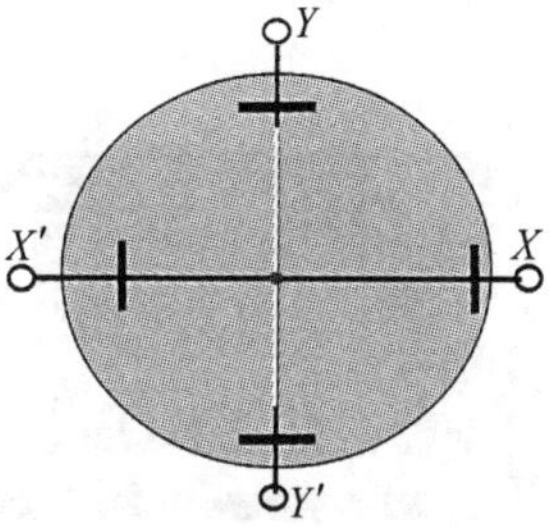

图 5－3－34

演示实验 2　用示波器按(3)的条件演示，如图 5－3－35 所示加以验证。

(4) 如果在 YY' 之间加如图 5－3－33 所示的交变电压，同时在 XX' 之间加锯齿(图 5－3－36 所示)形扫描电压，在荧光屏上会看到什么图形？

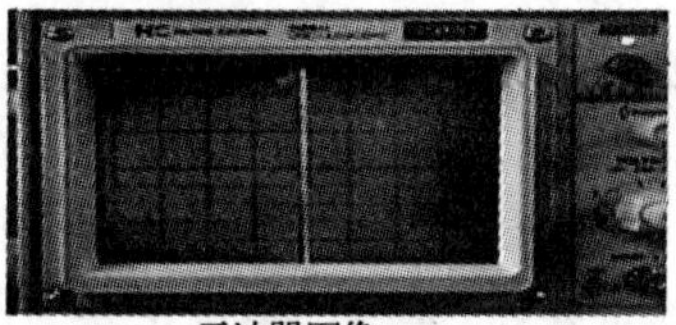

示波器图像

图 5－3－35

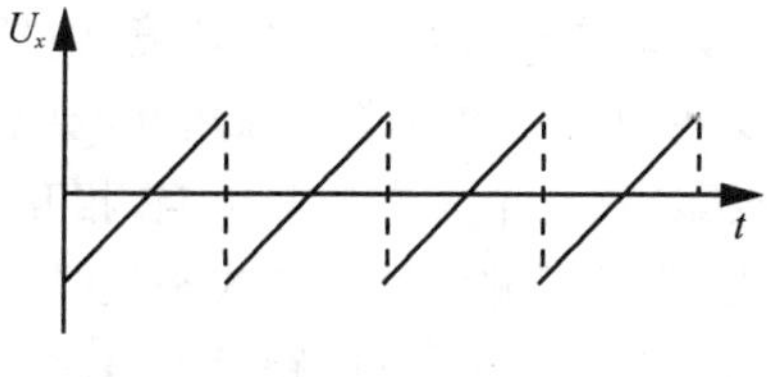

图 5－3－36

思维呈现　利用虚拟演示方法，分析复杂问题转换思维加工过程，第一步思考第(3)小问题中，在 XX' 之间加(图 5－3－37 甲)恒定电压，光屏上看到的图形，因其他条件不变，XX' 之间加恒定电压，则图形整体向正向电压方向偏移，如图 5－3－37 乙所示；第二步考虑，如果在 YY' 之间不加电压，而在 XX' 之间所加的电压按图 5－3－36 所示的规律随时间变化，在荧光屏会看到什么图形？若只在 XX' 间加图 5－3－36 所示的扫描电压，电压为特定的周期性变化电压，则亮斑在水平方向来回运动——扫描，如果扫描电压变化很快，在荧光屏将会看到来回扫描的直亮线，可以通过虚拟展示呈现过程和实验验证，如图 5－3－37 丙所示；第三步综合前两步的思考，利用虚拟展示描出对应点，呈现图景过程，如图 5－3－37 丁所示。

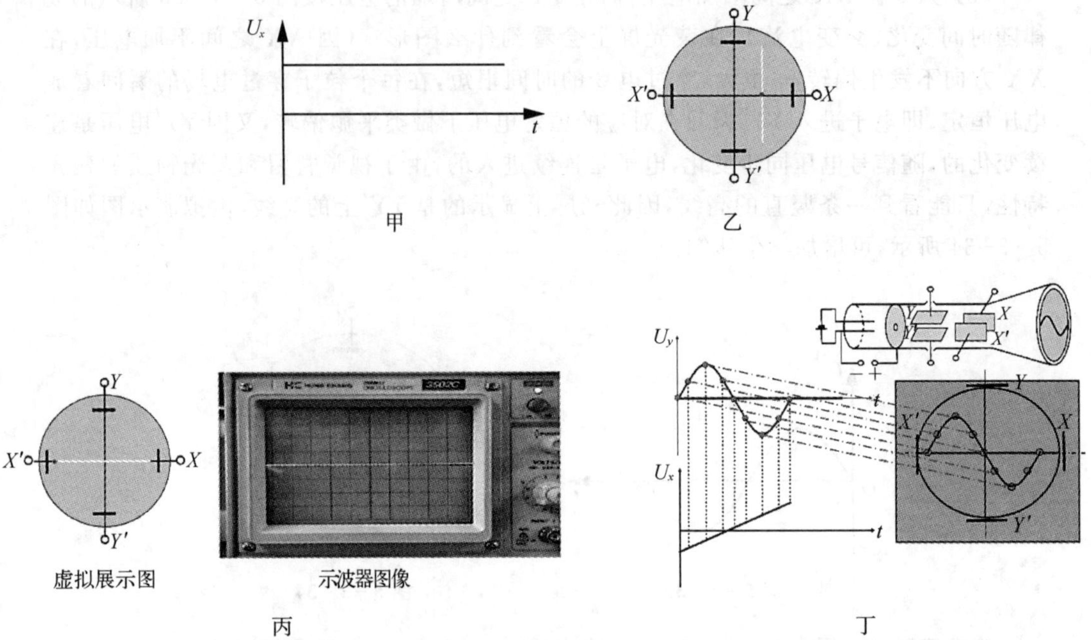

图 5－3－37

虚拟实验 2　利用软件演示分别在 YY' 间和在 XX' 间加上不同电压时光屏上出现的对应图形来验证思维加工过程，如图 5－3－38 所示。

反思　课堂是由教师、学生、环境（包括教师创设的各种情境，实物实验，仿真实验，实物录像及各种教材等教学资源）三维要素组成，教师是主导要素，学生是主体要素，环境是情境要素，这三个要素相互影响，相互渗透形成一个有机的整体。如何实现对真实问题的解决，教学资源的呈现方式和途径显示出其重要性，前两个案例主要为凸显资源整合，对促进物理观念形成的路径和策略提供借鉴。

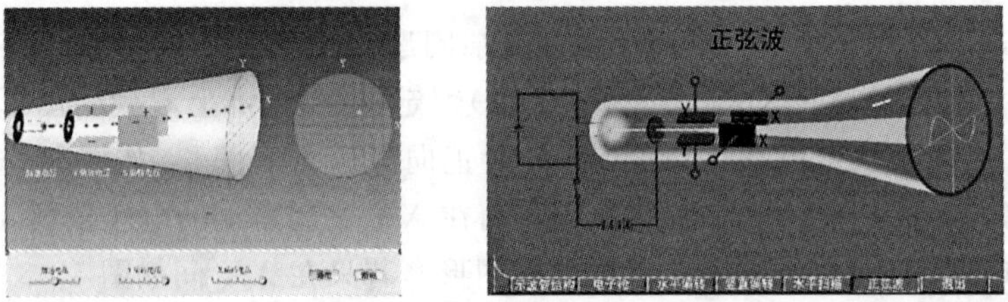

图 5－3－38

【案例三】

《带电粒子在叠加场中的运动》复习

1. 教学设计思路

(1) 教学目标与教学资源整合目标

核心素养	教学目标描述	物理教学资源整合目标
物理观念	能通过虚拟媒体演示，引导运用运动与相互作用观、能量观来解决带电粒子在叠加场中运动问题。	1. 整合虚拟资源呈现思维过程。提供供学生感知素材，归纳总结复杂问题的解决方法。（学生经历了“比较—概括—抽象”的过程，发展科学思维。） 2. 通过虚拟资源的整合，呈现解决问题的思维路径和推理思维的合理性，让学生经历探究过程，培养科学探究能力。 3. 整合资源提供促进质疑、创设合逻辑推理的解释环境，让学生在复杂的情境中学会解决问题，发展深度思维，提升学生科学素养。
科学思维	基于带电粒子在叠加场中的运动的复杂性，通过虚拟演示呈现思维过程，铺设利用运动合成与分解、牛顿运动定律、动能定理、能量守恒和圆周运动等规律解决物理问题的思维路径，发展学生的科学思维能力。	
科学探究	通过质疑产生问题，并逐步分解推理、交流解释实施探究，得出带电粒子在叠加场中运动规律的运用策略。	
科学态度与责任	通过对问题的分析推理、评价、对比、归纳、分析论证、发表自己的观点，培养科学态度。	

(2) 教学设计思想

《带电粒子在叠加场中的运动》是高三复习的专题课，从教学内容来看叠加场一般包括重力场、电场、磁场，指的是磁场与电场、磁场与重力场、电场与重力场在同一空间叠加，或者是三场在同一空间叠加。叠加场问题综合性强，覆盖的考点多(如牛顿运动定律、动能定理、能量守恒和圆周运动)，是高考物理试题中的热点、难点。是培养学生物理核心素养中科学思维能力非常好的素材。从学生层面来分析，由于带电粒子在叠加场中的运动时洛伦兹力会随着速度的变化而变化，粒子的加速度也随之发生变化，运动的轨迹较为复杂，再加上带电粒子在叠加场中运动的情景不易用实物实验来展示，学生缺乏相应的感性经验，因此解决相应的问题就觉得尤为困难。本节课以仿真实验和几何画板等软件开发整合虚拟资源，类比宏观揭示带电粒子在叠加场中的运动本质特征，向学生呈现思维应有的过程，增加具身经验，通过设置具有内在逻辑结构的问题情境，借助资源整合调动各种资源手段积极引导学生主动探究，观察思考，通过师生互动，生生合作，通过以资源铺设思维进阶路径，不断内化，从而形成物理观念，形成遇见情境，即可速配物理概念、规律与研究问题关联，迅速找到解决问题的策略。

(3) 资源整合与教学流程

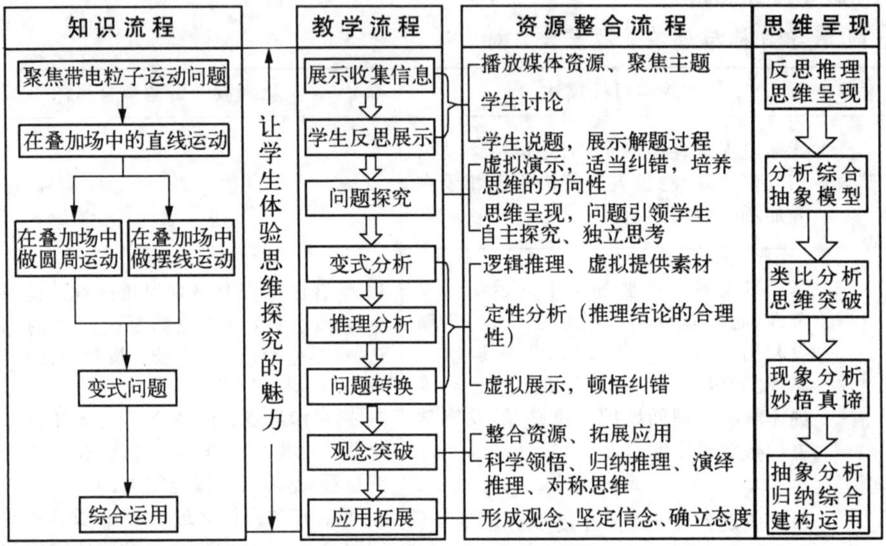

2. 教学过程

(1) 引入新课，聚集主题

播放媒体资源 带电粒子在各种叠加场的运动。（直线运动，曲线运动，周期性的运动，如图 5-3-39 所示。）

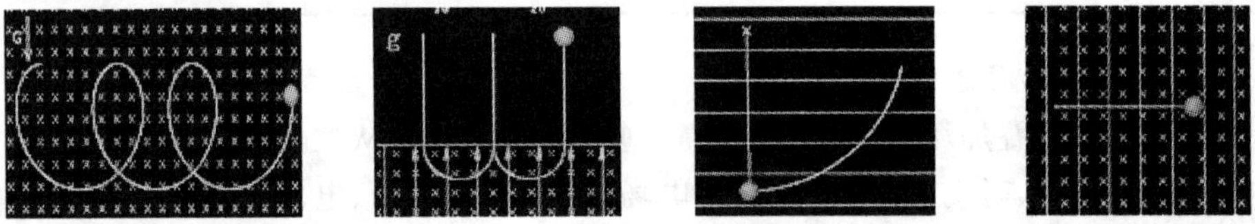

图 5-3-39

聚集问题 1 带电粒子在各种场中有的做直线运动，有的做曲线运动，有的做周期性运动，而在它们运动的空间同时存在着两种或两种以上的场，称之为叠加场。叠加场问题综合性强，覆盖的考点多（如牛顿运动定律、动能定理、能量守恒和圆周运动），是高考物理试题中的热点、难点。如何来解决叠加场问题？（引导学生认知，研究问题总是从简单到复杂。）

反思 通过仿真物理实验室展示带电粒子在各种复合场中的运动，使学生对带电粒子在叠加场中的运动情况有了感性的认识，弥补带电粒子在叠加场不能做实物实验的缺陷。课件展示之后学生对本课充满着期望。

(2) 整合展示，分类探究

① 带电粒子在叠加场中的直线运动

问题 1　如图 5-3-40 所示，水平放置的两块带电金属板 a、b 平行正对。极板长度为 l，极板间距为 d，在极板的右侧有一块正中央开有小孔 P 的挡板。极板间存在着方向竖直向下的匀强电场 E 和垂直于纸面向里磁感应强度为 B 的匀强磁场。假设电场、磁场只存在于两板间的空间区域。一质量为 m 的带电量为 $+q$ 的粒子(不计重力及空气阻力)，正对着小孔以水平速度 v_0 从两极板的左端中间 O 点射入场区，则下列说法正确的是　　(　　)

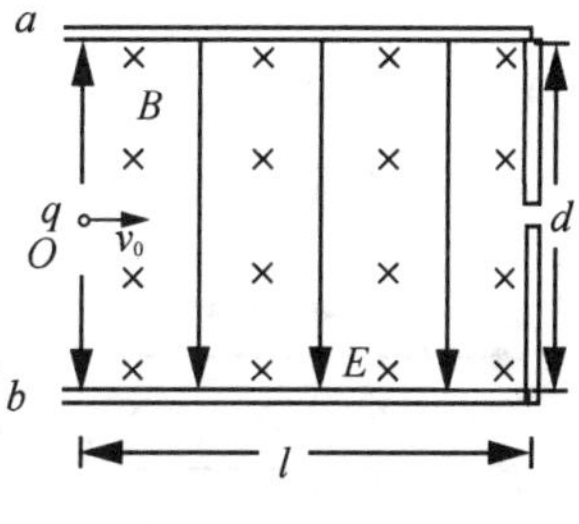

图 5-3-40

A. 当 $v_0=\dfrac{E}{B}$时，粒子将沿着直线通过小孔

B. 当 $v_0>\dfrac{E}{B}$时，粒子将向上偏转，洛伦兹力对粒子做正功

C. 当 $v_0<\dfrac{E}{B}$时，粒子将向下偏转做匀变速曲线运动

D. 如果粒子从小孔处以 v_0 水平向左运动，则仍将做直线运动

学生分析　答案 C 是正确的。认为粒子在水平方向上做匀速直线运动。在竖直方向上做匀加速直线运动。所以粒子做类平抛运动。

师生共同讨论　当粒子向下偏转时，粒子的洛伦兹力不做功，电场力做正功。根据动能定理，带电粒子的速度将增大，由洛伦兹力 $f=qvB$ 可知，洛伦兹力的大小将增大，而且洛伦兹力的方向总是垂直于速度的方向，随着粒子向下偏转。速度方向向下偏转，洛伦兹力的方向也随之顺时针偏转。因此带电粒子的合力随时间而变化，带电粒子将做变加速曲线运动。

虚拟演示 1　教师播放课件，动态展示带电粒子在不同时刻的速度与洛伦兹力的矢量(如图 5-3-41 所示)。

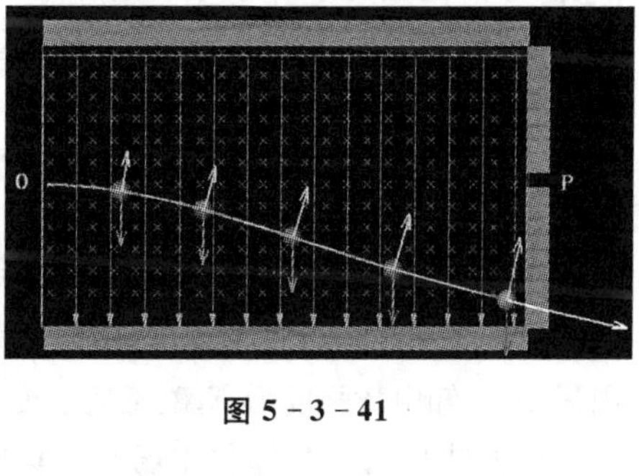

图 5-3-41

反思　通过仿真物理实验室展示带电粒子在不同时刻的速度与洛伦兹力的矢量。使学生形象的观察到洛伦兹力随着速度的变化而变化。从而体会到洛伦兹力大小与速度的大小成正比，方向总与速度的方向垂直。这样学生不仅理解了选项 C 的错误所在，而且也使思维得

到了更加深化。

变式问题 1 如图 5-3-42 所示，两虚线之间的空间内存在着正交或平行的匀强电场 E 和匀强磁场 B，有一个带正电小球(电荷量为 $+q$，质量为 m)从正交或平行的电磁复合场上方的某一高度自由落下，那么哪些图中带电小球可能沿直线通过下列电磁复合场？并在相应的图上画出带电小球所受的力。 ( )

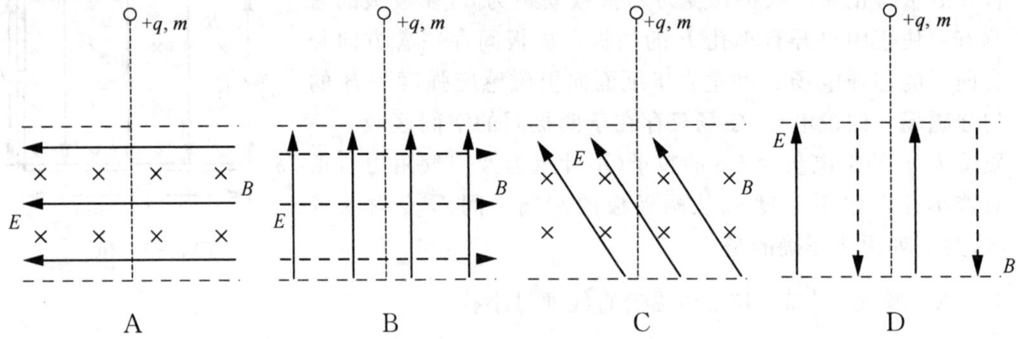

图 5-3-42

学生分析 应当选 ACD。选 A 理由是当带电小球进入电磁场时，如果电场力与洛伦兹力大小相等，方向相反。重力方向与运动方向相同。因此可以做直线运动。

师生讨论交流 对于 A 选项，假如进入电磁场时电场力与洛伦兹力大小相等，方向相反，但是竖直方向由于受到重力的作用，将继续做加速直线运动，从而引起洛伦兹力的大小增大，从而使带电粒子将向右偏转。因此 A 选项是错误的。

反思 本题的 A 选项具有很大的诱导性。学生只顾着做直线运动的条件是合力与速度在同一直线上，但是忽略了洛伦兹力的大小与速度大小成正比的这一特点。只要速度的大小发生变化，且洛伦兹力发生作用，则洛伦兹力就会变化，从而引起带电粒子的合力和加速度发生变化。通过本题与例 1 的讨论使得学生对带电粒子在叠加场中做直线运动条件有了清晰的认识：洛伦兹力一定是恒力。只要粒子运动方向不与磁场平行(即洛伦兹力不等于零)，则粒子做直线运动的性质是匀速直线运动。

② 带电粒子在叠加场中做圆周运动

聚集问题 2 前面探讨了带电粒子在叠加场中做直线运动的受力特点与运动性质，带电粒子在叠加场中做曲线运动将如何处理呢？

问题 2 如图 5-3-43 所示，一个带正电小球从空中高为 h 处由静止下落至图中由磁场与电场所组成的叠加场虚线区域时做圆周运动，已知电场强度为 E，磁感应强度为 B。(重力加速度为 g)

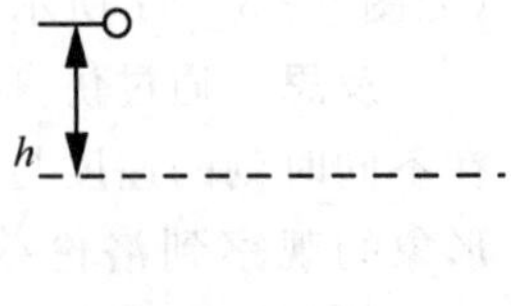

图 5-3-43

(1) 试画出虚线部分磁场与电场的方向。

(2) 分析电场力、磁场力与重力三者之间的关系。

学生思维呈现　经过学生分析，学生给出了在虚线区域由磁场与电场所组成的叠加场的组合方式：磁场垂直于纸面向里和匀强电场方向竖直向上或磁场垂直纸面向外和匀强电场方向竖直向上。电场力与重力大小相等，方向相反。磁场的大小没有确定的值。

虚拟演示 2　播放课件，动态展示带电粒子在电场与磁场及重力场三个场叠加区域的周期性的运动。(如图 5 - 3 - 44 所示。)

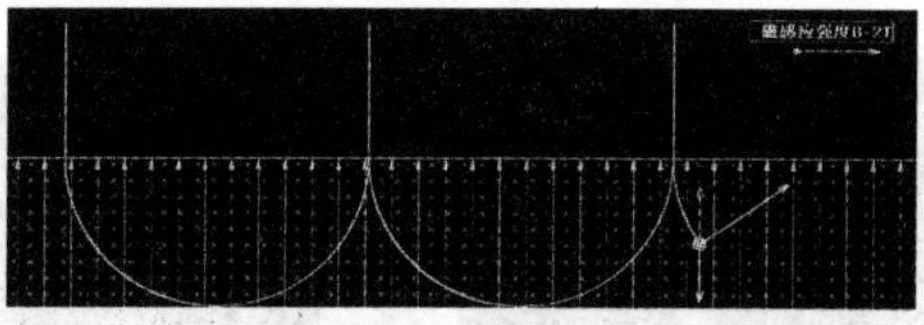

图 5 - 3 - 44

反思　通过本思考题的设计，使得学生从命题者的角度来思考叠加场的设计。一方面培养了学生的发散性思维与创新思维。另一方面使学生对带电粒子在叠加场中做匀速圆周运动受力特点有了清晰的理解。就是重力与电场力相互平衡，带电粒子相当于只受到洛伦兹力的作用，从而做匀速圆周运动。最后通过课件的展示使学生获得带电粒子做周期性的运动的感性认识。

问题 3　上面我们一起研究了带电粒子在叠加场中做匀速圆周运动条件，如果上述的电场撤除，增加一些条件，能否使带电粒子做圆周运动呢？

学生讨论　可以在带电粒子的下方放一个圆形凹槽，小球沿凹槽切线进入就可以使带电粒子做圆周运动。

点评　同学们的想法非常好，当带电粒子受到凹槽约束后就能沿圆周运动，但是同学们同时也要考虑小球能否一定沿圆形凹槽运动呢？现在我们先考虑小球沿凹槽做圆周运动的实例。

问题 4　如图 5 - 3 - 45 所示，半圆形的光滑固定凹槽的半径为 R，放置在一个垂直于纸面向里的匀强磁场中，磁场的磁感应强度为 B，一个质量为 m，带电荷量为 $+q$ 的小球从凹槽的左边边缘由静止开始释放。(小球沿凹槽内壁运动)

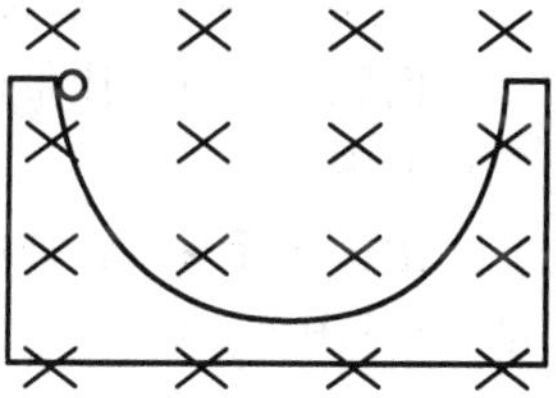

图 5 - 3 - 45

(1) 求小球运动到凹槽底部的速度；

(2) 求小球运动至最低点时对凹槽的压力的大小。

学生板演展示：

(1) 由动能定理 $mgR=\frac{1}{2}mv^2$　①

解得 $v=\sqrt{2gR}$　②

(2) 在最低点：$F_{N1}+qvB-mg=m\frac{v^2}{R}$　③

把②式代入上式得 $F_{N1}=3mg-qB\sqrt{2gR}$　④

由牛顿第三定律可得小球对凹槽的压力大小 $F'_{N1}=F_{N1}=3mg-qB\sqrt{2gR}$

虚拟演示 3　展示带电粒子在凹槽中来回运动的动态情境。同时动态显示重力、洛伦兹力和速度三个物理量，如图 5-3-46 所示。（图 5-3-46 甲图小球的运动是从左边向右边运动，黄色的矢量表示洛伦兹力，乙图小球的运动是从右边向左边运动，黄色的矢量表示洛伦兹力。）

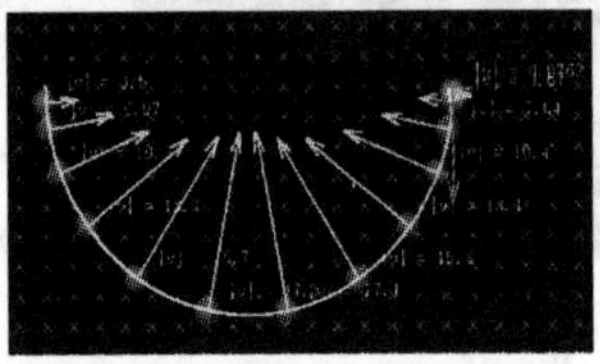

甲

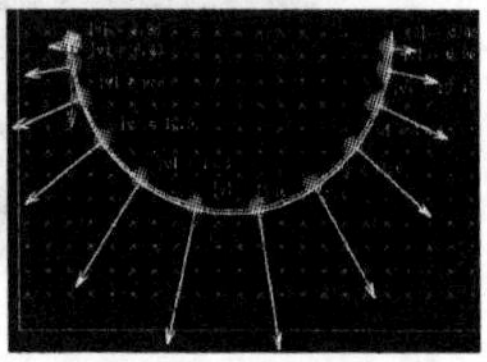

乙

图 5-3-46

顿悟纠错　原来在带电粒子返回的过程中由于带电粒子的运动方向变化了，带来了洛伦兹力的方向也变化了，因此对凹槽的压力也将发生变化。

因此当带电粒子从右向左经过最低点时，$F_{N2}-qvB-mg=m\dfrac{v^2}{R}$⑤，把②式代入⑤可得到 $F_{N2}=3mg+qB\sqrt{2gR}$，由牛顿第三定律可得 $F'_{N2}=F_{N2}=3mg+qB\sqrt{2gR}$。

反思　本题主要是考查学生理解洛伦兹力不做功。掌握利用动能定理和向心力公式解决圆周运动问题的方法。同时考查带电粒子在叠加场中运动的多解性问题。当教师通过虚拟课件展示，暴露学生思维不足，带电粒子在来回运动过程中洛伦兹力方向的变化时，教室中出现了一片惊叹之声，同学们都恍然大悟。教师的课件用得恰到好处，达到了此地无声胜有声的效果。

③ 带电粒子在叠加场中做摆线运动

问题 5　如果让带电粒子由静止释放而没有圆形凹槽来承接，那么，它的轨迹将是怎样的呢？

虚拟演示 4　教师展示带电粒子由静止释放在重力场与磁场的共同作用做摆线运动。（见图 5-3-47）

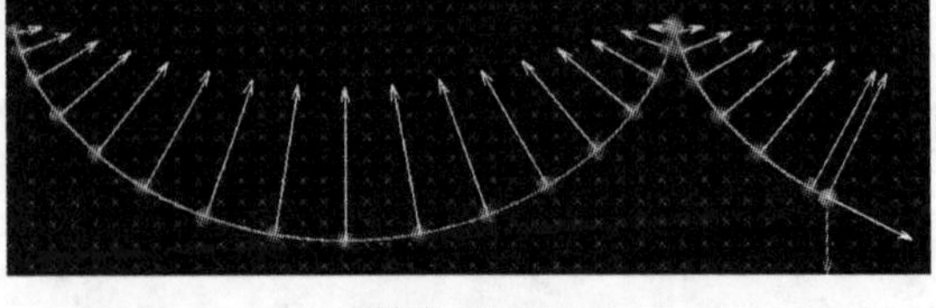

图 5-3-47

变式问题 2　(2008·江苏高考) 在磁感应强度为 B 的水平匀强磁场中，一质量为 m、带正电 q 的小球在 O 点由静止释放，小球的运动曲线如图 5-3-48 所示。已知此曲线在最低点的曲率半径为该点到 x 轴距离的 2 倍，重力加速度为 g。求：

(1) 小球运动到任意位置 $P(x,y)$ 的速率 v；

(2) 小球在运动过程中第一次下降的最大距离 y_m。

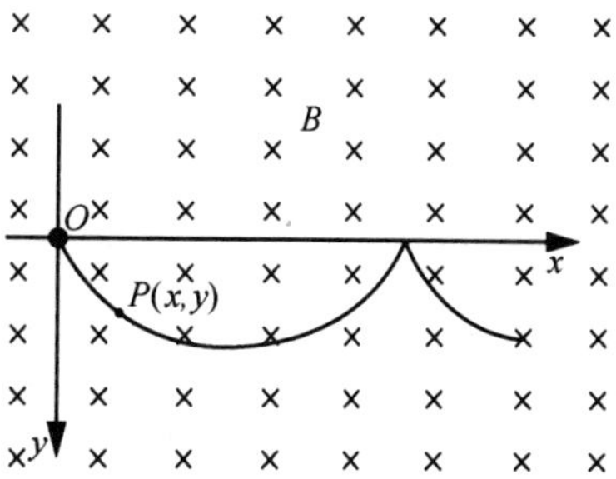

图 5-3-48

学生呈现解题过程：

解：(1) 由动能定理 $mgy=\frac{1}{2}mv^2$　①

解得 $v=\sqrt{2gy}$　②

(2) 由动能定理有 $mgy_m=\frac{1}{2}mv_m^2$　③

在最低点 $qv_mB-mg=m\frac{v_m^2}{r}$　④

由 $r=2y_m$　⑤

由③④⑤解得：$y_m=\frac{2m^2g}{q^2B^2}$。

问题 6　(1) 如果上题中曲率半径为该点到 x 轴距离的 2 倍这一条件缺失，能否求小球下降的最大距离 y_m。

虚拟演示 5　用几何画板的课件，操作①：质点向右做匀速直线运动。操作②：质点做逆时针的匀速圆周运动。操作③：质点同时做向右的匀速直线运动和逆时针的匀速圆周运动。见图 5-3-49，可以看到匀速直线运动与匀速圆周运动的合运动(数学称之为摆线)与我们刚才带电粒子在重力场与磁场的叠加场中的运动轨迹非常的相似。那刚才带电粒子的运动能否看作是这两种运动的合运动呢？拓展学生课后思考空间。

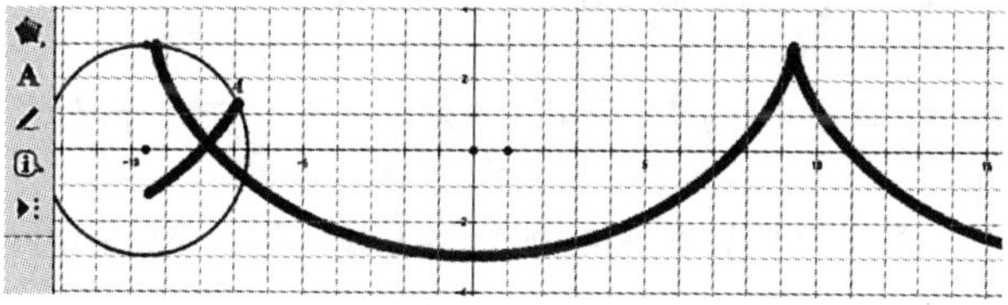

图 5-3-49

反思　本题是江苏省的高考题，主要考查的是动能定理、向心力公式相关知识。教师通过整合资源，课件展示带电粒子在叠加场中做摆线运动，使学生对带电粒子在重力场与磁场的叠加场的运动轨迹有了感性认识。又通过几何画板课件的展示启发学生摆线运动可以看作匀速直线运动与匀速圆周运动的合运动，加强了学生科学思维的深度与广度。

参考文献

专著类

[1] 梁树森等.物理学习论[M].广西:教育出版社,1996.
[2] 陶洪.物理实验论[M].广西:教育出版社,1996.
[3] 田世昆,胡卫平.物理思维论[M].广西:教育出版社,1996.
[4] 秦晓文,邵泽义.信息技术与物理教学整合的模式与策略[M].北京:中国铁道出版社,2003.
[5] 廖伯琴.普通高中物理课程标准(2017 年版)解读[M].北京:高等教育出版社,2018.
[6] 余文森.核心素养导向的课堂教学[M].上海:上海教育出版社,2018.
[7] 王永元.王永元的中学物理教学主张[M].北京:中国轻工业出版社,2015.
[8] 师玉荣,马君,马丽珍.探究物理现象—演示实验教程[M].北京:清华大学出版社,2015.
[9] 刘炳昇.刘炳昇物理课程与实验教学研究文集[M].南京:南京师范大学出版社,2016.
[10] 王喜云.中学物理自制教具研制实例[M].长沙:中南大学出版社,2017.
[11] [美]R.基思·索耶.剑桥学习科学手册[M].徐晓东等,译.北京:教育科学出版社,2010.
[12] 郭玉英,姚建欣,张玉峰等.基于学生核心素养的物理学科能力研究[M].北京:北京师范大学出版社,2017.
[13] 崔永漷.有效教学[M].上海:华东师范大学出版社,2009.
[14] 张淑华,朱启文,杜庆东,张辉.认知科学基础[M].北京:科学出版社,2007.
[15] 周加仙等译.理解脑[M].北京:教育科学出版社,2016.
[16] [美]约翰-克里斯蒂安·史密斯编,武建峰译.认知科学的历史基础[M].北京:科学出版社,2014 年.
[17] [新西兰]约翰·哈帝著,彭正梅,邓莉,高原,方补课译,可见的学习[M].北京:教育科学出版社,2015 年.
[18] [美]布鲁斯·乔伊斯,玛莎·韦尔,艾米莉·卡尔霍恩著,兰英等译.教学模式[M].北京:中国人民大学出版社,2017.
[19] [美]约翰·D·布兰思福特等著,程可拉,孙亚玲,王旭卿译.人是如何学习的[M].上海:华东师范大学出版社,2013.
[20] 肖利,刘茂军,隋瑛锐,费金有.传感技术与中学物理探究实验[M].北京:科学出版社,2016.
[21] 卢慕稚.中学物理教师的探究教学观研究[M].广西:广西教育出版社,2016.
[22] 陈春法.用 Authorware 制作多媒体课件[M].北京:高等教育出版社,1999.
[23] 马九克.方便快捷制作教学课件[M].上海:华东师范大学出版社,2014.
[24] 张箭.物理课堂教学手段优化组合的探究与实践[M].北京:光明日报出版社,2017.
[25] 单中惠,王凤玉.杜威在华教育演讲[M].上海:华东师范大学出版社,2016.

[26] 林勤. 高中生高阶思维能力的培养与实践研究[M]. 上海:华东师范大学出版社,2019.
[27] [苏]B. A. 苏霍姆林斯基著,杜殿坤译. 给教师的建议[M]. 北京:教育科学出版社,1984.
[28] 普通高中物理课程标准(2017 版)[M]. 北京:人民教育出版社,2018.

期刊类

[1] 曹会,张飞. 多元化背景下物理教学资源特质分析初探[J]. 物理教师. 2016.(3):16-20.
[2] 张飞. 整合资源以优化情境　强化体验以唤醒思维[J]. 物理教师. 2015.(11):11-15.
[3] 张飞. 物理教学植于“做中学”思维发展源于“元问题”[J]. 中学物理教学参考. 2014.(12):11-15;中学物理教与学. 2015.(3):41-45.
[4] 张飞. 挖掘资源创设教学情境　让教学从原始问题出发[J]. 物理教师. 2013.(8):14-17.
[5] 张飞. 指向物理核心素养的教学目标分析与设计[J]. 中学物理教学参考. 2018.(10):1-5;中学物理教与学. 2019.(2):16-19,39.
[6] 张飞. 基于实验情境驱动　发展高阶思维能力[J]. 中学物理教学参考. 2016.(10):19-22.
[7] 张飞. 通向物理核心素养的教学路径[J]. 江苏教育. 2017.(11):10-13.
[8] 张飞,张善贤. 经典物理知识教学与科学探究的有机整合[J]. 物理教学. 2008.(8):13-15.
[9] 张飞. 基于实验建构原始问题,培养学生创新思维能力[J]. 物理教学. 2012.(8):15-17;中学物理教与学. 2013.(1):10-12.
[10] 张飞. 基于图像实现物理探究式教学[J]. 物理教学. 2010.(3):13-15.
[11] 张飞. 用电磁打点计时器做波的干涉实验[J]. 中学物理. 2008.(12):33.
[12] 张飞. 立足新课程实现_探究式_课堂教学的整合[J]. 物理教师. 2009.(9):10-12.
[13] 张飞. 立于元问题　行于做中学[J]. 江苏教育研究. 2019.(4):18-23.
[14] 张飞. 贯穿初高中能量转化和守恒定律教学典例[J]. 中学物理. 2009.(11):32-34.
[15] 曹会,张飞. 巧设实验主线　凸显学科教学的“物理味”[J]. 物理教师. 2013.(2):34-37.
[16] 曹会,张飞. 巧设实验主线　凸显有效建构[J]. 中学物理教学参考. 2013.(10):43-44.
[17] 曹会,张飞. “电磁感应”中三个自制实验的妙用[J]. 物理教师. 2012.(6):10-13.
[18] 李芒. 论信息技术与课程整合的含义、意义及原则[J]. 电化教育研究. 2004.(5).
[19] 孙崇勇. 认知负荷的测量及其在多媒体学习中的应用[J]. 高等教育研究. 2012.(12):41-42.
[20] 刘鹏. 基于具身认知理论的教学活动设计研究[J]. 中国教育技术装备. 2015.(14).
[21] 具身认知:认知心理学的新取向[J]. 心理科学进展. 2010. 18 卷(5):705 - 710.
[22] 构建学习进阶:本质问题与教学实践策略[J]. 教育科学. 2015. 31 卷(2):47 - 51.
[23] 陈晓端. 当代教学范式研究载陕西师范大学学报(哲学社会科学版)[J]. 2004. 33 卷(5):113-117.
[24] 黄英杰. 杜威的“做中学”新释[J]. 课程教材教法. 2015.(6):122-126
[25] 朱萌. 杜威的“从做中学”教学理论及其现实意义[J]. 理论观察. 2016.(9):159-160.
[26] 邹红军,柳海民. 杜威的“探究认识论”与探究学习[J]. 全球教育展望. 2018.(5):63-67.
[27] 曹玉芳. 物理问题与“问题教学”的相关探讨[J]. 教育研究与评论(中学教育教学). 2010.(6):67.
[28] 王帅. 国外的高阶思维及其教学方式[J]. 上海教育科研. 2011.(9):31.
[29] 邢红军. 原始问题教学:物理教育改革的新视域[J]. 课程教材教法. 2007.(5):53.
[30] 丁道勇. 警惕“做中学”:杜威参与理论辩证[J]. 全球教育展望. 2017.(8):19-20.

[31] 罗乐，项华，梁婷，聂榕. 视频分析方法在物理教学中的应用[J]. 物理教师. 2013.(3):10-14.
[32] 徐学. 高三物理生态课堂构建的思考与实践[J]. 中学物理教与学. 2019.(3):8-12.
[33] 王辉，房庆安. 利用教学变频电源创设共振驻波探究实验[J]. 物理教师. 2018.(6):42-43.
[34] 房庆安，陈燕. 电感和电容对交变电流影响的创新设计[J]. 实验教学与仪器. 2016.(9):31-33.
[35] 邢红军. 论科学教育中的模型方法教育[J]. 教育研究. 1997.(7):53-56.
[36] 崔允漷. 指向学科核心素养的教学即让学科教育“回家”[J]. 基础教育课程. 2019.(2):7-11.
[37] 崔允漷，邵朝友. 试论核心素养的课程意义[J]. 全球教育展望. 2017.(10):26-35.
[38] 孟昭辉，云云. 物理学习困难的认知因素分析[J]. 课程教材教法. 2003.(8):54-56.
[39] 居津. 基于学生学习路径的教学设计研究综述[J]. 湖南中学物理. 2018.(3):4-6.
[40] 陈小红，罗琬华. 构建物理概念习得的“学习进阶”[J]. 中学物理教学参考. 2014.(8):8-11.
[41] 陈坤明，严沛军. 丁肇中科学实验方法论　科技管理研究. 2008.8:276-180.

其他类

[1] 课题组:“十二五”苏州市重点立项课题《多元化物理实验资源整合研究》结题报告[D].
[2] 胡卫平. 世界各国都在关注的高阶思维到底该如何培养？[D]. 思维智汇. 2019.
[3] 崔允漷. 真实情境下的深度学习[D]. 2019.
[4] 钟启泉. 从学习科学看“有效学习”的本质与课题[D]. 全球教育展望[D]. 2019.
[5] 卢晓旭等. 面向核心素养的课程与教学改革建议[D]. 人大基础教育期刊社核心素养专题. 2018.
[6] 崔允漷. 如何开展指向学科核心素养的大单元设计. 在中国教育学会教师专业发展研究中心“首届全国课堂教学研讨会”上的主题报告. 2019.
[7] “十二五”苏州市重点立项课题《多元化物理实验资源整合研究》调查问卷.
[8] 普通高中物理新课程新教材实施过程中相关问题调研报告. 中国教育学会物理教学专业委员会提供 2020.

后 记

2009 年开始，我有幸被人民教育出版社物理室聘为高中物理教材培训专家成员，2010 年又开始主持苏州市物理名师共同体（由苏州市名教师、名校长、省特级教师、正高级教师组成的团队）活动，两项工作共同需要承担起对物理课程建设和推动改革探索，对教师实施物理课程的引领，这就迫使我要思考如下问题：中学生学物理学什么？（物理知识与技能；物理思想与方法、物理思维；物理关键能力、必备品格和价值观念等物理核心素养。）如何理解核心素养的内涵？如何实现发展学生学科核心素养？当下“互联网十时代”学生的认知行为和认知途径有哪些变化？怎样的教学方式和学习方式对学生发展核心素养更有意义和更加有效？让中学生怎样学物理？（在物理情境之中、在物理问题解决的过程中学物理。）怎样让中学生学物理？（这决定于教师的教学设计。）等等。

为了更好地回答这些问题，我开始了教学研究的行动之旅，总结凝炼自己教学实践中已有的成果，探究发现与时代发展相契合的新经验，这一过程是艰难的，时常会遇到不易想通和难以解决的学理问题，好在参加省教育家培养工程，让我有缘结识了陶洪、彭钢、崔允漷、宋永忠、王仁雷、贺晓星、张天若、史国栋等导师，学术秘书朱亮博士，以及我的同学薛义荣、许帮正、汪明等，正是在他们的指导和帮助下，使我释疑解难，度过艰难时刻。

在教学实践中，也更需要聚变碰撞产生思维火花，裂变参与实践，检验成果。幸运的是在主持名师共同体活动中，有一批名特级教师助我思考，实践团队中更有曹会、吕彤、徐正黄、李清、徐晓东、沈祖荣、查雪娟、徐学、肖丽英、居津、曹宏等教师和我一起进行实践。

本书所呈现的是我从教以来的研究成果的凝炼。凝炼需要对我和我的团队所做过的实践进行分析归类、提炼归纳、构建模型、总结范式，在这过程中，徒弟曹会和我夫人吕彤为本书成稿付出了艰辛劳动。

在此，对上述的各位导师、同学、同伴们和苏州名师共同体的成员们表示衷心的感谢。

张　飞

2020 年元月于卧云书院